U0622993

资助项目：山东省一流学科马克思主义理论研究成果

批判·建构与实践

——戴维·佩珀生态社会主义思想研究

梅丽 ◎ 著

人民出版社

序　言

英美生态马克思主义一直是国内外生态马克思主义及其研究的聚焦点，而戴维·佩珀教授则是一个不可越过的代表性学者。佩珀教授长期执教于牛津布鲁克斯大学的地理系，而这种学术背景也使得他的生态马克思主义研究有着鲜明的特色。一方面，对自然生态现实状况的密切关注，使他对于欧美国家乃至全球性的环境危机与挑战以及社会政治应对有着浓厚的兴趣，不但致力于系统性探讨 20 世纪 60 年代末以来兴起的环境新社会运动与政治理论，而且经常直接参与到各种替代性社会与政治实践，比如英国的生态环境社会团体以及地方选举；另一方面，也许正因为基于对生态环境议题性质的深刻理解，使得他对生态马克思主义或生态社会主义的理论阐释，既有着理论自身的系统性严谨性，也有着与其他绿色理论的比较性分析，因而呈现出生态马克思主义作为一种环境社会政治理论的反思性或开放性。其中最值得提及的，是他在《生态社会主义：从深生态学到社会正义》一书中对"生态社会主义"所做的经典性界定：一种（弱）人类中心主义形式、对引起生态危机原因的马克思主义（唯物主义和结构主义）、社会变革走冲突与集体行动的道路、社会主义的未来处方与绿色社会的前景。可以说，上述定义简明扼要地概括了广义的生态马克思主义或生态社会主义版本的所有主要元素。

笔者与戴维·佩珀教授的联系始于 1994 年底、1995 年初，主要出于从事博士论文《欧洲绿党研究》写作的需要，希望他能够提供一些关于欧美生态社会主义理论及其研究的学术信息，此后就一直保持着书信交往。2004 年，笔者着手组织《环境政治学译丛》的第一集，毫不犹豫地将佩珀教授的《生态社会主义：从深生态学到社会正义》列入其中（刘颖译，山东大学出版社2005年版）。佩珀教授知悉后非常高兴，并为该书的中文版撰写了专门的序言，其中不仅复述了他对于生态社会主义核心意涵（"生态矛盾"）的基本理解，而且阐述了未来生态社会主义社会的主要构成性元素；与此同时，笔者在申请山东大学教育部重点人文社科基地重大课题"生态社会主义研究"时，郑重邀请佩珀教授加入支持我们的学术团体，而他也欣然应允。在此基础上，2005年6月17至19日，笔者在山东大学组织了第二届"环境政治学国际研讨会"，佩珀教授受邀参会，并分享了他学术生涯晚期的两篇重要论文：《论当代生态社会主义》和《生态乌托邦主义：张力、悖论和矛盾》。前一篇论文着重阐述了他对当代生态社会主义的基本原则、理论进展、现实实践的批评性看法（尤其是各种替代性组织或实践形式的过渡性特征），而后一篇论文则集中讨论了生态乌托邦或激进环境主义对现实环境运动的实践或战略选择的不利影响，即必须面对的种种张力或悖论。更有意思的是，学术会议之外在济南和曲阜等地的短暂旅行让笔者更多了解了佩珀教授为人处世的"心直口快"一面：他在回答同学们的提问时严肃地"批评"说，这次国际会议包括邀请他来中国参会其实是人为增加了他的"碳足迹"。而更能体现他的这种"英国式坦诚"的是另一个实例，2007年9月笔者在英国访学并专程前往牛津拜访时，他断然拒绝了我们会面的请求，理由则是他已经不再从事相关研究因而无法提供任何新的帮助。此后，他虽然短暂恢复了在牛津布鲁克斯大学的教职，但十年来确实从未再有新的研究著述发表。

　　就此而言，戴维·佩珀教授生态社会主义理论的研究在国内学界算不上一个全新的议题领域，尤其是在他的另外一部主要著作《现代环境主义导论》也翻译出版之后（宋玉波、朱丹琼译，上海人民出版社2011年版）。但多少有些意外的是，过去数十年来国内学者关于佩珀教授思想研究的独立性专著竟然几乎没有，而据我所知，确有数位博士生的毕业论文选择了这一题目。当然，同样重要的是，佩珀教授的著述并不局限于上述两部已有中文版的专著，而是有着更多的数量和更广的范围，比如他对于生态公社与绿色生活风格的系统性讨论（1991）。正是在上述意义上，梅丽在博士论文基础上修改完成的这一专著《批判、建构与实践：戴维·佩珀生态社会主义思想研究》，就成为一部"恰逢其时"的填补空缺之作。在笔者看来，一方面,《批判·建构与实践》非常准确地概括了佩珀教授所归纳的生态社会主义理论的两个层面,即对资本主义生产方式的生态环境问题制度成因批判和对未来绿色社会主义社会的变革追求及其战略;另一方面,《批判·建构与实践》首次提供了并基于佩珀教授的完整著述来展开其学术讨论,尤其是许多国内尚未翻译出版的原始文献资料,成为我国生态社会主义研究的最新成果。当然,作为个体人物及其思想研究类型的著作,一个难以避免的弱点是缺乏一种动态的和比较的观点,即将佩珀的思想理论置于整个生态马克思主义或生态社会主义的话语体系或语境之下展开论述,相应地,关于它对我国社会主义生态文明理论与实践借鉴意义的讨论也就稍显粗略。但瑕不掩瑜,该书可以说是我国学界多年来关于戴维·佩珀生态社会主义思想研究的集大成式作品,也算是向这位第三代生态社会主义代表性学者的致敬之作。

梅丽博士是山东师范大学崔永杰教授所带领的"生态马克思主义研究"学术团队的骨干成员,而该团队近年来出色地完成了包括国家社科基金项目在内的一系列重要研究成果。笔者去年曾荣幸地受邀主持了梅丽博士的论文答辩会,今又欣闻她博士论文基础上的学术专著即将由人民出版社出版,因而很高兴地撰写上述鼓励性文字,衷心希望她在学术研究之路上走得更坚实、更远。

是为序。

郇庆治

2019 年 5 月 29 日于北大燕园

目 录

绪　论

　　20 世纪后半期，一个挥之不去的"幽灵"弥漫于世界各地，不论是资本主义国家还是社会主义国家，都不同程度地深受其害。这就是生态危机，如何认识它、它产生的根源何在？如何应对它、它解决的途径何在？一系列的问题萦绕在不同国家、不同体制、不同地区人们的心中。从国家领导人到普通老百姓，从专家学者到热心环境运动的公众，人们从不同角度、不同层面去认识它、研究它，期望发现应对它、解决它的方法。从人文科学到自然科学，在异彩纷呈的灵感、观点相互碰撞的过程中，在多种多样的思想、理论相互问诘的进展中，生态社会主义理论成为一个熠熠闪光的亮点，为人们认识生态危机根源、解决生态危机燃起了一点希望之光。

　　生态社会主义从 20 世纪 60 年代产生到现在大体历经了三个不同阶段。20 世纪 60 年代到 70 年代是生态社会主义的萌芽时期。这个时期主要代表人物是鲁道夫·巴罗（Rudolf Bahro）和亚当·沙夫（Adam Schaff）。巴罗原是东德统一社会党党员，后成为西德绿党的理论家和著名的社会活动家。沙夫既是波兰共产党员，也是一位马克思主义哲学家。他们是第一批倡导生态运动的共产党员，致力于将"红色"的共产主义运动向"绿色"的生态运动靠拢，期望实现从"红"到"绿"的转化。

　　20 世纪 80 年代是生态社会主义的形成时期。这一时期主要代表人物有威廉·莱斯（Willan Leiss）、本·阿格尔（Ben Agger）和安德列·高兹（André Gorz）。加拿大左翼学者莱斯是生态社会主义的主要理论家之一，其代表作是《自然的控制》与《满足的极限》。加拿大社会学教授阿格尔提出了"生态危机"理论，其代表成果有《西方马克思主义概论》《经济理性批判》等。出生在奥地利的法国著名左翼学者高兹，其代表著作是《资本主义 社会主义 生态学》。他们理论的共同特点是将马克思主义的思想与某些绿色理论相结合，从而实现"红绿交融"。

20世纪90年代及以后是生态社会主义的发展时期。这一时期主要代表人物有瑞尼尔·格仑德曼（Reiner Grundmann）、乔治·拉比卡（George Labica）和戴维·佩珀（David Pepper）。德国左翼学者格仑德曼在其代表著《马克思主义与生态学》中主张从马克思历史唯物主义的角度去思考解决当今生态危机问题。拉比卡是法国左翼运动理论家，他发表的《生态学与阶级斗争》认为工人运动在生态社会主义的影响下进入了一个新的阶段。佩珀的代表著作《生态社会主义：从深生态学到社会正义》不仅从历史唯物主义的角度分析出当代生态危机的根源是资本主义生产方式，还坚决捍卫"人类中心主义"。这一时期理论和实践的着眼点在于促使"绿"色"红"化。

佩珀作为第三代生态社会主义思想的主要代表人物，其理论观点日趋成熟。但由于理论研究的滞后性和片面性，我国学界对佩珀的生态社会主义思想还有一些未涉及的方面。因此，研究佩珀的思想对丰富生态社会主义整体理论体系、把握其理论发展动向，特别是指导生态社会主义的实践运动具有重要理论意义和实践意义。

戴维·佩珀，1940年生，英国牛津布鲁克斯大学自然地理学教授，该校地理本科研究杂志编辑。1963年在英国利物浦大学获得地理学学士学位，1965年、1969年分别获得牛津大学硕士学位和博士学位。毕业后在牛津技术学院任教，该学院在1992年更名为牛津布鲁克斯大学，成为一所综合性大学。佩珀先后出版了《现代环境主义根基》（The Roots of Modern Environmentalism）、《生态社会主义：从深生态学到社会正义》（Eco-socialism：From Deep Ecology to Social Justice）、《共同体和绿色视点：反文化、生活方式和新时代》（Communes and the Green Version：Counterculture，Lifestyle and the New Age）以及《现代环境主义导论》（Modern Environmentalism：An Introduction）等七部著作，发表了《人类中心主义、人道主义和生态社会主义：生态政治的生存蓝图》（"Anthropocentrism，Humanism and Eco-Socialism：A Blueprint for the Survival of Ecological Politics"）、《可持续发展和生态现代化：一种激进人类中心论观点》（"Sustainable Development And Ecological Modern-

ization：A Radical Homocentric Perspective"）、《生态现代化与可持续发展的
"理想模式"？由欧洲边缘引发的问题》（"Ecological Modernization or the 'I-
deal Model' of Sustainable Development? Questions Prompted at Europe's Periph-
ery"）、《论当代生态社会主义》（"On Contemporary Eco-socialism"）、《乌托
邦与生态社会主义》（"Utopianism and Environmentalism"）、《生态乌托邦的
张力与困境》（"Tensions and Dilemmas of Ecotopianism"）等二十余篇学术论
文，此外还有书评、会议论文等十余篇文章。佩珀的研究领域非常广泛，除
自然地理学和生态社会主义理论这两大领域外，还包括可持续发展理论、高
等教育学、世界和平、核战略、环境主义等。

一、研究意义

（一）理论意义

1. 有助于完善对佩珀思想的整体性认识

自从 1997 年周穗明教授把佩珀的思想介绍到中国以来，理论界就开始
对其观点进行研究，基本上每年都会产生一些理论成果。这些以论文为主的
成果归纳起来体现在四个方面：一是佩珀的"人类中心主义"观点；二是
佩珀对生态危机根源的分析；三是佩珀对生态社会主义社会的设想；四是佩
珀对历史唯物主义的应用。但从总体上来说，对佩珀思想的研究是就某个问
题或某个时期而展开的，学界缺乏对佩珀思想系统性、整体性的研究。从资
料的搜集情况来看，本书参阅了他 20 世纪 80 年代以来全部英文个人专著和
重要论文，在此基础上系统梳理了其生态社会主义主要思想并对其进行了提
炼、分析和客观评价。这不仅可以更加清晰地展示佩珀生态社会主义思想的
完整图景，发现与其他生态社会主义学者之间的学术谱系性关联，而且对于
追踪、把握生态社会主义思想研究的学术趋势也具有积极的意义。

2. 有助于深化对生态文明理论的认识

生态文明理论是指引生态文明建设的方向标，生态文明理论深刻与否对
于生态文明建设有重要的指导作用，只有先进的理论才能正确指引生态文明
的建设。生态文明的理论来源共有三个方面：第一是马克思主义的自然观；
第二是中国古代的生态思想；第三是西方现代的生态思想。其中马克思主义
人类与自然辩证法是生态文明理论的核心思想。西方现代生态思想对生态文

明有着重要的影响，而西方现代生态思想流派众多必须加以甄别。生态社会主义理论作为一种较先进的生态思想，在一定程度上成为生态文明的重要理论来源。加强对生态社会主义的研究有助于丰富和深化生态文明的理论来源，特别是 20 世纪 90 年代以后的生态社会主义更具有理论成熟性和完善性。佩珀作为第三代生态社会主义的著名代表人物，其生态社会主义思想是值得我们借鉴的。

（二）现实意义

1. 为正确认识生态危机提供了重要启示

一个多世纪以前爆发于资本主义世界的生态危机根源到底是什么？为什么它又会在社会主义国家同样出现？这个困扰人类的问题吸引着不同学科的学者去探索研究，哲学、社会学、生态学、生物学、马克思主义、经济学等不同学科门类从自己的角度出发，纷纷阐释对生态危机的认识并提供不同的解决方法。佩珀重塑了新人类中心主义，用马克思主义的方法论肌擘理分地阐释了资本主义生产方式是生态危机的真正根源。这就说明了为什么生态危机可以在世界范围内扩散，因为资本是自由流动的，随着资本主义生产方式引入我国，如影随形的生态危机就开始在我国显现。资本主义国家为保证其既得利益，不惜牺牲发展中国家的利益，把广大的第三世界国家作为其原料产地和废弃物场所。佩珀的生态社会主义理论揭示出资本主义的反生态本性，有助于我们正确认识世界及我国的生态问题，从而维护自身的环境权益。

2. 为我们积极建设生态文明提供了有益启示

生态文明作为"五位一体"总体布局的一个有机组成部分，既根植于中国特色社会主义伟大事业之中，也内嵌于全面建成小康社会的要求之列。生态文明建设是彻底转变发展理念、实现美丽中国必经的艰难道路。但事实上我国生态文明建设明显滞后于经济发展状况，成为建设社会主义伟大事业的短板。如何处理好生态文明建设与政治建设、经济建设、社会建设以及文化建设的关系；如何尽快改变我国目前环境污染的现状，还人民一个绿水青山的美好生态环境；如何处理好人类、自然与社会的关系，是我们必须解决的重大问题。佩珀用马克思主义的方法分析资本主义生态危机的根源，将马克思主义的理论融入生态社会主义思想建设之中，这对我们建构生态文明理论及进行生态文明建设是十分有益的。从佩珀的思想中挖掘出建设生态文明的有益启示也正是本书的目的所在。

二、国内外研究现状综述

（一）国内研究现状述评

国内对佩珀思想的研究成果主要体现在论文、著作和译著这三个方面。

1. 论文

（1）学术论文

学界现有的学术论文基本上从三个方面对佩珀生态社会主义思想进行了研究。第一，对佩珀生态社会主义思想的总体性介绍。周穗明教授是最早对佩珀思想进行介绍的学者，她1997年发表在《新视野》上的《生态社会主义在英国》对佩珀的生态社会主义思想进行了介绍。该文主要围绕生态主义和生态社会主义的区别与矛盾展开论述，阐释了两者在政治上、理论上、思想上的分歧主要表现为无政府主义与社会主义、后现代主义与马克思主义、生态中心主义和人类中心主义，让人们对佩珀的思想有了初步的了解。随后，周教授又在《国外理论动态》上发表了《"红色绿党"与"绿色绿党"的区别与联系》，主要从政治基础、哲学理论、文化价值取向、社会政治实践四个方面介绍了"红色绿党"与"绿色绿党"、生态社会主义与生态主义的分歧。这两篇文章不仅阐释了佩珀的主要思想和政治主张，还充分说明了生态社会主义和生态主义的区别和分歧，填补了理论空白，为早期研究国外生态社会主义提供了宝贵的资料。多年来，周教授一直关注生态社会主义的研究，陆续发表了多篇论文。如1997年《国外社会科学》上的《生态社会主义述评》、1998年《当代世界》上的《"红绿联盟"：生态社会主义的最新进展》、2001年《当代国外马克思主义评论》上的《当代西方生态社会主义》、2010年《鄱阳湖学刊》上的《西方生态社会主义与中国》等。这些论文有助于明晰佩珀的思想在生态社会主义理论中的学术地位以及和其他生态社会主义学者之间的学术谱系关联。

第二，对佩珀生态社会主义思想的总体性分析。陈学明教授2011年在《社会科学辑刊》上发表了《当今比以往任何时候都更需要马克思主义的理论和实践——评戴维·佩珀对马克思生态理论当代意义的揭示》。陈教授在这篇近 20 页的长文中从马克思生产方式决定论的历史唯物主义观点、马克思的劳动价值理论和剩余价值理论、马克思关于自然与环境的论述、马克思关于"人口—资源"的论述、马克思的"社会—自然辩证法"、马克思关于人类解放的学说这六个方面分别阐释佩珀对马克思主义的理解，说明了佩珀的生态社会主义思想的先进性，该文不仅加深了对历史唯物主义和政治经济学的认识，更坚定了我们对马克思主义的信仰。这篇文章更为深刻地阐释了佩珀的代表作《生态社会主义：从深生态学到社会正义》一书，便于我们正确理解佩珀的生态思想。

王雨辰教授 2008 年在《江汉论坛》上发表了《论戴维·佩珀的生态学马克思主义理论》。在这篇文章中，王教授阐发了佩珀对历史唯物主义的理解，揭示了佩珀是如何批判生态主义理论基础及解决生态危机的理论主张，分析了生态主义与生态社会主义的区别，并明确指出了佩珀生态社会主义思想与其他学者思想的不同之处。这有利于把佩珀的生态社会主义思想同其他学者的思想进行比较研究。2009 年王教授在《鄱阳湖学刊》上发表的《论生态学马克思主义的生态自然观和生态价值观》对比了美国著名生态学者约翰·贝拉米·福斯特（John Bellamy Foster）和佩珀对历史唯物主义生态内涵的阐释，明确指出生态马克思主义的理论特点。最重要的是王教授郑重地指出我国生态文明理论的研究范式必须切实维护中国的发展权和环境权。近年来王教授一直致力于生态马克思主义的研究且成果颇丰，2010 年《哲学研究》上的《以历史唯物主义为基础的生态文明理论何以可能?》、2011年《马克思主义与现实》上的《生态马克思主义研究的中国视阈》、2014年《北京大学学报（哲学社会科学版）》上的《论生态学马克思主义的理论问题及其贡献》、2015 年《哲学研究》上的《论生态学马克思主义对历史唯物主义理论的辩护》、2016 年《哲学动态》上的《生态学马克思主义与有机马克思主义的生态文明理论的异同》、2018 年《鄱阳湖学刊》上的《生态学马克思主义的探索与中国生态文明理论研究》等论文也都从不同的角度阐释了生态学马克思主义理论。

第三，对佩珀生态社会主义思想某个方面的分析。崔永杰教授发表了两篇关于佩珀思想研究的论文，2009 年《东岳论丛》上的《资本主义制度是生态危机的真正想源》和 2012 年《理论学刊》上的《戴维·佩珀对马克思恩格斯生态思想的诠释与重构》。崔教授在这两篇文章中深刻分析了佩珀的生态社会主义思想并进行了创造性地阐释。崔教授十分赞同佩珀的马克思主义对生态主义有益的观点，而且还明确分析了资本主义制度为什么是生态危机的根源，并对历史唯物主义方法和生态保护进行了诠释，深化了对马克思主义自然概念的理解，拓展了马克思主义的生态维度。这两篇文章为我们进一步认识佩珀的生态思想提供了有利的帮助。近年来崔教授致力于生态马克思主义的研究，除了对佩珀思想进行了深入的研究外，还对福斯特的思想进行了研究，发表了《马克思生态观的巨大理论力量源于其唯物主义——以生态学马克思主义者福斯特的分析为例》和《福斯特对马克思"生态可持续性"思想的诠释》等文章。

乔瑞金教授和李小红 2012 年在《山西大学学报（哲学社会科学版）》上发表了《不可颠覆的主体》，在《哲学动态》上发表了《佩珀批判生态无政府主义思想的几点启示》。另外，李小红 2014 年在《晋中学院学报》上发表了《佩珀的生态学马克思主义思想探析》。乔教授在这两篇文章中主要阐释了佩珀如何以历史唯物主义为基础提出资本主义生产方式是生态危机的根本原因，并驳斥了生态中心主义，重建理性的新人类中心主义。针对无政府主义的欺骗性，乔教授从无政府主义的核心理念、政治态度和革命策略三个方面阐发了佩珀是怎样驳斥其伪科学性的。对我们正确认识佩珀的"人类中心主义"有很大的帮助。

陈食霖教授 2010 年在《国外社会科学》上发表的《将社会正义推进到生态学的马克思主义》，主要从社会正义的角度分析了佩珀的生态思想。陈教授抓住了佩珀认为的社会正义是所有环境问题中最紧迫的问题，赞同佩珀将社会正义融入生态学建构生态社会主义社会，同时也阐释了马克思主义既包含足够多的生态思想，又是人类中心主义的。

陈永森教授和蔡华杰 2008 年在《马克思主义与现实》上发表了《资本主义世界生态问题的马克思主义视角》。该文说明了为什么资本主义生产方式是生态危机的根本原因，马克思主义是与生态中心主义相对的人类中心主义，并且阐释了变革资本主义生态危机的路线，最重要的是陈教授在文末说明了佩珀思想的理论价值和局限性，为客观公正认识佩珀思想奠定了基础。

从学界现有的学术论文来看，对佩珀的生态社会主义思想研究取得了可喜的成果，但多限于对其代表著《生态社会主义：从深生态学到社会正义》一书的分析，因而不能反映佩珀生态社会主义思想的整体性脉络。本书试图突破此难点以取得佩珀生态社会主义思想的整体性认知。

此外，一些年轻学者把佩珀的思想作为自己博士论文研究的主题，在深入研究中取得了一些阶段性成果。如关雁春 2011 年在《学术交流》和《学习与探索》上分别发表了《佩珀生态社会主义思想的历史唯物主义意蕴》与《佩珀生态社会主义思想的中国启示》。这两篇文章是她博士论文《生态主义的"红色"批判——佩珀生态社会主义思想研究》的部分研究成果。张季平 2010 年、2011 年在《内蒙古大学学报（哲学社会科学版）》分别发表了《戴维·佩珀的生态社会主义思想解读》和《戴维·佩珀的人类中心主义探究》，2012 年在《前沿》上发表《佩珀的无政府主义思想探究》。

还有一些年轻的学者，从不同的角度纷纷阐释自己对佩珀思想的理解。如 2008 年李富君在《河南大学学报（社会科学版）》上发表的《重返人类中心主义与生态社会主义的建构》，2009 年张丽君在《河南师范大学学报（哲学社会科学版）》上发表的《佩珀建构生态社会主义理论的方法论探析》、彭学农在《晋阳学刊》上发表的《人类中心主义与绿色意识形态的融合》，2011 年李世书在《西南农业大学学报（社会科学版）》上发表的《戴维·佩珀的生态自然观探析》，2013 年刘颖在《中共济南市委党校学报》上发表的《红色的绿色理论：佩珀的生态社会主义观》，2014 年张才国、张昊在《长江论坛》上发表的《戴维·佩珀论生态危机的资本主义根源及其消解》、李旦在《东南大学学报（哲学社会科学版）》上发表的《绿色政治的红色渗透》、石晨在《理论月刊》上发表的《生态正义：资本逻辑的批判与超越》、刘芳芳在《中央财经大学学报》上发表的《"美丽中国"的生态伦理支点》。2015 年初丹在《学术交流》上发表的《奥康纳与佩珀的生态思想及其启示》，2016 年李楠明在《学术交流》上发表的《复归马克思主义的努力》，2017 年孟献丽在《国外社会科学》上发表的《社会正义到生态正义》等不再一一赘述。

（2）硕博论文

截至 2018 年 12 月底，一共有三篇博士论文对佩珀思想进行了系统性研究。2011 年黑龙江大学关雁春的《生态主义的"红色"批判——佩珀生态社会主义思想研究》是最早对佩珀生态思想研究的博士论文。该文共分五章，从各种"绿色"理论写起，着重通过马克思主义的观点和方法对其进行"红色"批判，理清了佩珀思想中的缺陷和不足，指出了生态社会主义的中国意义。2012年山西大学李小红的《佩珀的生态学马克思主义思想研究》，该文首先对资本主义的生态危机进行了批判，进而说明佩珀重塑了生态社会主义的人类主体地位并从四个方面阐释了生态社会主义的政治纲领，最后得出对生态文明建设的有益启示。两篇文章从不同的角度对佩珀的思想进行了深入的研究，相比之下，《生态主义的"红色"批判——佩珀生态社会主义思想研究》更侧重"红"与"绿"的比较研究和生态社会主义对中国的意义；《佩珀的生态学马克思主义思想研究》则侧重于批判资本主义并建构佩珀生态社会主义思想的政治纲领。另外还有2014年武汉大学王世明的《戴维·佩珀的生态社会主义思想研究》。该文三年后在知网上公开，主要从人类中心主义和对生态社会主义的建构两个方面对佩珀的生态社会主义思想进行了挖掘和阐释。三篇博士论文各有侧重，从不同视角切入对佩珀生态社会主义思想进行了深入的分析，但由于研究资料不够充分，无法对佩珀生态社会主义思想的整体构架进行提炼、整合。

截至2018年12月底，共有九篇博士论文中有部分内容涉及佩珀的思想。复旦大学唐超的《当代西方生态社会主义思想研究》（2013年），该文重点介绍了包括佩珀在内的五位生态社会主义的领军人物，单独用一章的内容较详细地阐释了佩珀的生态社会主义思想。另外武汉大学王雨辰的《生态学马克思主义与当代资本主义批判》（2008年）、华中科技大学李世书的《生态学马克思主义自然观研究》（2008年）、南开大学万希平的《政治哲学视域下的生态马克思主义研究》（2009年）、吉林大学马晓明的《生态马克思主义的理论图式、价值追求与现实启示》（2010年）、内蒙古大学张季平的《20世纪90年代以来的生态社会主义研究》（2011年）、福建师范大学蔡华杰的《当代生态社会主义发展观研究》（2013年）、南开大学牛文浩的《生态社会主义研究——基于社会主义生态文明视角》（2013年）、吉林大学廖婧的《欧洲生态社会主义研究——基于马克思主义理论的分析》（2016年），这些论文或多或少地对佩珀的思想进行了介绍。

截至2018年12月底，硕士论文以佩珀思想为核心的共有19篇。福建师范大学蔡华杰的《佩珀的生态社会主义研究》（2008年）是最早对佩珀思想研究的硕士论文。此后基本上历年都有研究佩珀思想的硕士论文。华东师范大学张萍的《佩珀的生态社会主义思想探析》（2009年）、大连理工大学林鹤的《戴维·佩珀生态学马克思主义研究》（2010年）、山西大学宋志

强的《佩珀生态社会主义思想及其现实意义》（2011 年）、山东师范大学张
玲玲的《论佩珀生态社会主义思想及其对我国建设的启示》（2012 年）、山
东大学刘祥田的《佩珀生态社会主义理论及当代价值研究》（2013 年）、中
共中央党校王立锋的《佩珀生态社会主义思想评析》（2013 年）、哈尔滨工
业大学陈红睿的《佩珀生态社会主义思想评析》（2013 年）、辽宁大学郭天
骄的《戴维·佩珀的生态社会主义思想述评》（2013 年）、东北石油大学白
月的《戴维·佩珀的生态社会主义理论研究》（2014 年）、山东大学张沥元
的《佩珀生态社会主义思想及其对我国社会主义生态文明建设的启示》
（2014 年）、兰州大学王纯静的《戴维·佩珀生态社会主义理论研究》
（2014 年）、吉首大学任倩的《奥康纳与佩珀的生态学马克思主义思想比较
研究》（2014 年）、宁夏大学崔海凡的《戴维·佩珀新人类中心主义思想研
究》（2015 年）、广西师范学院张颖颖的《戴维·佩珀人类中心主义思想研
究》（2015 年）、中国青年政治学院王希的《戴维·佩珀的生态马克思主义
思想研究》（2017 年）、西北农林科技大学张菁《戴维·佩珀的生态马克思
主义思想研究》（2018 年）、山东农业大学冯茜的《戴维·佩珀生态学马克
思主义研究》（2018 年）和扬州大学余跃的《戴维·佩珀生态社会主义理
论研究》（2018 年）。

　　纵观国内这些研究论文，知名学者对佩珀思想研究较早，且基本呈现连
续研究的趋势，多数以国家课题的阶段性研究成果形式呈现出来。虽然知名
学者人数少，但成果多、有深度，影响力大。这些文章立论清晰、分析透
彻、阐释深刻，为我们研究佩珀思想提供了宝贵的资料。年轻学者对佩珀思
想研究较晚，成果少，但各抒己见呈现百家争鸣的态势。这些文章从不同的
角度对佩珀的思想进行了分析，为我们研究佩珀思想提供了一些不同的
视角。

　　2. 著作

　　从搜集到的资料看，目前还没有佩珀思想研究的专著，但介绍佩珀思想
的著作却不少。最早把佩珀思想引入著作的是段忠桥教授。段教授 2001 年
的《当代国外社会思潮》以专章（第六章）的形式介绍了生态社会主义思
想在欧洲的崛起发展、思想来源、发展阶段，并从整体上指出了生态社会主
义的四大基本主张，更对生态社会主义理论进行了正反两方面的综合性评
价。段教授在书中对佩珀的思想进行了介绍，并肯定了佩珀和瑞尼尔·格伦

德曼（Reiner Grundmann）对新人类中心主义进行的马克思主义解读以及为分析生态危机的根源作出的理论贡献。

　　2002 年俞吾金教授、陈学明教授的《国外马克思主义哲学流派新编·西方马克思主义卷》（上下册）一书中对生态学马克思主义的著名代表人物高兹、阿格尔、莱易斯、佩珀的著作进行了介绍。该书详细介绍了佩珀的《生态社会主义：从深生态学到社会正义》一书，俞教授和陈教授认为这本书是佩珀作为一名生态学马克思主义者的代表作。该书从环保主义的类别、绿色政治与后现代政治的关系、马克思主义对生态社会主义的意义、生态社会主义的"人类中心主义"立场四个方面对佩珀的著作进行了高度概括和深入分析，并对佩珀的思想进行了充分肯定。2003 年陈学明教授把上述四人的著作单独整理出版了《生态社会主义》一书，这是佩珀的思想首次以专章的形式写入著作。陈教授一直专注于对生态社会主义理论的研究，多年来始终笔耕不辍。2008 年他出版了《生态文明论》，这本书不仅论述了我们建设生态文明中的一些难题，还从生态社会主义的理论当中发现了我们建设生态文明的启示。2012 年陈教授又推出了生态社会主义理论研究的一部力作《谁是罪魁祸首：追寻生态危机的根源》。这部著作分为上、中、下三篇：上篇主要是对福斯特的生态思想进行详细阐释；中篇介绍了佩珀等八位学者的理论（其中的四章是收录的《生态社会主义》的内容）；下篇是生态马克思主义所引发的思考。该书论点清晰、论据充分、结构完整、篇幅恢弘，以论述与述评相结合的方式说明了生态危机的真正根源，是研究生态危机、阐释生态马克思主义理论的一部重要著作。

　　2005 年由刘颖翻译的《生态社会主义：从深生态学到社会正义》中译本出版后，研究佩珀思想的论著如雨后春笋般增多起来。2007 年，徐艳梅教授的《生态学马克思主义研究》一书虽然没有对佩珀的思想详加论述，但是却肯定了佩珀的人类中心主义思想，分析了生态主义与生态社会主义的区别。2008 年，曾文婷教授出版了《生态学马克思主义研究》，该书赞同佩珀的马克思主义能够保护生态环境的观点，认为生态社会主义理论的发展和生态运动的壮大有助于资本主义的灭亡，但要实现这一目标还需要依靠无产阶级的力量。2009 年，王雨辰教授的《生态批判与绿色乌托邦》一书中第二章一部分专门论述了佩珀对历史唯物主义生态意蕴的阐发。王教授赞同佩珀的人类中心主义思想，通过揭示马克思主义与生态主义的不同，来阐发历史唯物主义的生态意蕴。2010 年王教授出版的《中国语境中的西方马克思主义哲学研究》，该书分为上、中、下三编，下编第九章分析了佩珀的生态马克思主义理论。书中揭示了历史唯物主义的生态意蕴，阐释了佩珀对生态主义政治思潮的批判、对生态社会主义未来社会的构想，并总结得出了佩珀生态社会主义思想的基本特点。王教授在两部著作中对佩珀思想阐释深刻、分析透彻，加深了我们对佩珀思想的认识和总体把握。

2011 年倪瑞华教授的《英国生态学马克思主义研究》，主要阐释了英国生态学马克思主义的两大阵营：一是以特德·本顿（Ted Benton）和乔纳森·休斯（Jonathan Hughes）为代表的生态中心主义；一是以佩珀和格伦德曼为代表的人类中心主义。全书主要采用对比分析的方法，通过区分两大阵营不同的世界观，是"适应自然"还是"支配自然"，说明历史唯物主义与生态学的相关性，提出未来绿色社会的政治模式。这部著作是研究英国生态学马克思主义的一部专著，该书对英国生态学马克思主义的理论、现状、特点进行了有力地分析，加深了我们对英国生态学马克思主义的认识。

2013 年，乔瑞金教授推出了一部力作——《英国的新马克思主义》，该书是作为国家哲学社会科学基金项目"英国新马克思主义社会批判理论研究"最终研究成果呈现给读者的。这部著作主要选取了爱德华·帕尔默·汤普森（Edward Palmer Thompson）、艾瑞克·霍布斯鲍姆（Eric Hobsbawm）、佩里·安德森（Perry Anderson）、佩珀等十位英国新马克思主义的杰出代表及其他们的代表作，以问题的形式展开论述。如第九章介绍佩珀时，主要围绕辩证的生态观、帝国主义的生态灾难、人类中心主义和人道主义的理论意指、生态主义的社会主义这四方面把佩珀的思想淋漓尽致地展现出来。这部以人物研究为特点的著作，清晰展示并深入剖析了英国不同新马克思主义者的学术思想特征，为我们迅速了解英国新马克思主义的整体状况提供了极大帮助。

刘仁胜研究员 2007 年出版的《生态马克思主义概论》、王建辉 2007 年出版的《马克思主义生态思想研究》、郭剑仁教授 2008 年出版的《生态地批判》、时青昊 2009 年出版的《20 世纪 90 年代以后的生态社会主义》、郇庆治教授 2010 年出版的《重建现代文明的根基——生态社会主义研究》、万希平教授 2014 年出版的《生态马克思主义理论研究》、郑国玉 2015 年出版的《生态社会主义构想研究》也都从不同方面、不同角度介绍了生态马克思主义的发展情况，为研究生态社会主义理论提供了宝贵资料。

另外，随着对佩珀思想的广泛关注，越来越多的著作开始收录佩珀的论文或著作。如2006年由李惠斌、叶汝贤主编的《当代马克思主义研究丛书》（共10卷）第四卷《当代西方社会主义研究》一书中收录了佩珀的《论当代生态社会主义》一文。2007年郇庆治教授出版的《环境政治学理论与实践》，收录了佩珀的《论当代生态社会主义》和《生态乌托邦主义：张力、悖论与矛盾》。同年薛晓源、李惠斌主编的《生态文明研究前沿报告》同样收录了这两篇论文。杨通进、高予远编的《现代文明的生态转向》一书，收录了佩珀《生态社会主义：从深生态学到社会正义》一书第五章的内容。

相对于论文来说，著作往往内容更丰富、介绍更全面、分析更透彻。但遗憾的是目前还没有介绍佩珀思想的专著。

3. 译著

佩珀的著作中有两本翻译成中文。2004年郇庆治教授主持了山东大学的"环境政治学译丛"（第一辑，共4册）课题，该丛书2005年由山东大学出版社出版。郇教授将佩珀的《生态社会主义：从深生态学到社会正义》作为生态政治理论收入其中，由其博士生刘颖将其翻译成中文，佩珀还专门为其写了序言。该书客观、准确、真实地体现了佩珀英文原著的思想，为研究佩珀的生态社会主义思想提供了宝贵的资料。正是这本书使得作为生态社会主义思想代表的佩珀被中国学者所熟知。2012年该书作为山东大学"环境政治学译丛"（第二辑，共12册）的其中一部，又出了第二版。

2011年，西北大学张岂之教授主编的"现代西方环境哲学译丛"（共10册）将佩珀的《环境主义导论》收入其中。随后由西北大学的宋玉波、朱丹琼将其翻译成中文。该书38万字，由格致出版社和上海人民出版社共同出版。生态学者倪明对这本书大加赞赏，他在《绿叶》上发表的读书札记认为，该书文笔娴熟地展示了各种环境主义，揭示了其意识形态根源。但郇庆治教授同时也指出该书实际上已远离了生态社会主义思想的轨道。

另外还有佩珀的两篇论文也被译成中文。一篇是《论当代生态社会主义》，由山东大学的刘颖翻译后发表在《马克思主义与现实》2005年第4期上，还有一篇《生态乌托邦主义：张力、悖论和矛盾》由山东大学当代社会主义研究员张淑兰翻译后，发表在《马克思主义与现实》2006 年第 2 期上。

纵观国内这些研究，虽然取得了一些可喜的成果，但也存在一些问题。大体呈现几个特点：第一，对佩珀的著作关注较多，对其论文研究较少，许多论文还不为中国读者所知；第二，对佩珀的《生态社会主义：从深生态学到社会正义》一书关注较多，对其他著作如《现代环境主义根基》和《现代环境主义导论》关注较少，对《公社和绿色视点：反文化、生活方式和新时代》和《环境主义：批判性概念》（*Environmentalism*：*Critical Concepts*）甚至根本没有关注；第三，对佩珀的生态社会主义思想本身关注较多，但对于这一思想的形成和发展关注较少；第四，对佩珀的重点思想关注较多，但缺乏对佩珀思想的整体性研究；第五，误将佩珀引用其他作者的观点，当作佩珀自己原创的观点。

（二）国外研究现状述评

从搜集到的资料看，目前国外也没有研究佩珀思想的专著，对佩珀的研究主要体现在书评、论文和著作上。

1984 年佩珀推出了自己的第一本专著《现代环境主义根基》，该书由伦敦克鲁姆海尔姆（Croom Helm）出版社出版。1987 年由伦敦劳特利奇（Routledge）出版社再版。《现代环境主义根基》主要用作地理专业本科生的教科书，佩珀说这本书主要是为学生而写，目的是通过相对简单的语言让学生了解一些复杂的思想。[①] 佩珀坦言这本书的构思和形成是受他同事丹尼斯·科斯格罗夫（Denis E. Cosgrove）的影响。科斯格罗夫（1948—2008）是英国著名人文地理学家，"新人文地理学"的主要代表，发表了《景观意向》《社会形态与符号景观》《阿波罗的眼睛》《地理与视觉》等多部著作。

《现代环境主义根基》出版后引起较大反响，仅书评就有二十多篇，这本书使佩珀在学术界声名鹊起。1985 年罗宾逊（M. E. Robinson）第一时间在《地理》杂志上发表了对这本书的一篇简短书评。罗宾逊认为，这本书的价值不仅仅在于它只是一个地理文本，还为我们提供了一种生态意识教育理念。在这些书评中，较有代表性的是美国特拉华大学哲学系和科学文化中心的保罗·杜宾（Paul T. Durbin）在《科学年鉴》上发表的、纽约州能源

---

① 参见 David Pepper, *The Roots of Modern Environmentalism*, London：Croom Helm Press, 1984, p. ix。

研究与发展局的约瑟夫·维塞雷（Joseph R. Visalli）在《环境》上发表的和伦敦大学学院的菲利普·罗伊（Philip Lowe）在《乡村研究杂志》上发表的书评。如罗伊认为，这本著作也有不足之处，佩珀在书中误解了鲁道夫·巴罗的思想，还把生态中心主义的左倾趋势说成是"辩证法"。

　　1985 年佩珀和他的同事牛津技术学院的高级讲师艾伦·詹肯斯（Alan Jenkins）合写了《和平与战争之地理学》（*The Geography of Peace and War*）。该书由牛津布莱克威尔（Blackwell）出版社出版。此书出版后，先后共有 13 篇书评，但褒贬不一。一些和平爱好者和地理学者对这本书评价较高，认为这本书第一次从地理的视角研究战争与和平等关键问题，并探讨了冷战、军备竞赛和威胁性核冲突的空间方面问题。但是有些政治学者却有不同的看法，如伦敦国王学院的劳伦斯·弗里德曼（Lawrence Freedman）。弗里德曼是伦敦国王学院战争问题的教授，著有多部关于核战略、冷战和现代安全问题的著作，他也是英国前首相托尼·布莱尔（Tony Blair）的国际政策顾问，2009 年英国伊拉克战争咨询成员，被誉为"英国战略研究院院长"。就佩珀提到的北约问题，他认为：北约的辩护者就像我本人，清楚地知道苏联问题是政治而不是地理……一个更复杂的世界将需要更复杂的补救措施，而不是像这本书提出的那样。[①]

　　1987 年作为第二作者佩珀同安德鲁·布鲁斯（Andrew Blowers）合著了《危机中的核能》（*Nuclear Power in Crisis*）。布鲁斯是英国开放大学社会科学系教授，主讲环境规划、环境政治和环境政策，主要研究可持续发展政治和核放射性废料问题，著有《能源限制》《城市未来》《空气中的物质》《环境反映》等十几部著作。《危机中的核能》收录了英国地理学家协会 1985 年年会的一些论文并由伦敦克鲁姆海尔姆出版社出版。此书出版后共查到 18 篇书评，一致认为这是一本有深度的书，尤其是剑桥大学地理系的环境与政策教授苏珊·欧文斯（Susan Owens）。欧文斯和佩珀一直有学术上的回应，她 1987 年在《区域》杂志上发表了一篇《对戴维·佩珀的回应》（A Rejoinder to David Pepper），两人就英国自由党、绿党、环境运动等问题有着不同的看法。但她并没有因两人学术观点的不同而否定这部著作，而是对此

书大加赞赏。她在《地理》上发表的书评提到，该书是为数不多的对核能进行社会和政治描述的文本之一，所有对能源政策和环境问题感兴趣的人都应该找到这本定价合理的书。①

1991 年佩珀推出了自己的第二本专著《共同体和绿色视点：反文化、生活方式和新时代》，由伦敦绿色出版社（Green Print）出版。该书是同牛津技术学院的兼职讲师尼基·哈勒姆（Nickie Hallam）共同完成的，出版发行后反响不大，只有 3 篇书评。但是在这本书中佩珀已显示出分析问题的马克思主义立场和态度，基于此，迪克·理查德森（Dick Richardson）对其进行了批判，理查德森是英国提兹塞德大学国际关系与绿色政治系高级讲师，著有《绿色挑战：欧洲绿党发展》和《决定和政策：二十世纪国际历史研究》等。他基于传统绿色观点，指出：在实践中，佩珀已研究的英国"公共团体"，不是从绿色角度而是从准马克思主义的立场。我特意使用术语"公共团体"，因为佩珀没有区分"共同体"和"社区"。② 美国印第安纳州立大学的伊莱恩·克莱恩纳（Elaine L. Kleiner）在《乌托邦研究》上发表了对该书的评论，他认为这本书虽然在被调查对象的选取、访问方面有一些不足之处，但仍然推荐这本书值得一读。

1993 年佩珀的第三部专著《生态社会主义：从深生态学到社会正义》也由伦敦劳特利奇出版社出版。该书标志着佩珀成为一名马克思主义者，但在资本主义世界中，这本倡导社会主义的著作影响并不大。该书出版后，陆续有 11 篇书评，其中英国谢菲尔德大学的詹姆士·米德克劳福特（James Meadowcroft）在《环境价值》发表的评论最具代表性。米德克劳福特从正反两方面对该书做了评论。他认为该书的核心是第三章和第四章，佩珀的生态社会主义批判了无政府主义和生态中心主义，为持续"红绿"之争做了贡献。但他不同意佩珀缺乏社会公正是最紧迫环境问题的观点，同时指出该书也未对生态社会主义具体图景和它该怎样起作用做具体分析。③

---

① 参见 Susan Owens, "Review: Nuclear Power in Crisis by Andrew Blowers, David Pepper", *Geography*, Vol. 73, No. 1, 1988, p. 82。

② 参见 Dick Richardson, "Book Reviews: Communes and the Green Vision", *Environmental Politics*, Vol. 2, No. 2, 1993, pp. 370 – 371。

③ 参见 James Meadowcroft, "Review: Eco-socialism: From Deep Ecology to Social Justice by David Pepper", *Environmental Values*, Vol. 4, No. 1, 1995, pp. 85 – 86。

1996 年佩珀出版了第四部专著《现代环境主义导论》，该书同样由伦敦劳特利奇出版社出版。《现代环境主义导论》是对环境主义和环境辩论的综合理解，为建立理想生态社会提供了一条不同的道路。但这本书出版后并不像佩珀所预计那样反响强烈，书评仅有 7 篇。其中最有代表性的是蒂莫西·比特雷（Timothy Beatley）发表的一篇大加赞赏的长篇书评。比特雷是美国弗吉尼亚大学城市与环境规划系教授，著名的可持续发展环境与社区研究者。主要研究可持续社区发展和创新战略，著有《学习欧洲的城市》《绿色城市主义》《消失的故土》等近二十部著作。他认为，这部书对现代环境主义思想的多样性、复杂性做了极好的归类，对环境主义的历史做了重要的评价。这是一本雄心勃勃的书，包括了大量的理论和哲学基础。该书写作清晰、分析透彻、批判有力，有时甚至是雄辩的。[1]

2003 年佩珀同弗兰克·韦伯斯特（Frank Webster）和乔治·瑞维尔（George Revill）合编了《环境主义：批判性概念》。韦伯斯特是英国伯明翰大学社会学教授，文化研究与社会学系主任，著有《技术文化时代：从信息社会到虚拟生活》《信息时代的理论》等多部著作。瑞维尔是佩珀的同事，牛津布鲁克斯大学人文地理高级讲师，著有《防御景观》《代表环境》等著作。《环境主义：批判性概念》全书共分五卷，精选了一百篇从 1949 年到 1999 年半个世纪环境主义当中最有代表性的论文和著作节选，由伦敦劳特利奇出版社出版。这部著作思想深邃、取材广博、内容庞杂、形式多样，但由于涉及面广、专业性强、价格昂贵，加之非原创性，销量不大，反响也不强烈。

佩珀的著作和论文也被世界上不同国家的学者所关注，将佩珀的观点引入自己的著作之中，或赞同，或批判。美国学者罗尼·利普舒茨（Ronnie D. Lipschutz）的《全球环境政治：权力、观点和实践》（1988 年）参阅了佩珀的《生态社会主义：从深生态学到社会正义》一书，引用了佩珀物质生产和产品交换构成社会基础的观点。

英国学者安德鲁·多布森（Andrew Dobson）的《绿色政治思想》（1990 年）是生态主义方面的一部重要著作。该书多处参阅了佩珀的《现代

---

[1] 参见 Timothy Beatley, "Book Reviews: Modern environmentalism: an introduction", *Landscape and Urban Planning*, Vol. 37, No. 3 - 4, 1997, pp. 274 - 277。

环境主义的根基》《公社和绿色视点：反文化、生活方式和新时代》以及《人类中心主义、人道主义和生态社会主义》等多部论著。多布森赞同佩珀对公社、阶级等的看法和观点，但并不认为通过变革资本主义制度来治理生态危机是唯一可行的道路。

英国学者本顿编辑的《马克思主义的绿化》（1996年）一书中收录了罗宾·艾克斯利（Robyn Eckersley）的《社会主义和生态中心主义：走向一种新的融合》，艾克斯利在这篇文章中赞同佩珀《现代环境主义的根基》中对生态极限和市场理性不相容的观点，但不同意佩珀用生态社会主义理论否定绿色运动的看法。

德国籍印度学者萨拉·萨卡（Saral Sarkar）《生态社会主义还是生态资本主义》（1999年）参阅了佩珀的《生态社会主义：从深生态学到社会正义》一书。萨卡也是生态社会主义的著名代表，但他同佩珀的观点差别较大。萨卡不同意佩珀在书中的某些观点，他认为自然资源是有限的、人的需要也不可能都得到满足。

英国学者休斯的《生态与历史唯物主义》（2000年）一书中，引用了佩珀《生态社会主义：从深生态学到社会正义》中对环境问题范围划分的观点，但休斯认为佩珀对诸如街头暴力、缺乏群体认同等都视为环境议题未免太过宽泛，这就容易使人难以正确理解"自然"的概念。他还参阅了佩珀1993年发表在《环境政治》上的一篇论文《人类中心主义、人道主义和生态社会主义》。

荷兰生态现代化学者阿瑟·莫尔（Arthur P. J. Mol）的《全球化和环境改革：全球经济的生态现代化》（2001年），指出佩珀的《现代环境主义根基》用一种马克思主义的观点和立场分析了环境主义以及生态危机的根源，但是他并没能针对资本主义制度这一根源提出切实可行的环境计划，最终只是把环境教育作为主要的策略。

希腊学者塔基斯·福托鲍洛斯（Takis Fotopoulos）的《当代多重危机与包容性民主》（2005年）参阅了佩珀的《生态社会主义：从深生态学到社会正义》和《现代环境主义导论》两本专著。福托鲍洛斯认为佩珀对生态区民主问题的理解存在一定的误解，而应以包容性民主来促使社会范式的根本转变，才能彻底扭转人类对待自然的态度从而建立起环境友好的制度。

澳大利亚学者约翰·德赖泽克（John S. Dryzek）的《地球政治学：环

境话语》（2005 年）参阅了佩珀的《生态社会主义：从深生态学到社会正义》一书。德赖泽克认为生态中心主义有一定的历史进步意义和作用，而以佩珀为代表的生态社会主义者蔑视生态中心主义思想是不可取的。

中国学者郇庆治教授 2010 年编写的《作为政治学的生态社会主义：重建现代文明的根基》（*Eco-socialism as Politics：Rebuilding the Basis of Our Modern Civilisation*），收录了佩珀的《论当代生态社会主义》一文。该书由施普林格（Springer）出版社集团在伦敦、纽约、多德雷赫特和海德堡同步发行。

纵观国外研究现状，对佩珀思想进行专门研究的并不多，系统性和全面性的研究更是没有。只是不同派别的学者在阐释自己观点的时候，引用佩珀的某些思想来对自己的观点加以说明或对佩珀的观点予以驳斥。

三、研究内容、研究方法及创新之处

（一）研究内容

本书的研究内容主要分成三部分。首先是对佩珀思想进行系统性梳理，对其思想形成整体性的认识，理清佩珀的生态社会主义理论是怎样形成、发展、深化的。然后是用马克思主义对资本主义生产方式进行分析与批判，接着阐释佩珀对生态社会主义是如何建构的并说明生态社会主义的实践方式及实现途径。最后是评价佩珀的生态社会主义思想，从而发现对我国生态文明建设的有益启示。总起来说，本书沿着"梳理—批判—建构—实践—评价—启示"这样一条思路，对佩珀的生态社会主义思想进行系统研究。

1. 佩珀生态社会主义思想的形成发展过程

佩珀生态社会主义思想的形成不是一蹴而就的，既有理论背景的铺垫，也有现实原因的激发。从佩珀的理论构成来看，首先他的理论基础是自然地理学。自然地理学是他长期学习和从事的专业，因此佩珀对自然界充满了热爱，十分关注自然环境。其次是受马克思主义的影响。佩珀认真研读马克思的著作，从历史唯物主义的角度出发，用马克思主义政治经济学方法揭示出资本主义生态危机的根源，明确提出了生态社会主义的生态价值观应是"人类中心主义"，正确揭示了人类、自然与社会的关系。再次是受可持续发展理论和社会公正理论的影响，佩珀认为生态社会主义在经济发展、自然

保护等方面都应该是可持续的，在政治、文化等方面应该是社会公正的。最后佩珀还受生态学、法兰克福学派的影响。可以说，佩珀广博的知识积累是他形成生态社会主义的理论基础。

再来看现实原因，佩珀生活的年代正是欧洲生态环境恶化时期，陆续发生在 20 世纪 30 年代到 70 年代的"八大公害"事件，让人们反思生态问题。为了保护环境，公众纷纷投入到环境运动中，欧洲绿党也如雨后春笋般纷纷成立。再加上 1986 年的切尔诺贝利事件、1989 年的苏东剧变和 1992 年的地球高峰会议，佩珀对当代社会主义制度和资本主义制度都失去了信心和希望。他认为要想从根本上改变当下生态环境问题，必须有一种全新的制度来"组织物质生产和社会与文化生活"，这就是生态社会主义。

从佩珀生态社会主义思想的发展逻辑来看，可以将其分为三个阶段。第一阶段是 20 世纪 80 年代，这一阶段佩珀除了研究地理专业改革和地理教学外，把更多的精力用于研究和平问题和环境保护。主要成果有一部独著、两部合著和八篇论文。这一阶段佩珀最突出的代表性著作就是《现代环境主义根基》。作为自然地理学者的佩珀受同事科斯格罗夫的影响开始关注环境问题的社会、物质和意识形态层面。他们在"人类—环境态度"问题上有着同样的政治观点，都认为应该保护生态环境，人类与环境应和谐共处。但不同的是，佩珀坚持唯物主义立场，而科斯格罗夫则坚持唯心主义观点。《现代环境主义根基》一书由前言和八章内容组成。在前言中，佩珀首先探讨了历史和哲学问题。第一章是现代环境主义，第二章是技术环境主义根基，第三章和第四章相对照，分别是生态环境主义的非科学根基和科学根基，第五章是科学和客观性，第六章是马克思主义的自然和环境主义观，第七章是生态环境主义的政治根基，第八章是结论。全书结构紧凑、内容详实、分析透彻，从不同的方面说明了现代环境主义的根基，揭示出了现代环境主义的实质性问题。驳斥了生态中心主义认为通过生态意识的教育就可以实现社会根本变革的唯心主义观点。

另外两部合著《和平与战争之地理学》和《危机中的核能》反映了佩珀对于和平问题的关注。佩珀认为战争和核能对人类、经济和环境都有巨大的影响，两部书探讨了一些发人深省的问题，如欧洲如何能一直保持和平而冲突却影响了世界大多数国家；军事学说如何受到超级大国地缘政治观念的影响；发达国家如何通过向第三世界出售武器来维持其军事工业；对切尔诺贝利核电事故的反思；广泛社会和政治背景下的核燃料循环问题；英国儿童癌症和核设施之间的关系等。

这一时期佩珀有关生态社会主义思想的论文主要有 1980 年在《区域》上发表的《环境主义、救生艇伦理和反机场抗议》，针对伦敦要在斯坦斯特德（Stansted）建第三座机场的问题和环境保护之间的关系提出了自己的观点，佩珀认为诸如"反机场增加协会"之类的团体所开展的环境保护运动是根据加勒特·哈丁（Garrett Hardin）的"救生艇伦理"即有限承载力的生态法则来展开的，这实质上是马尔萨斯主义的和决定论的，他们应该接受激进环境主义运动的观点。1985 年在《国际环境研究杂志》上发表了《环境主义中的决定论、理想主义和政治——一种观点》，文中回顾了过去十五年里环保运动中意识形态的变化，指出绿色社会主义者更具现实性，因为他们并没有把社会——经济生产力模式变革的需求同社会与环境改革相分离，显示出一个唯物主义者分析问题的立场和方法。1987 年在《政治季刊》上发表了《"新经济"和绿色政治思想的缺陷》，该文大力赞扬了伦敦大学绿色生态经济学者保罗·伊金斯（Paul Ekins）的著作《生存经济学》（*The Living Economy*）。佩珀认为所有绿色分子和评论者都应该读这本书，因为它准确提炼和综合了过去二十年激进环境运动的思想。[①] 这时佩珀已经注意到"红色绿党"与"绿色绿党"的区别，而绿色绿党所宣称的"新经济"也只不过是一种掺杂着自由主义哲学、无政府—社会主义原则和浪漫主义价值观的混合物。这样的经济制度是无法使人们进入真正的绿色生态主义社会的。1988 年在《掠夺》上发表的《无政府主义英国的地理与景象》，该文后来收录在佩珀的代表作《生态社会主义：从深生态学到社会正义》一书的第四章中。

从佩珀这一时期的成果可以看出，他涉猎广泛、思想锐意进取，为进一步发展奠定了基础。但佩珀这一时期更多的是从地理学的角度出发去关注世界和平、生态环境、社会责任等问题。生态社会主义思想仍处在萌芽阶段，只是在批判无政府主义、揭示"新经济"的缺陷和阐述激进环境主义与保守环境主义之间的差别方面显现出生态社会主义的思想，但是这种思想是零

---

① 参见 David Pepper, "'New Economics' and the Deficiencies of Green Political Thinking", *Political Quarterly*, Vol. 58, No. 3, 1987, p. 333。

散的、不连贯的。

第二阶段是 20 世纪 90 年代，这一阶段是佩珀著作最为丰硕的时期。在这十年中，佩珀完成了自己的三部独著、六篇论文，还有三篇书评，主要研究生态社会主义、环境主义和可持续发展。1991 年的《共同体和绿色视点：反文化、生活方式和新时代》以独特的视角分析了英格兰、苏格兰和威尔士 12 个共同体的观点和理想，深度采访了超过 80 名共同体成员，来自不同背景的共同体成员探讨了他们对未来的希望和忧虑、他们绿色生活方式所面临的障碍以及生态危机产生的影响。佩珀超越了共同体及其成员们直接的想法和行动，描述了一系列绿色的观点和意识形态，诸如自由主义、社会主义和无政府主义，还有西方新时代运动的思想和哲学。佩珀在这本书中验证了当今绿色运动的主要信仰之一——共同体生活方式和小规模组织将成为未来社会公正和环境可持续社会的核心。佩珀还评估了共同体作为绿色社会标志的可能性，并回答了一些如改变社会价值或改变经济体制是否更具优先权、个体生活方式的改变是否比集体行动更重要等问题。可以说在这部著作中佩珀对生态社会主义的实践方式进行了充分的调查分析，获得了大量详实的第一手资料，并且显现出分析问题的马克思主义立场。该书由导论和七章内容构成。第一章是环境友好的社会，第二章是公社、乌托邦和绿色原则，第三章是社会变化和社区与公社的政治，第四章是绿色福音衰落，第五章是公社是绿色的吗？生态价值和实践。第六章是改变社会或被改变？第七章是生态乌托邦的先驱？

1993 年的《生态社会主义：从深生态学到社会正义》是佩珀生态社会主义思想的代表著。该书介绍了马克思、威廉·莫里斯（William Morris）、彼得·阿列克谢耶维奇·克鲁泡特金（Pyotr Alexeyevich Kropotkin）和无政府—工团主义思想，对人类中心主义进行了重新分析和评价，确立了一种激进生态社会主义的构成要素。佩珀在书中还批判了生态中心主义以及简单化的经济增长极限和人口过剩等观点，同时也批判了后现代主义政治和深生态学的缺陷和矛盾。该书共分为五章。第一章是红与绿：旧政治还是新政治，主要介绍了西方资本主义国家的红绿之争以及一些诸如人性等旧政治的问题。第二章是政治经济学和政治意识形态：绿色分子、马克思主义者和无政府主义者的定位。主要介绍了生态中心主义和技术中心主义、政治经济学的问题、环境主义和传统政治意识形态、绿色政治是后现代政治四个大问题。

第三章马克思主义自然观和环境主义是本书的重点，作者用马克思主义的观点、立场和方法，对资本主义进行了分析，解释了环境和自然的含义，说明了马克思主义和人口—资源议题、社会—自然辩证法与自然异化，最后用马克思主义批判了生态中心论。第四章是无政府主义和绿色社会，主要介绍了无政府主义、无政府主义和社会—自然的关系、无政府主义者和人性、无政府—共产主义的乌托邦以及社会变革的无政府主义方法。第五章是结论：社会主义和环境。主要介绍了社会主义和无政府主义的区别、推动生态主义接近生态社会主义、实践中的生态社会主义，最后得出结论：红绿政治前进的方法。

1996 年的《现代环境主义导论》是有关环境主义的综合性概述，展示了西方对待自然和环境的历史，并说明了这些观点和现代环境意识形态的相关性。该书在社会与历史背景中审视了关键性的环境论点，概括了激进环境主义者对待自然、经济、第三世界发展、技术、生态女权主义和社会变革的方法。佩珀回顾了关于自然和人类关系的前现代观点、启蒙运动中科学发展的情况和 19 世纪到 20 世纪激进环境主义的根基。书中还提到了包括托马斯·罗伯特·马尔萨斯（Thomas Robert Malthus）、查尔斯·罗伯特·达尔文（Charles Robert Darwin）、恩斯特·海克尔（Ernst Haeckel）、乌托邦社会主义、浪漫主义、有机和整体系统主义等主要影响因素。佩珀还阐述了主体性的后现代观念和科学权威是怎样崩溃的，以及关于自然的科学"真理"已脱离了其社会和意识形态背景。《现代环境主义导论》是对环境主义和环境辩论的综合理解，为建立理想生态社会提供了一条不同的道路。佩珀认为《现代环境主义导论》是《现代环境主义根基》的扩充解释和有机综合，是建立在《现代环境主义根基》基础之上的，是对早期分析的重要更新。[①] 该书由前言和六章内容构成。前言中主要提到环境主义是对现代性的拒斥和作为文化过滤器的科学。第一章是环境主义的界定，主要介绍了绿色主义者赞成与反对的深生态学、社会生态学和新纪元潮流。第二章是激进环境主义中的某些基本议题，主要介绍了生物中心主义与内在价值、公地悲剧、绿色经济学背后的某些基本问题、技术与生态社会、全球维度、生态女权主义和社

---

① 参见 David Pepper, *Modern Environmentalism*: *An Introduction*, London and New York: Routledge Press, 1996, p. title page。

会变革几方面。第三章是自然与科学的前现代与现代观念：技术中心论的根源，主要介绍了中世纪与文艺复兴时期的自然、科学革命与作为机械的自然、基督教与自然和物质变革的重要性。第四章是生态中心主义的现代根源，主要介绍了生态学的早期发展、马尔萨斯与生态中心—技术中心论争的根源、达尔文与海克尔、浪漫主义、自然与生态学、空想社会主义等问题。第五章是后现代科学与生态中心主义，主要介绍了生态中心主义者对科学的态度、20 世纪的科学、科学与社会等问题。第六章是路在前方，主要介绍了激进唯心主义、极端唯物主义、生态乌托邦、生态乌托邦和反面乌托邦等。

佩珀这一时期的论文主要集中在三个方面。第一是关于生态社会主义的，1993 年佩珀在《环境政治》上发表了《人类中心主义、人道主义和生态社会主义》。在这篇长达 25 页的论文中，佩珀认为：生态主义应该转向马克思主义，而不是远离它。马克思主义在揭示生态主义社会公正问题上具有越来越有价值的观点。[①] 马克思主义者对于社会—自然关系的看法与大众是相关的，因为从根本上说它是人类中心主义的，不像所谓的"深"生态学那样是生物中心主义的，最终趋向反人类。马克思主义在某种意义上是一元论的，马克思辩证的社会—自然关系在本质上也是绿色的。一种基于马克思和莫里斯的生态社会主义声称能够满足人类的物质和精神的需要而不破坏非人自然或产生异化环境。但生态社会主义社会不得不从理论和实践两个方面说明一些潜在的矛盾应该怎样调节——自给自足的欲求和建立一个复杂的、可协调、有计划的全球经济的需要，而这种生态友好和社会公正的全球经济，在资本主义和共产主义国家从没有出现。

第二是关于环境主义的，在《资本主义　自然　社会主义》上发表了《英国的政治哲学和环境主义》（1993 年）和《对深生态学和左派的误解》（1995 年）。《英国的政治哲学和环境主义》是一篇 20 页的长文，深刻论述了英国的环境运动因缺乏连贯的政治哲学而一度陷入困境的事实。全文共分九个部分，第一部分导论中佩珀介绍了英国的绿色运动及绿党一度受挫的情况，究其原因是因为缺乏一种连贯一致的政治哲学。接下来又介绍了两类不

---

① 参见 David Pepper，" Anthropocentrism，Humanism and Eco-socialism：A Blueprint for the Survival of Eco-logical Politics"，*Environmental Politics*，Vol. 2，No. 3，1993，pp. 428 – 452。

同的环境主义者：一类是关注社会公正、财富分配、生活质量并吸收环境主义的旧政治者；另一类是持生态中心主义的主流绿色分子和生态无政府主义者。第二部分至第九部分分别是传统保守主义、市场自由主义、福利（改良的）自由主义、民主（改良的）社会主义、革命社会主义、主流绿色生态主义、绿色无政府生态主义和红绿之争。最后，又简单介绍了乌托邦主义，社会、个人和集体、理想主义。该文的一部分收录在佩珀的代表著《生态社会主义：从深生态学到社会正义》的第二章中。《对深生态学和左派的误解》一文针对罗杰·戈特利布（Roger Gottlieb）1992 年出版的《马克思主义 1844—1990：起源、背叛、重生》一书。戈特利布是美国伍斯特理工学院的哲学教授，也是法国巴黎弗莱彻的特聘教授，著有《西方马克思主义选集：从卢卡奇和葛兰西到社会主义女权主义》等著作。佩珀认为戈特利布误解了深生态学、社会主义、左派这些概念，佩珀根据莫里斯和詹姆斯·拉伍洛克（James Lovelock）的观点对这些概念进行了自我诠释，批判了深生态学的缺陷和肤浅。

第三是关于可持续发展的。这一时期，佩珀比较关注可持续发展与生态现代化，连续发表了两篇文章来说明这个问题。一篇是在《可持续发展》上发表的《可持续发展与生态现代化：一种激进的人类中心主义》（1998年），文中明确区分了可持续发展和生态现代化的不同之处。佩珀指出了强的可持续发展和弱的可持续发展两种不同的模式，并对这两种模式进行了分析和比较。同时引用了詹姆士·奥康纳（James O'Connor）关于资本主义两类矛盾的理论，分析了资本主义通往生态现代化之路是不可能实现的。最后明确了一种激进的人类中心主义观点并得出结论：21 世纪的社会主义面临一个主要的挑战，而这个挑战没有容易的解决办法。[①] 另一篇是在《环境政治》上发表的《生态现代化或可持续发展的"理想模式"？由欧洲边缘引发的问题》（1999 年），文章由欧洲边缘地区的生态现代化问题引发出来。在这篇长达 34 页的文章中，佩珀详细论述了可持续发展与生态现代化，并用爱尔兰的环境政策和实践措施来说明欧洲生态现代化的缺陷和乌托邦前提。然后根据理想模式的原则，从经济、社会与政治、自然、地理这四个方面指

---

① 参见 David Pepper, "Sustainable Development and Ecological Modernization: A Radical Homocentric Perspective", *Sustainable Development*, Vol. 6, No. 1, 1998, pp. 1－7。

出了可持续发展的理想模式。最后得出结论：欧洲边缘地区生态现代化的可持续性被发展的压力所破坏，而这一压力源自于整个欧洲发展与环境的紧张关系，追根究底这种可持续性最终被全球市场体系的矛盾和不合理所破坏。① 佩珀在《环境规划和管理杂志》上发表《环境可持续性与欧洲发展策略一体化：爱尔兰西部 LEADER 倡议的个案研究》（1999 年）。LEADER 并不是英语意义上的领导者，而是由法语"农村经济发展行动联系计划"（Liaisons Entre les Actions de Developpement de l'Economie Rural）六个词的首字母组成，这是一个针对爱尔兰西部农村的重要发展计划。佩珀在文章中审视了欧洲边缘地区爱尔兰西部农村地区环境可持续性与欧洲发展政策的关系，指出 LEADER 支持项目虽是环境友好的，但并不能证明 LEADER 的可持续发展标准策略有前瞻性。佩珀认为经济规则依然占据 LEADER 计划的主要地位，计划的多数参与者对由发展引发的环境问题仍保持过度乐观态度。②

另外，佩珀在这一时期也比较关注其他作者的著作。分别为鲍姆·豪厄尔（Howell S. Baum）的《希望的组织——社区规划》（1997 年）、彼得·科茨（Peter Coates）的《自然：西方自古以来的态度》（1998 年）、穆罕默德·苏利曼（Mohamed Suliman）的《生态、政治和暴力冲突》（1999 年）写了书评。佩珀就共同体规划模式，影响人类对自然的看法、态度及使用的意识形态和物质因素，社会正义与可持续发展同世界各地特别是非洲暴力冲突的关系三个方面发表了自己的看法。

这一时期，佩珀已经从一名生态环境主义者转变为一名马克思主义者。他的生态社会主义思想也在这一时期发展完善起来，揭示出导致生态危机的根源是资本主义生产方式，确立了生态社会主义的生态价值观，并建构了自己的生态社会主义理论体系，还从实践的角度研究了生态社会主义的现实发展方式。

第三阶段是进入 21 世纪以后，这一阶段是佩珀创作的晚期，成果较从

---

① 参见 David Pepper, "Ecological Modernization or the 'Ideal Model' of Sustainable Development? Questions Prompted at Europe's periphery", *Environmental Politics*, Vol. 8, No. 4, 1999, pp. 1 – 34。

② 参见 David Pepper, "The Integration of Environmental Sustainability Considerations into EU Development Policy: A Case Study of the Leader Initiative in the West of Ireland", *Journal of Environmental Planning and Management*, Vol. 42, No. 2, 1999, pp. 167 – 187。

前有所减少，主要是一部合编著作，六篇论文以及与中国学者的学术交流。佩珀这一阶段主攻环境主义和生态乌托邦主义。《环境主义：批判性概念》（2003 年）共五卷。第一卷分为三个部分：重视自然与环境理论，动物权利和马尔萨斯主义，人口过度与增长极限。包括恩斯特·弗里德里希·舒马赫（Ernst Friedrich Schumacher）《小的是美好的》中《最伟大的资源——教育》一节、本顿的《动物权利和社会关系》、大卫·哈维（David Harvey）的《人口、资源和科学意识形态》等 20 篇论著。第二卷包括六个部分：深生态学和荒野辩论，浪漫主义，生物区域主义，行星隐喻和盖娅，生态女权主义，环境民主。包括菲杰弗·卡普拉（Fritjof Capra）《转折点：科学、社会和上升的文化》中《生命系统观》一节、吉瑞米·贝特（Jeremy Bate）的《自然的经济》、道格·安伯利（Doug Aberley）的《阐释生物区域主义：来自不同声音的故事》、米克·金（Mick Gold）的《自然的历史》、薇尔·普鲁姆德（Val Plumwood）的《生态女权主义：地位和论点的概述和讨论》、威廉·拉弗蒂（William M. Lafferty）和詹姆士·梅多克罗夫特（James Meadowcroft）的《民主和环境：一致与冲突的初步思考》等 27 篇论著。第三卷包括环境政治学，环境运动政治学，环境经济学和可持续发展三部分。包括皮特·海（Peter R. Hay）的《生态价值和西方政治传统：从无政府主义到法西斯主义》、曼纽尔·卡斯特尔（Manuel Castells）的《自我的绿化：环境运动》、哈丁的《公地悲剧》等 21 篇论著。第四卷包括环境正义，科学、技术和环境，危机社会，地形、历史和自然四个部分。包括 M. 戈尔丁（M. P. Golding）的《子孙后代的义务》、理查德·诺斯（Richard North）的《资助未来数十亿：一些线索》、乌尔里奇·贝克（Ulrich Beck）的《危机社会政治》、科斯格罗夫的《景观概念的发展、前景与展望》等共 18 篇论著。第五卷包括自然和文化人类学，自然现象学，环境和话语，自然、文化和技术—社会混合体共四部分。包括凯·米尔顿（Kay Milton）的《环境主义和文化多样性》、皮特·比舍普（Peter Bishop）的《植物灵魂》、罗恩·哈勒（Ron Harre）等的《环境叙述》、布鲁诺·拉普尔（Bruno Latour）的《革命》等 14 篇论著。

　　佩珀这一时期的论文主要集中在生态乌托邦和生态社会主义两个方面。生态乌托邦方面的研究一篇发表在《环境政治》上的《乌托邦主义和环境主义》（2005 年），该文审视了乌托邦主义渗入激进环境主义和改良环境主义的方式。乌托邦产生了生态乌托邦，它具有"越界性"（transgressiveness），可以促使现有社会向生态社会转变。佩珀认为基于深生态学和生物区域主义原则下生态乌托邦的"越界"潜能是无法实现的。真正的"越界性"既不是反动的幻想，也不是制定的蓝图，而要强调空间和过程上的实践。另一篇是发表在《环境价值》上的《生态乌托邦主义的张力与困境》（2007年），该文由山东大学当代社会主义研究所研究员张淑兰翻译后（翻译时略有删减），发表在《马克思主义与现实》上。该文分析了激进环境主义思想和行动中的乌托邦倾向产生的一些分歧和矛盾，这些矛盾包括：社会变革方向的矛盾，普遍原则和极权主义话语的矛盾，现代性与后现代性的矛盾，规模、地方和全球的矛盾。这些矛盾不仅仅是学术问题，更带有实践和战略意义，会影响到生态乌托邦的"越界性"潜能。另外，佩珀这一时期同中国的学术交流比较密切。他担任了山东大学当代社会主义研究所的兼职研究员，参加了山东大学举行的"环境政治学国际研讨会"等学术活动。

这一时期，佩珀还对其生态社会主义理论进行了一些补充。他的中译论文《论当代生态社会主义》由山东大学的刘颖翻译后发表在《马克思主义与现实》上，这是佩珀2005年参加山东大学举行的"环境政治学国际研讨会"时提交的一篇论文。该文从生态社会主义的基本原则写起，主要论述了生态社会主义在21世纪的新进展。从理论上说，生态社会主义认识到全球化的复杂性，远离了"粗俗的经济决定论"，但过度强调文化因素，忽视了经济基础对生态环境的保护作用。从实践上说，生态社会主义出现了替代性的组织形式，但未必能成为向未来绿色社会主义社会过渡的形式。该文的英文版收录在郇庆治教授英文编写的《作为政治学的生态社会主义：重建现代文明的根基》一书中。文章还对21世纪的生态社会主义的理论发展进行了补充，对欧美和澳大利亚一些地区生态社会主义的实践方式进行了再思考。

2. 佩珀生态社会主义思想的整体性研究

对佩珀生态社会主义思想的研究主要分成三个子部分。一是佩珀对资本主义生产方式的批判；二是佩珀对生态社会主义基本原则的建构；三是佩珀对生态社会主义实践方式的研究。学界对于佩珀思想的研究大部分是从哲学、生态学或西方马克思主义的角度来展开的，鲜少有从马克思主义政治经济学这个角度进行系统分析的。而要说明资本主义生产方式为什么是生态危机的根源，必须从马克思主义政治经济学即劳动价值理论入手。佩珀多次强调政治经济学应是生态社会主义的"关注中心"，而这一点恰恰又是被忽略的。佩珀说："生态社会主义主要而迫切的任务是抓住绿色运动经常回避的棘手问题，抓住绿色社会主义政治经济学的细节。"[①] 为了改变这一现状，佩珀明确指出："我将提出生态社会主义是像马克思主义一样的，把政治经济学问题明确地作为其关注中心的一种绿色政治意识形态。"[②] 佩珀为说明这个问题，在《生态社会主义：从深生态学到社会正义》一书中，借助马克思主义政治经济学原理用了大量笔墨来分析资本主义社会以及它在环境议题中的直接含义。

第一，对资本主义生产方式的批判。

佩珀认为要阐释资本主义生产方式是生态危机的根源，必须首先来说明追求利润最大化的资本是怎样剥削劳动的。他从劳动、价值、使用价值、交换价值、工资、劳动价值与劳动力价值、资本等这些基本概念入手进行阐释明确了以下几点。其一，劳动是价值的唯一源泉，而使用价值来自自然物质和人类劳动的结合。劳动力的价值（或劳动力的价格）是资本家支付给工人的工资，这低于投入到这种商品生产中劳动的价值。劳动的价值与劳动力价值之间的差额就是剩余价值或利润。资本就是能带来价值增值的剩余价值。在资本主义社会中，这个剩余价值必须要通过商品交换才能实现。资本家能够剥削和积累剩余价值，说到底是因为资本家拥有生产资料的所有权和劳动力的使用权，所以可以控制生产剥削劳动攫取利润。而资本主义制度需要这种阶级剥削才能存在。

其二，投入到生产中的资本为了实现价值增值的最大化，势必出现竞争，资本主义的生产关系是靠这种竞争性来体现和维持的。资本主义的经济法则要求边际利润最大化，这就要靠扩大生产规模来实现，而在资本总量不能有效增加的情况下，只能靠生产率的提高来完成这样一个"艰巨的任务"。所以在资本主义社会就会出现靠分解劳动分工和自动化生产线提高生产率的"福特主义"和靠科学的管理方法提高生产率的"泰勒主义"。但

---

① ［英］戴维·佩珀:《生态社会主义：从深生态学到社会正义》，刘颖译，山东大学出版社 2012 年版，第 3 页。

② ［英］戴维·佩珀:《生态社会主义：从深生态学到社会正义》，第 43 页。

是，由于生产率的不断提高会造成产品的积压，导致生产和销售环节的中断，出现资本主义制度无法避免的经济危机。

其三，为了解决经济危机给本国资本家带来的伤害和损失，资本就会越出国境到发展中国家寻求适合它扩张的低廉劳动力和丰富原材料，这可以为资本主义发展带来更广阔的生产空间和销售市场，通过剥削第三世界人民来获得利润，实现资本主义的全球化。正如佩珀所说："我们必须通过慈善事业来治疗由于我们的劳动所带给他们的伤害。我们的劳动通常通过其利润取向而直接地或间接地剥削他们"。①

其四，资本是靠劳动创造出来的，而资本又必须通过剥削劳动来维持自身的存在。在资本剥削劳动的过程中，造成了劳动的异化；在资本剥削自然的过程中，也造成了自然的异化。佩珀引用了马克思关于异化的四个层次来说明这一点。就异化来说指的是个人分离或远离来自：自己劳动的产品或结果；自然的其他部分；其他人类和你自身，前三种类型是第四种类型的组成部分。因而在劳动的过程中，不但异化了我们自己，也异化了自然。

要阐释资本主义生产方式是生态危机的根源，其次就是说明经济危机和生态危机的问题。由于生产率不断提升造成的矛盾通过产品的大量积压和劳动人民无力购买的经济危机显现出来，具体表现还有供需不平衡、通货膨胀、萧条、失业等。这一矛盾还通过社会正义的缺失和环境退化的生态危机显现出来，具体表现为资源短缺、空气和水资源污染、生物多样性减少、土地沙化、酸雨、全球气温上升等各种形式。需要明确的是生态矛盾来自资本主义制度本身，它和经济矛盾又互相影响。实际上，在竞争不断加剧的情况下，为了获得更多的利润，不得不想办法降低成本，这存在着一个"收益内在化、成本外在化"的逻辑前提。而资本家为了使个人企业利润最大化，对内通过福特主义和泰勒主义剥削工人的劳动来降低成本，对外通过资本主义全球扩张剥削自然把一部分成本转嫁给社会、未来和第三世界。这就是佩珀同意 R. 约翰斯顿（R. J. Johnston）"生态帝国主义"观点的原因。自 16 世纪资本具有了全球向度以后，经济危机和生态危机也逐渐具有了全球向度。佩珀认为由过度生产引发的生态矛盾又进一步导致了经济矛盾的扩大。

通过以上的分析，佩珀要说明的是在资本主义生产方式中，当生产关系

---

① ［英］戴维·佩珀：《生态社会主义：从深生态学到社会正义》，第 102 页。

僭越生产力肆意剥夺自然从而形成了自然的对象化态度，最终出现了令人类吃惊的后果——全球性的生态危机。因此，资本主义生产方式才是"罪魁祸首"，只有从根本上变革资本主义生产方式才是根除生态危机的真正出路。这也是佩珀生态社会主义思想激进性的体现之处。

第二，对生态社会主义基本原则的建构。

佩珀认为，生态社会主义社会应该具有环境友好、社会公正、经济可持续的内在要求，并坚持"人类中心主义"的立场。首先，佩珀从"收益内在化、成本外在化"的角度说明了资本主义为什么"内在地对环境不友好"，继而借助马克思主义社会—自然辩证法批判了生态中心主义和技术中心主义割裂人与自然关系的二元论观点，说明了人与自然有机的、真正的统一。要克服资本主义社会人与自然的异化，就要建立一个"社会与环境公正"的生态社会主义。其次，佩珀说明了资本主义的生态现代化牺牲了欠发达国家的环境利益，不具有整体性和国际性。所谓的生态现代化是协调70年代环境主义者的批判和80年代新自由主义解除管制潮流的绿色迷梦。[①]继而对生态社会主义的资源、需要和生产进行了总体规划。生态社会主义按需而不是按利润进行资源的开发与分配、生态社会主义还将把人们的需要变得更加复杂和丰富、生产也不再建立在工资奴役制基础上而是建立在自愿劳动的基础上。在此基础上，生态社会主义的经济将实现可持续性，而且是一种"强"的可持续。最后，在批判技术中心主义和生态中心主义把人和自然二元对立的错误前提后，佩珀指出生态社会主义应是"人类中心主义"的，因为生态社会主义本质上是社会主义，而社会主义具有人本主义的内在要求，以人类整体的利益为出发点和落脚点恰恰是对自然的关怀。

第三，对生态社会主义实践方式的研究。

这一部分是佩珀为实现生态社会主义作出的努力。这既表现在理论设计上，又表现在实践研究上。佩珀分析了传统马克思主义和新马克思主义对于社会变革理论、主要代理者与行动者的不同观点，并坚信工人运动仍然是变革社会的"关键力量"。对某些生态社会主义者把"新社会运动"与工人运动联盟的打算进行了批判，并指出新社会运动是后现代主义政治的。同时，

---

① 参见 David Pepper, "Sustainable Development and Ecological Modernization: A Radical Homocentric Perspective", p. 3。

佩珀对工会（trade unions）、选择性生产（alternative production）、选择性社会和经济制度（alternative social and economic arrangements）、地方货币（local currency）、地方就业和贸易体制（local employment and trading systems，简写为LETS）以及城市自治社会主义（municipal socialism）等实践方式进行了分析。最终佩珀认为要实现生态社会主义，目前就是要实现有效的红绿联盟，但这必须是有条件的。首先表现在两者观点中的根本性区别不应该被掩饰而应明确说明，其次优先考虑社会公正必须是所有红绿联盟最根本的共同基础。佩珀认为绿色分子应该从马克思主义那里接受更多积极的东西，因为"马克思主义对生态中心论有益"。

3. 佩珀生态社会主义思想的评析与启示

对佩珀思想的整体研究，一方面是为了对佩珀思想进行客观地评价。佩珀生态社会主义思想的理论价值主要体现在三个方面：强调了马克思主义的方法论、突显了"人类中心主义"的生态价值观、提出了生态社会主义的经济适度增长。但佩珀的生态社会主义思想也有一定的局限性，比如佩珀虽然批判了绿色运动的乌托邦色彩，可他的理论仍然具有难以克服的乌托邦色彩，这体现在他对资本主义制度的自行灭亡抱有很大的期望，认为红绿联盟是通向生态社会主义的一条非常有效的道路。还有佩珀对无政府——工团主义过于肯定，认为它是可以和马克思主义联合的一种形式。另一方面在于发现佩珀生态社会主义思想对我国生态文明建设的有益启示，这也是我们研究佩珀生态社会主义思想的目的所在。从佩珀的生态社会主义思想中得到的启示有：生态文明建设要以历史唯物主义为指导处理好人与自然的关系，要以社会公平正义为目标协调好地区差异，要以中国视域为基点树立起正确的环境义利观，要以绿色可持续发展为宗旨融入到五个文明的建设。

（二）研究方法

第一，文本解读法。在对佩珀英文原著文本深度理解的基础上，力争准确解读佩珀文本蕴含的理论逻辑和思想发展脉络，并尝试将其生态社会主义思想按照一定的逻辑顺序加以分析、提炼与整合，全面系统研究其生态社会主义思想。

第二，文献研究法。佩珀的著作蕴含着一个显著的特点，就是在其写作过程中善于引用并比较其他学者的观点和思想，而他的观点往往是在这种比较分析中得来的。如《生态社会主义：从深生态学到社会正义》一书第三章引用之处多达 400 条，这涉及了马克思主义、生态社会主义、无政府主义、深生态学、环境主义、生态主义等众多理论观点。要深入研究佩珀的思想并清晰地呈现出来必须对这些理论派别的观点进行准确把握和分析，对其相关文献进行深入地理解。

第三，历史与逻辑统一法。研究佩珀的生态社会主义思想，要把它放在特定的历史环境中去考察，才能发现理论的现实性、有效性和局限性。佩珀生态社会主义思想的形成既有其个人职业原因，更有其复杂的时代特征和社会背景，分析这些对于我们准确把握他的思想极为必要。

第四，理论联系实际法。将佩珀的生态社会主义思想与党的十八大、十九大生态文明建设的战略目标联系起来，分析其生态社会主义思想对资本主义生态问题的深入解读和对我国生态文明建设的有益启示，以便展现研究佩珀生态社会主义思想的现实意义和实践价值。

（三）创新之处

本书的创新之处主要体现在三个方面。第一是对佩珀的生态社会主义思想形成纵向全面的认识。虽然国内对佩珀思想研究的不少，但往往都集中在佩珀《生态社会主义：从深生态学到社会正义》这一本著作中，缺乏全面性和系统性。本书希望在占有大量第一手资料的前提下，全面研究佩珀的论著，同时结合他人对佩珀的研究成果，形成对佩珀思想的整体性认识，进一步理出佩珀生态社会主义思想萌生、形成、发展、深化的过程，并在此基础上提炼出佩珀生态社会主义思想的基本原则。通过深入挖掘佩珀三十多年的文献资料，发现捍卫"人类中心主义"、强调环境友好、坚持经济可持续发展以及追求社会正义是佩珀生态社会主义思想的基本原则，这是对佩珀生态社会主义思想的总体性创新。

第二是通过对佩珀原始资料的挖掘与分析，发现了一些理论研究薄弱之处。如佩珀对生态现代化的研究与批判、对可持续发展"理想模式"的阐释。这部分内容主要体现在他 20 世纪 90 年代末的三篇重要论文之中，国内学界现有研究佩珀思想的理论成果对这些问题基本没有涉及。挖掘佩珀对生态现代化理论的批判以及对可持续发展"理想模式"的建构，这是对佩珀生态社会主义思想研究的补充与完善。

第三通过对现有成果与佩珀原著的比对，发现了现有研究中的一点疏漏之处。国内研究成果中多将"工联主义"与"工团主义"混同,二者虽仅有一字之差,但却相距甚远。佩珀认为工团主义是可以和马克思主义联合的一种形式,但在翻译时被译为工联主义,此后学者们对佩珀此观点的研究便存在讹误。事实上工联主义和工团主义在产生时间、理论方向、斗争方法、基本诉求上有很大的区别,不能被等而话之。揭示工联主义与工团主义的不同,既是对学界研究佩珀生态社会主义思想的一点勘误,也是本书的一点创新。

第一章 佩珀生态社会主义思想的形成

每一种理论的产生和形成都有赖于一定的社会环境、理论渊源和实践基础,而不是凭空臆造的。生态社会主义正是在西方不断遭受环境恶化的现实中,在苦苦寻求克服生态危机的实践活动中逐渐形成和发展起来的。大体历经了 20 世纪六七十年代的萌芽时期、80 年代的形成时期和 90 年代以后的发展时期三个不同阶段。佩珀是第三代生态社会主义思想的重要代表之一,他的生态社会主义思想酝酿于 80 年代、形成于 90 年代,在新世纪又得到了完善。

第一节 基本概念及其相互关系

人文科学对概念的界定是非常困难的,虽然多数概念的界定并不具有一致性,但对基本概念的阐释以及对概念与概念之间相互关系的梳理仍是进行理论研究的基础和起点。因此,系统研究和客观评价佩珀的生态社会主义思想有必要从相关概念出发。所谓概念是对同类事物共同特性和本质属性的概括与反映,它是最基本的思维形式,概念往往具有抽象性、概括性和普遍性的特点。与本书密切相关的概念有生态中心主义、生态社会主义及生态学马克思主义(生态马克思主义)。

一、概念辨析

生态中心主义对应的英语为"ecocentrism",这个词的文献记载最早见于英国学者蒂莫西·奥里奥丹(Timothy O'riordan)1977 年发表的《环境主义意识形态》一文。奥里奥丹指出：环境主义作为一种社会和政治运动，反映了人类存在的二元性。这是因为环境主义已经出现两个对立的思想学派，一个以自然为导向的生态中心主义，另一个是以技术和组织方式为重点的技术中心主义。① 生态中心主义是西方环境主义、政治和伦理运动中的一种思潮，旨在通过采取环境友好形式的政治、经济和社会组织来改变对环境有害的人类活动，抑或通过重新评估人类与自然的关系，来保护和改善自然环境的质量。也常用来表示一种以自然为中心，而不是以人类为中心的价值体系。生态中心主义的主张通常包括本体论的信仰及其伦理主张。本体论信仰否认人类与非人类之间有任何关于存在的分歧，并宣称人类并不是内在价值的唯一承担者，不比非人自然有更大的内在价值。

　　而生态中心主义作为一种环境伦理思想则出现较早。美国学者奥尔多·利奥波德（Aldo Leopold）于 1948 年提出的"土地伦理"就是最早的表现之一，"土地伦理是要把人类在共同体中以征服者的面目出现的角色，变成这个共同体中的平等的一员和公民。它暗含着对每个成员的尊敬，也包括对这个共同体本身的尊敬。"② 一直以来伦理都是处理人与人之间关系的，但目前并没有一种伦理观念既能够处理人与土地的关系又能处理人与动植物间的关系。利奥波德在对沙乡荒弃的农场进行恢复的沉思中建构的土地伦理思想"可以被看作是认识各种生态形势的指导模式"③，也就是把生态系统看作一个共同体，人只是这个共同体的一员，人的存在与整个共同体密不可分，因此人对其所属的共同体负有直接的道德义务。

　　此外在霍尔姆斯·罗尔斯顿（Holmes Rolston）提出的自然价值论和阿伦·奈斯（Arne Naess）等人的深生态学中也体现生态中心伦理思想。罗尔斯顿从环境伦理学的角度出发，主张只有对动植物、土地、自然予以适当尊重的伦理学才是真正的、完整的。所以他更多地注重大自然的价值和权力，从"创生万物的大自然是有价值的"的这一基本原则出发建构其自然价值论并深入介绍了自然界具有的 14 种价值。他指出："自然系统的创造性是价值之母；大自然的所有创造物，就它们是自然创造性的实现而言，都是有价

---

① 参见 Timothy O'Riordan, "Environmental ideologies", *Environment and Planning*, Vol. 9, No. 1, 1977, pp. 3 – 14。

② ［美］奥尔多·利奥波德：《沙乡年鉴》，侯文蕙译，商务印书馆 2016 年版，第 231 页。

③ ［美］奥尔多·利奥波德：《沙乡年鉴》，第 230 页。

值的。"① 罗尔斯顿认为这种内在价值先于人类，它是客观存在的。正是因为自然系统本身就拥有内在价值，所以无论是生活于其中的高等动物还是有机体，对自然都赋有不可推卸的义务。那么作为人类维护和促进自然系统内在价值的完整和稳定更是其肩负的责任和义务。奈斯区分了浅层生态学和深层生态学，提出了以"生态智慧"为标志的深生态学思想。他认为人的存在与整个自然界密不可分，因此要把自我与自然环境融为一体，虽然目前深生态运动规模较小，但应引起人们的重视。奈斯强调了深生态运动的三个基本点："一是拒绝人只作用于自然的观念，赞成相互的、整体的观念；二是坚持生物平等主义；三是多样性和共生性原则。"② 对于生态系统中每一不同份子来说，都拥有平等的生存权和发展权是一个直观、清晰、明显的价值公理。

　　生态社会主义对应的英语为"ecological socialism"，抑或简写为"eco-socialism"。生态社会主义是一种把社会主义与绿色政治、生态学或反全球化相结合的意识形态。西方学者认为它是当代的一种绿色思潮，故将其归入环境政治或生态政治的范畴。生态社会主义者在一些基本问题上达成共识，如普遍认为在全球化和帝国主义的影响下，资本主义制度是环境退化的根源；强调对人与自然的关系重新认识；主张废除资本主义、对生产资料实行共同所有权；恢复共同体等等。佩珀对生态社会主义的理解以及对此概念的界定也经历了较长的过程。他在《生态社会主义：从深生态学到社会正义》一书中对生态社会主义的概要从生态价值观、具体经济规划措施、环境议题的界定、社会制度、社会变革和历史发展的途径等方面进行了概括和阐释。在此书出版后的第 11 年（2004 年），佩珀为其作的中文版序言中概括了生态社会主义的七大主题。2005 年佩珀参加环境政治学国际研讨会的论文中才对生态社会主义的概念进行了界定，他指出"生态社会主义是对环境主义进行社会主义分析和应对的一种激进的、以人类为中心的（而不是生态中心主义的）应用。"③ 从此概念中可以看出，佩珀同西方环境主义学者一样，

---

① ［美］霍尔姆斯·罗尔斯顿：《环境伦理学》，杨通进译，中国社会科学出版社 2000 年版，第 269—270 页。

② 参见 Arne Naess, "The Shallow and the Deep, Long-Range Ecology Movement", *Inquiry*, Vol. 16, No. 1 – 4, 1973, pp. 95 – 96。

③ ［英］戴维·佩珀：《论当代生态社会主义》，刘颖译，《马克思主义与现实》2005 年第 4 期。

把生态社会主义归入环境政治的范畴，最终的目的是实现生态主义向生态社会主义的转变。本书赞同郇庆治教授对此概念的界定和理论归属上的判断，"生态社会主义首先是传统社会主义理论对现代生态学的理论回应和主动吸纳，因而是当代社会主义的一个支派，同时，由于它对生态环境问题代表的人与自然关系时代困境的社会主义的阐释，成为与生态自治主义相区别的生态政治学流派。"①

同生态社会主义较为密切的一个概念是生态学马克思主义或生态马克思主义，两者对应的英语皆为"ecological marxism"，亦可简写为"eco-marxism"。从英语的构词法来看，ecological socialism 与 ecological marxism 都是形容词与名词的组合。但在翻译上，国内学者对两者的意见却不同。ecological socialism 大多数译为生态社会主义，但也有译为生态学社会主义的，如唐正东、藏佩洪翻译的《自然的理由——生态学马克思主义研究》即是如此。而对 ecological marxism 翻译却呈现两种不同意见，一是将其译为生态学马克思主义，二是将其译为生态马克思主义。比如王瑾教授在《"生态学马克思主义"与"生态社会主义"》中首次把 ecological marxism 介绍给我国学者时采用的就是第一种译法。慎之教授翻译的《西方马克思主义概论》也译为生态学马克思主义。钟同 1987 在《社会主义研究》上发表的一篇文章中首次提到生态马克思主义这一词汇。周穗明教授在其文章中则多数使用生态马克思主义这一译法。纵观国内学者在这方面的学术成果，多数选择了第一种译法，由于这两种译法对 ecological marxism 的理解并不存在本质差别，故本书不再赘述，而是采用较为普遍的第一种译法。生态学马克思主义是指"当代马克思主义者和社会主义理论家对马克思恩格斯著作中生态学观点的系统化阐释"②。

为避免因介绍和翻译问题产生的歧义，追根究源要从国外的第一手资料对生态社会主义和生态学马克思主义予以说明和考证。加拿大学者本·阿格尔 1978 年所著的《西方马克思主义概论》是较早对两者皆有解释的著作，其中一节还专门阐释了生态学马克思主义。书中对生态学马克思主义给予了高度评价，他认为"今天的马克思主义主要表现为两种形式：一是主要探

---

① 郇庆治：《生态社会主义述评》，《马克思主义研究》2000 年第 4 期。
② 郇庆治：《生态社会主义述评》。

讨资本主义国家职能的以经验为根据的马克思主义，另一是创立我们称为"生态学马克思主义"的马克思主义。"① 阿格尔还详细解释了生态学马克思主义形成的社会根源和理论背景，阿格尔认为莱斯早在《满足的极限》中提出的既要马克思主义者更多关注自然与社会之间的关系，又要为"高集约度的市场布局"寻找替代方案，这其实已经为"生态学马克思主义"规定了条件。阿格尔虽然没有对生态学马克思主义的含义进行界定，但他指出生态学马克思主义应是一条全新的道路，因为它"旨在用马克思主义的方向来指导生态运动，从而使我们能够提出介于能源浪费的资本主义和能源浪费的极权的社会主义之间的'第三条道路'"。② 在他看来工业发达的资本主义国家和高度集权的社会主义国家都不可能摆脱生态危机，因为两者都无法根除集中化和官僚化所带来的痼疾。只有将马克思主义的变革和生态危机理论相结合，将"技术分散化的社会主义所有制"与"分工的非官僚化的稳态经济"相结合，才能找到根除生态危机的"第三条道路"。阿格尔认为现实中北美的民粹主义蕴含着由来已久的民主传统和对中央集权的怀疑，把民粹主义与马克思主义相结合便可以产生对生产资料和生产关系实行分散化、民主化、非官僚化以及社会主义化的要求。阿格尔指出使消费者期望破灭了的民粹主义与对资本主义激烈批判的马克思主义并肩作战克服环境危机，才真正促使了生态学马克思主义在北美的诞生。

在论述生态学马克思主义是解决生态危机的"第三条道路"时，阿格尔也提到了生态社会主义，他说"并不是说仅仅因为资本主义社会有少数人能够克服异化消费和找到非异化的劳动，整个制度就可以趋向于生态社会主义了。"③ 可见在阿格尔看来，生态学马克思主义和生态社会主义并不等同。阿格尔通过论证指出，生态学马克思主义诞生在北美，它是一种马克思主义的理论形态，是当今马克思主义两大表现形式之一。而生态社会主义诞生在欧洲，是一种社会主义的实践形式。生态学马克思主义更注重对马克思、恩格斯著作重新挖掘，以阐释其蕴含的生态思想，从而指导应对生态危机的活动，以理论性、学术性为特点，沿着由产生理论到指导实践这样一条

---

① ［加］本·阿格尔：《西方马克思主义概论》，慎之等译，中国人民大学出版社1991年版，第430—431页。

② ［加］本·阿格尔：《西方马克思主义概论》，第507页。

③ ［加］本·阿格尔：《西方马克思主义概论》，第507页。

道路发展。生态社会主义更侧重于现实中对资本主义国家的环境主义运动进行社会主义指导，从而解决困扰当今世界的生态危机，以实践性、现实性为特点，沿着由指导实践到完善理论这样一条路线行进。不可否认，在面对生态危机这一共同难题时，生态学马克思主义和生态社会主义采取的是两条不同的路径，但由于其内在旨趣一致，所以势必存在一定的交叉范畴。

二、相互关系阐释

由于对两者含义的不同理解再加上研究的着眼点也各有侧重，国内学者对于生态社会主义与生态学马克思主义关系的研究呈现出不同的观点。但总结归纳起来，大致可以分为三种类型。

（一）不同论

这类观点认为生态社会主义与生态学马克思主义是由西方环境运动引发的两种不同类型的理论，以王瑾、奚广庆为代表。王教授在《"生态学马克思主义"与"生态社会主义"》一文中明确指出生态学马克思主义和生态社会主义是西方绿色运动或生态运动引发的两种社会思想。美国和加拿大的西方马克思主义者们所提出的"生态学马克思主义"是"用生态学理论去'补充'马克思主义，企图为发达资本主义国家的人民找到一条既能消除生态危机又能走向社会主义的道路。"[1] 而"生态社会主义"是欧洲绿色运动的产物，它是德国绿党和德国社民党在联合执政过程中直接实践的行动纲领和行动方案，是以生态平衡为目标、要求实现社会正义和基层民主的社会制度。王教授在文中对生态学马克思主义和生态社会主义的主要内容分别做了概括，并指出了两种思潮的不足之处。1992 年，奚广庆、王瑾主编的《西方马克思主义辞典》中再次指出，生态学马克思主义与绿党的"生态社会主义"这两者有合流之势。

（二）阶段论

这类观点从广义上理解生态社会主义，认为生态学马克思主义是其在20 世纪 90 年代的一个独立存在，以周穗明、刘仁胜为代表。周穗明教授在《生态社会主义述评》《20 世纪西方新马克思主义发展史》等文章和著作中

---

① 王瑾：《生态学马克思主义与生态社会主义——评介绿色运动引发的两种思潮》，《教学与研究》
　　1986 年第 6 期。

形象地运用颜色的转化来说明这一问题。她认为生态社会主义是当代西方生态运动逐渐与马克思主义思想融合的结果，它大致经历了从"红"到"绿"的兴起阶段、"红""绿"交融的转折阶段和"绿"色"红"化的发展阶段。第三个绿色运动红化阶段便是生态学马克思主义，以拉比卡、格仑德曼等为代表。刘仁胜研究员在《生态马克思主义概论》的序言中便指出了生态社会主义的含义和其发展阶段。他认为西方国家在20世纪60年代逐渐蓬勃的环境运动不断与社会主义运动相互作用才产生了生态社会主义，从产生至今大致经历了四个时期：萌芽时期、发展时期、成熟时期和转型时期。前三个阶段的生态社会主义显示出显著的社会民主主义的特征，第四个阶段才具有明显的生态学马克思主义特点。他认为生态学马克思主义是生态社会主义发展的激进阶段并明确指出"生态社会主义属于绿色运动中的左翼，而生态马克思主义则属于左翼中的左翼。"①

（三）包含论

这类观点认为生态学马克思主义与生态社会主义存在一定的包含关系，持这种观点的学者较多，具体又可分为三种类型。

其一，认为生态社会主义包含生态学马克思主义。这是从广义的生态社会主义概念出发，将生态学马克思主义涵盖其中，以俞吾金、陈学明、王雨辰等为代表。俞吾金教授和陈学明教授在《国外马克思主义哲学流派新编》一书中明确指出生态社会主义是在马克思主义思想指导下形成的一种社会主义思想，"生态社会主义与生态学的马克思主义不是同一个概念，前者包含后者，但并不等于后者。"② 因为在生态社会主义阵营中除了具备强烈马克思主义倾向的生态学马克思主义者之外，还有社会民主主义者。王雨辰教授在《生态批判与绿色乌托邦》一书中归纳了学术界对生态学马克思主义与生态社会主义两者关系的研究，并表明了自己的态度。王教授认为俞教授和陈教授的观点较好地揭示了二者的共同点和区别，因此他本人倾向于这一种观点。

其二，认为生态学马克思主义包含生态社会主义。这是从广义的生态学

---

① 刘仁胜：《生态马克思主义概论》，中央编译出版社2007年版，第5页。
② 俞吾金、陈学明：《国外马克思主义哲学流派新编·西方马克思主义卷（下）》，复旦大学出版社2002年版，第575页。

马克思主义概念出发，将生态社会主义纳入麾下，以张一兵、郭剑仁等为代表。张一兵教授在《当代国外马克思主义哲学思潮》中将生态学马克思主义归入后现代马克思主义，认为它是西方马克思主义的一种新理论形态，并不同于后马克思主义思潮。从生态学马克思主义的产生和发展趋势来看，张教授将其划分为生态马克思主义、生态社会主义和马克思的生态学①三个主要形态。这表明生态社会主义成为生态学马克思主义一个承上启下的发展阶段，生态社会主义促使了生态学马克思主义的实践转向。郭剑仁在《生态地批判——福斯特的生态学马克思主义思想研究》以及《北美生态学马克思主义述评》中指出，广义的生态学马克思主义包括生态学马克思主义与生态社会主义，但是二者的理论侧重点不同。郭剑仁在比较以福斯特和奥康纳为代表的学术团体时，对不同学者的生态学马克思主义思想进行了归类，认为生态学马克思主义更侧重于理论挖掘与阐释，而生态社会主义则更强调现实的实践活动。

其三，融合论。以郇庆治教授为代表，他认为随着两者的发展可以用"生态马克思主义/社会主义"这一表达方式。在2010年以前的一些文章中，如《生态社会主义述评》《西方生态社会主义研究述评》等，郇教授的观点和俞吾金、陈学明教授相同，也都是从广义的生态社会主义视角出发。他认为从环境政治学的视角来讲，生态社会主义是与生态自治主义并行的两大生态政治理论流派之一，它的形成大致是按照对马克思恩格斯著作中生态思想的挖掘整理或用马克思主义的基本方法对生态问题作出批判性阐释这样两条路径展开的，"广义的生态社会主义研究可以概括为三个密切关联的组成部分：生态马克思主义、生态社会主义（狭义）和"红绿"政治运动理论。"②但在2010年以后的《环境政治学研究在中国：回顾与展望》（2010年）、《21世纪以来的西方绿色左翼政治理论》（2011年）、《21世纪以来的西方生态资本主义理论》（2013年）、《绿色变革视角下的生态文化理论及其研究》（2014年）、《2010年以来的中国环境政治学研究论评》（2018年）等二十余篇文章中则更多地使用"生态马克思主义/社会主义"这一表达方式，并认为二者在发展过程中确实存在融合现象。"生态马克思主义/社会

---

① 参见张一兵：《当代国外马克思主义哲学思潮·下卷》，江苏人民出版社2012年版，第484页。
② 郇庆治：《西方生态社会主义研究述评》，《马克思主义与现实》2005年第4期。

主义是从马克思主义唯物史观出发对当代生态环境难题所作的理论阐释，并构成几乎所有"绿色左翼"政治流派的理论与实践基础。虽然从词源学上说'马克思主义'和'社会主义'有着不容置疑的差别，……我们却很难将其作为两个独立的学术流派来看待。"①

第二节 佩珀生态社会主义思想形成的时代背景

作为一名自然地理学者，佩珀有着对大自然的热爱和特有的责任感，大自然的山川沟壑、大气土壤都是他研究的对象。而他生活的年代却正是西方国家生态危机不断严重的时期。面对着不断遭受破坏的自然环境，佩珀开始了理论和实践的探索。一方面开始研究环境主义的一些主要理论，另一方面参加到轰轰烈烈的环境运动之中。在探索保护生态环境的过程中，佩珀逐渐发现西方资本主义制度不是保护生态环境的使者，而是破坏它的肇始者。而作为社会主义国家代表的苏联也不是真正意义上的社会主义，加上它的解体，也使佩珀失去了对传统社会主义的信心。因此，佩珀认为必须找到可持续发展的"第三条道路"才能真正解决世界范围的生态问题，佩珀的生态社会主义思想正是在这种时代背景中逐步形成和完善。

一、发达国家生态危机日益恶化

英国作为世界上第一个完成工业革命的国家，同时也是生态问题显现的最早发源地，英国的环境问题早在 17 世纪就初露端倪。英国人约翰·伊布林（John Evelyn）既是一位园丁，也是一位著名的日记体作家。他在 1661年的著作《驱逐烟气》中描述了大都市伦敦空气污染的状况，该书被认为是最早记录欧洲空气污染的著作。当时伦敦无论生产还是生活都普遍使用一种"海煤"（seal-coal），它燃烧时会释放出大量的二氧化硫、二氧化碳、一氧化氮、烟尘和有机物微粒，这使得"地狱般的阴森森的烟气笼罩着伦敦"。伊布林在书中还提到了一些切实可行的治理措施，如从伦敦清理所有污染交易、种植大量植物以净化空气等，但在当时并没有引起人们的重视。经历了工业革命以后，发达国家的生态问题日益普遍化和严重化。

---

① 郇庆治：《绿色变革视角下的生态文化理论及其研究》，《鄱阳湖学刊》2014 年第 1 期。

（一）工业革命时期

如果说 17 世纪英国的环境问题还仅仅是集中在个别大城市，那么经过 18 世纪的工业革命以后，英国的环境污染问题则从大城市蔓延到中小城市。由于冶金工业、钢铁工业和采煤业的兴起与繁荣，英国各个城市都是烟囱林立、浓烟滚滚，造成了严重的空气污染问题。煤炭是工业革命的源动力，也是空气污染的肇事者。正是广泛使用煤炭才造成了英国严重的空气污染。再者由纺织业、印染业的发展造成了河流污染，特别是沿河而建的制革厂、瓦斯厂、制肥厂和胶料厂等，这些工厂未经处理的工业废水及废弃物直接排放到河水中。"河水黝黑、发臭，里面充满了污泥和废弃物，臭气泡经常不断地往上冒，散布着恶臭，令人作呕。"[1]

恩格斯的《英国工人阶级状况》主要是为了说明资本主义制度造成英国各地工人阶级生活的窘迫状况，但在一定程度上也反映了英国 19 世纪城市的空气污染和河流污染问题。恩格斯为了获得具有说服力的第一手资料，亲自考察了英国主要城市工人阶级的真实生活状况，他指出："在全英国（除了伦敦的某些地区），这是普通的工人住宅。这里的街道通常是没有铺砌过的，肮脏的，坑坑洼洼的，到处是垃圾，没有排水沟，也没有污水沟，有的只是臭气熏天的死水洼。"[2] 而伦敦、曼彻斯特、波尔顿和斯托克波尔特空气永远不会像乡间那样清新而充满氧气，而是阴沉沉的，充满了煤烟颗粒。至于英国境内流经大城市的主要河流同样遭受着厄运，如流经伦敦的泰晤士河、流经曼彻斯特的艾尔克河与梅德洛克河、流经利兹的艾尔河等，都是"流入城市的时候是清澈见底的，而在城市另一端流出的时候却又黑又臭，被各色各样的脏东西弄得污浊不堪了。"[3] 工业革命时期，英国城市环境的恶化已经愈演愈烈。时隔近半个世纪以后，恩格斯在 1892 年为《英国工人阶级状况》第二版写序言时曾说，"1844 年时，我还能用几乎是田园诗的笔调来描写的地区，现在，随着城市的发展，已经整批整批地陷入了同样破落、荒凉和穷困的境地。"[4]

---

① 李宏图：《英国工业革命时期的环境污染和治理》，《探索与争鸣》2009 年第 2 期。
② 《马克思恩格斯全集》（第 2 卷），人民出版社 1957 年版，第 306—307 页。
③ 《马克思恩格斯全集》（第 2 卷），第 320 页。
④ 《马克思恩格斯选集》（第 4 卷），人民出版社 2012 年版，第 422 页。

　　马克思的《资本论》虽是为了研究资本的运行规律，但却发现资本主义生产方式会内在地造成人与自然新陈代谢的断裂。一方面是城市人口造成的"消费排泄物"无法回归农业得到有效的循环利用而污染了城市环境。这些消费排泄物"部分地指人的自然的新陈代谢的所产生的排泄物，部分地指消费品消费以后残留下来的东西"①，它们本可以变成有机肥料滋养土地，因此对农业来说最为重要，但资本主义却不懂得如何利用。比如，"在伦敦，450 万人的粪便，就没有什么好的处理方法，只好花很多钱来污染泰晤士河。"② 另一方面在农业生产过程中因为过量地掠夺土地肥力而造成土地的贫瘠。"资本主义生产……破坏着人和土地之间的物质变换，也就是使人以衣食形式消费掉的土地的组成部分不能回到土地，从而破坏土地持久肥力的永恒的自然条件。"③ 资本主义中工业与农业的断裂、人与自然的对立必然造成工业社会的环境污染问题，且这种污染问题是资本主义生产方式自身无法彻底解决的。

（二）20 世纪

　　19 世纪伴随着工业革命的进程，主要资本主义国家英国、法国、美国、德国和俄国先后完成了工业革命。环境问题也已经不再局限在个别国家，而是开始在发达国家内蔓延。例如，英法等国家排出大量的二氧化硫，经盛行风北移造成了斯堪的纳维亚半岛上诸国家的酸雨，对挪威、瑞典等国家的森林、河流造成了不同程度的破坏。"1881 年挪威科学家布罗加所著的题为《污雪》的报告书……这份报告书指出来自英国的大气污染是当时天降污雪的原因。"④

　　进入 20 世纪以后环境问题愈演愈烈，已经严重影响人们的生活、健康甚至是生命。这其中最为著名的就是 20 世纪 60 年代以前的"八大公害"事件。这八大事件可分为三类。第一类是由于二氧化硫所致的空气污染，以欧洲、日本为主。1930 年隆冬比利时马斯河谷烟雾事件，由于工业污染和大雾，使空气中的二氧化硫、粉尘和其他有害气体难以挥发，诱发河谷工业区

---

① ［德］卡尔·马克思：《资本论》（第 3 卷），人民出版社 2004 年版，第 115 页。
② ［德］卡尔·马克思：《资本论》（第 3 卷），第 115 页。
③ ［德］卡尔·马克思：《资本论》（第 1 卷），人民出版社 2004 年版，第 579 页。
④ 唐大为：《酸雨》，《环境教育》2000 年第 2 期。

上千人出现呼吸道疾病症状，一周内就有六十多人死亡，这是 20 世纪最早被记录下的空气污染惨案。1952 年的伦敦烟雾事件是"八大公害"中死亡人数最多的公害事件，隆冬季节因工厂和居民大量燃烧煤炭，使一氧化碳、二氧化碳和二氧化硫等有害气体积聚在空气中难以扩散，造成市民胸闷、窒息，因这场大烟雾而死亡的人数多达四千人。1961 年的四日市哮喘病事件，因石油冶炼厂排除大量工业废气，二氧化硫与重金属颗粒结合致使市民出现呼吸系统疾病，先后有六千多人罹患哮喘病。

第二类是由于汽车尾气所致的光化学污染，以美国为主。光化学烟雾是大量汽车尾气中的碳氢化合物和二氧化氮在强烈阳光的照射下，原来的化学链遭到破坏后会产生臭氧、氮氧化物、醛、酮、过氧化物等大量有毒气体，致使人眼睛发红、呼吸困难、咽喉疼痛、头昏头痛。此类事件都发生在美国。1948 年，宾夕法尼亚州的多诺拉小镇爆发了光化学烟雾事件，全城 40% 多的市民出现不同程度症状，二十多人死亡。1952 年和 1955 年，在洛杉矶先后两次发生了光化学烟雾事件，使八百多人失去了生命，全市 75% 的市民罹患了红眼病。

第三类是金属或有机物所致的中毒事件，以日本为主。有 20 世纪 30 年代初的富山骨痛病事件（一直延续到 60 年代），该事件是由于企业将含有镉、铅等的工业废水排入河中，市民因饮用含镉之水、食用含镉之米而引发的镉中毒症状。50 年代初的九州岛水俣事件，该事件是由于工厂将大量含有氯化汞和硫酸汞的废水直接排入海水中，市民因长期食用含有甲基汞的海产品而导致的中枢神经性疾病。六七十年代的米糠油事件，是由于生产食用油的工厂为降低成本将多氯联苯（PCB）作为导热油不慎混入米糠油中造成的有机物中毒事件。

进入 70 年代以后，又陆续发生了十次大的公害事件，且规模不断扩大、程度不断加深、波及人数也不断增多。事实上从 20 世纪后半叶开始，西方国家的环境问题已经波及到世界各地，环境问题也因此成为世界难题。伴随着人们征服自然激烈而轻率的步伐，千疮百孔的大自然已经开始怒吼。恩格斯早就指出："我们不要过分陶醉于我们对自然界的胜利。对于每一次这样的胜利，自然界都报复了我们。每一次胜利，在第一步都确实取得了我们预期的结果，但在第二步和第三步却有了完全不同的、出乎意料的影响，常常把第一个结果又取消了。"① 当人们以自然界的征服者高高自居时，其实人们并不知道自己的无能为力。

二、西方环境运动不断深入

西方环境运动是指以保护生态环境和绿色政治诉求为目的的多种学科、社会和政治运动。对于环境运动的定义，并没有统一的界定。英国肯特大学环境政治学教授克里斯托弗·卢茨（Christopher Rootes）认为环境运动是出于共同关心环境形成的一种较松散的非制度化网络，通常由个人、政党或非政府的环境组织组成，往往以集体行动为主，而不同国家或地区的这种环境关切或集体行动在不同时期往往也不尽相同。因此"环境运动被视为有公众和组织组成，参与集体行动，以追求环境利益的广泛网络"②，可见这是一个内涵比较宽泛的概念。所谓的"西方"也并不是指西半球，而是指代一种实施资本主义制度的国家。这里的西方环境运动主要是指发生在欧洲、北美、澳大利亚、日本等国以反对工业化进程造成环境污染的社会运动。

人类轻率而快速的工业步伐与大自然从容平衡的状态如此格格不入，超快的工业化进程暴露出日益严重的环境污染问题，人们在经历了一次又一次的公害事件之后，开始反思自身行为的不良影响，保护环境的呼声与日俱增。通常认为蕾切尔·卡逊（Rachel Carson）撰写的《寂静的春天》拉开了 20 世纪 60 年代西方环境运动的帷幕。卡逊在书中以大量的案例、数据和事实向人们描述了以氯丹、双氯苯基三氯乙烷（DDT）等氯化烃类杀虫剂和以对硫磷、马拉硫磷等有机磷类杀虫剂是怎样污染大气、水源、土壤和生命有机体的。更为可怕的是像 DDT 这类的氯化烃不仅可以通过食物链传递的方式促使这一链条中的动植物死亡，并且它还会以毒素积累的递增原则存在于人类的肝脏、生殖系统等机体组织之中，导致人类罹患各种癌症或失去生育能力。美国前副总统、诺贝尔和平奖获得者阿尔·戈尔（Al Gore）在为《寂静的春天》作序时曾指出："《寂静的春天》犹如旷野中的一声呐喊，以它深切的感受、全面的研究和雄辩的论点改变了历史的进程。如果没有这

---

① 《马克思恩格斯选集》（第 3 卷），人民出版社 2012 年版，第 998 页。
② ［英］克里斯托弗·卢茨：《西方环境运动：地方、国家和全球向度》，徐凯译，山东大学出版社 2012 年版，第 2 页。

本书，环境运动也许会被延误很长时间，或者现在还没有开始。"①

（一）第一阶段

虽然在 20 世纪 60 年代以前，也有关注生态环境的组织、保护环境的呼吁，但未能引起人们足够的重视，更不能和"运动"联系起来。真正意义上的西方环境运动萌生阶段是 60 年代后期至 70 年代初。促使西方环境运动从无到有的条件有两个。一是资本主义国家生态环境污染程度加剧。资本主义生产方式为了实现利润最大化，在早期工业化阶段一直以粗放型生产为主，不仅浪费了大量资源，还造成了空气、淡水、土壤、海洋等不同程度的污染和生物多样性的减少。并且伴随着资本的全球化，发达国家的生态问题也波及到发展中国家，生态问题随之变成一个全球性的难题。二是在面临环境污染时，发达国家政府缺乏应有的责任意识和行为。例如，美国国会虽然表面上不止一次地要求发布新的杀虫剂检验、注册及相关标准，而实际上许多标准的制定都被忽视、推迟和取消了。"这些工业在国会依然颇受宠爱。为管制杀虫剂、杀菌剂和灭鼠剂而设立的法规标准远比管制食品和医药的法规宽松得多，并且国会有意让这些法规难以实施。"② 面临着严重污染的环境和不负责任的政府，民众的生态意识在卡逊高屋建瓴的警世之言中被唤醒。

这一时期的环境运动主要体现在三个层面。第一是民众层面，主要表现为以保护环境为诉求的大规模群众运动和非政府环保组织的成立。1970 年美国首次在全国范围内举行了以环境保护为主题的活动，全美各地估计有两千万人参加了游行示威和演讲会，同时把 4 月 22 日定为"世界地球日"并延续至今。据统计，美国在 20 世纪 60 年代新成立的全国性和地区性环境保护组织有二百多个，而基层组织则在三千个以上。第二是政府层面，主要表现为相关环境法律的制定和政府环保机构的成立。1969 年美国制定了最重要的独立环境法案——《国家环境政策法案》，首次明确了环境影响评价制度，随后英、德、日等国相继在环境立法方面取得突破。发达国家政府先后建立了专门负责环境管理的国家或地方环境保护机构，如英国、美国于 1970 年成立了国家环境保护机构。第三是地区或国际层面，主要表现为不

---

① ［美］蕾切尔·卡森：《寂静的春天》，吕瑞兰等译，上海译文出版社 2014 年版，第 V 页。
② ［美］蕾切尔·卡森：《寂静的春天》，第 XI 页。

同地区之间共同治理生态问题和环境问题的国际关注。1972年联合国人类环境会议的召开具有里程碑意义，这次会议通过的《联合国人类环境会议宣言》，取得的与会国的七点共同看法和二十六项原则，为指导世界各国人民保护和改善生态环境取得了共识。

（二）第二阶段

西方环境运动的第二阶段是从20世纪70年代中期到80年代末的发展阶段。这一阶段环境运动在西方国家蓬勃发展起来。主要原因在于随着工业化进程的发展，环境问题持续增多。由于公众生态意识的不断增强、非政府环保组织的增多和大众传媒的关注及报道，促使20世纪60年代兴起的局部环境议题逐渐演化为轰轰烈烈的大规模群众运动。这一时期的环境保护运动以反对核武器为主。世界范围内不断发生的核事故，不禁让人们谈核色变。1977年捷克斯洛伐克博胡尼斯核电站事故、1979年美国的三里岛核事件还有1986年苏联的切尔诺贝利核事故，这一件件核事故造成的重大灾难让人们围绕核武器及核能展开了持久的反核游行。"据估计，在1975年到1989年之间，针对环保和核能问题而发生的抗争事件数量（包括由劳工和民族主义者发动的事件），在德国增加了24%，瑞士增加了18%，法国增加了17%，荷兰增加了13%。"[1] 在强烈的公众反核运动中，西方环境运动快速发展起来。

这一时期的环境运动主要有四个特点。第一，非政府环保组织的发展。这种发展既体现在组织数量和人数的增加，也体现在原有规模的不断扩大。例如，英国的地球之友（Friends of Earth）从1981年到1991年的十年间，会员人数从18000人增加到114000人，增加了533%。"世界自然基金从一个基于8个都与一个主要执行官相关联的不同部门的结构，变成了5个内部相互分离的部分，总共有36个下属单位。"[2] 第二，制度化的发展方向。这一时期大批专业人员纷纷加入环保行列，环境科学家、生态学家、社会活动家、宣传家等各行业的社会精英促使环境运动朝向制度化方向发展。所谓制度化发展是指环境运动不再是社会生活中的偶然现象，而成为一种常态元素融入政治决策当中。"环境运动制度化的基本体现是环境运动团体日益介入

---

[1] 任玲：《现代西方环境运动的历史嬗变》，《理论月刊》2013年第8期。

[2] ［英］克里斯托弗·卢茨：《西方环境运动：地方、国家和全球向度》，第16页。

环境与社会政策的决策。"① 通过制度化建设，主要环保组织可以取得合法化地位，从而获得参与政府决策的相关权力，环境团体从对抗政治变为参与政治。第三，各国绿党纷纷成立。绿党是由提出保护生态环境的非政府组织发展而来的政党，世界上最早的全国性绿党是 1972 年成立的新西兰价值党。在欧洲各国绿党之中最为著名的就是德国绿党。1980 年德国绿党正式在西德成立，1993 年在联邦大选中获得 49 个议席，1998 年在大选中获得空前胜利，最终结成"红绿联盟"，进入联邦政府并于 2002 年蝉联执政。这是当今世界上成立最早、同时也是最为成功的绿党组织之一。第四，环境正义运动出现。环境正义运动是 20 世纪 80 年代初发源于美国的一种社会基层群众运动，主要表现在黑人、穷人和少数民族反对环境保护中的不平等待遇，为争取环境权益的社会政治运动。在美国，有色人种和少数民族等弱势群体遭受环境风险的可能性更大。"在休斯敦地区，82% 的废弃物设施分布于黑人社区，尽管非裔美国人仅占该地区人口的 28%。……底特律地区的情况，发现在危险废弃物处理和储存设施一英里内的居民中，有 48% 是少数民族，29% 处于贫困线以下。"②

值得指出的是，英国在这一时期开始出现反对兴建道路、机场等大型基础设施的运动。可以说，反道路运动属于西方环境运动的一部分，但是又具有复杂性和多样性。佩珀在这一阶段正是刚投入到工作中的青年，他并没有像其他青年那样加入到游行示威当中，而是对反对伦敦兴建第三座机场的运动进行了认真分析并发表了他第一篇有关环境方面的论文。以温市机场抵制协会（Wing Airport Resistance Association）为例，协会发起的运动表面上来看是为了保护内陆地区的环境不被破坏，但实际上协会成员只是关心温市自身的环境，充其量他们只能算是环境主义的保守派。协会不同意在温市兴建第三座机场，但协会主张可以扩大希思罗机场（Heathrow Airport）和盖特维克机场（Gatwick Airport）的规模以满足人们对航线的需要。协会还同意在海滨城市兴建机场，更具有讽刺意义的是，协会成员还为在海滨城市兴建机场发放宣传单。佩珀指明，这是一种为了保护自身利益，不惜牺牲他人利益

---

① 郇庆治：《80 年代末以来的西欧环境运动：一种定量分析》，《欧洲》2002 年第 6 期。
② 腾海键：《20 世纪八九十年代美国的环境正义运动》，《河南师范大学学报（哲学社会科学版）》2007 年第 6 期。

的"救生艇伦理"观点，而"救生艇理论"实质上是一种生态法西斯主义。① 这更为清晰地说明了反道路运动的实质，也为反道路运动的进一步发展指明了方向。

（三）第三阶段

西方环境运动的第三个阶段是20世纪90年代至今的起伏阶段。这一阶段环境运动不再像七八十年代那样轰轰烈烈，而是处在一种自我调整阶段。一些环境主义学者如博索、范德海登等认为90年代随着环境主义的制度化，西方环境运动正在变得低动员化，失去了作为社会运动的一些根本特征，西方环境运动正在不断走下坡路。但通过对西方环境运动的长期研究和对德国、法国、英国及美国等主要发达资本主义国家环境运动的系统分析，卢茨并不赞同这种观点。以环境组织活动中"最壮观"的环境抗议来说，卢茨指出："环境抗议并非只是制度化的不可避免的伴生物，而是随着动员议题的起伏，尤其是变化中的政治机会类型而波动。"② 比如在英国，当保守党执政时期，由于将经济发展置于优先地位并且又拒绝回应公众对环境破坏项目的质疑而导致环境议题激增。在工党政府时期，由于更愿意听取公众意见并调整相关政策，环境抗议相比在保守党时期的轰轰烈烈之后显得相对缓和。但这不能说明环境运动在走下坡路。另外相对于60—80年代，环境抗议活动已失去了之前的新颖性，对大众媒体来说缺乏新闻价值，环境抗议活动很可能在90年代以后减少了报道。"因此，大众媒体报道的只是事实上发展的环境抗议活动的一部分，……对报道事件的统计只是对整个环境抗议频繁计算的一个不完善的指标。"③

这一时期的环境运动主要集中在三个方面。第一，环境议题更加广泛化。传统环境议题主要集中在空气污染、杀虫剂、核武器及核废料、道路机场与基建项目等方面。而在90年代以后，环境议题进一步扩大，新兴环境议题主要围绕环境正义、动物权利、生物多样性、转基因食品、添加剂等问题展开。相对于传统环境议题来说，新兴环境议题则更具有政治动员性和新

① 参见 David Pepper, "Environmentalism, the 'Lifeboat Ethic' and Anti-Airport Protest", *Area*, Vol. 12, No. 3, 1980, pp. 177 – 181。
② ［英］克里斯托弗·卢茨：《西方环境运动：地方、国家和全球向度》，中译本前言第1页。
③ ［英］克里斯托弗·卢茨：《西方环境运动：地方、国家和全球向度》，中译本前言第2页。

闻价值。第二，环境运动的制度化困境。环境运动在经历了制度化发展以后，一些环境运动团体已经获得了决策领域的许可和准入，诸如德国、瑞典、荷兰这些国家的制度化已经变得固定化。而与此同时一些非正规组织化的或是无政府化的激进环境抗议团体拒绝环境运动的制度化发展，"环境运动团体的制度化、既存化趋势必然会遇到来自更激进环境团体的非制度化抵抗。"① 第三，环境运动初显国际化倾向。在历经了1972年斯德哥尔摩人类环境会议和1983年世界环境与发展委员会等一系列重要国际会议后。1992年的里约热内卢国际环境与发展大会，要求发达国家要承担更多的义务，同时也要兼顾发展中国家的实际情况和利益，进一步取得了环境保护的国际认同。环境运动的国际化倾向已基本显现。但在这一进程中，发展中国家环境权益的话语权还无法得到有效保证。

三、发展中国家遭遇的环境侵略

"发展中国家"（developing country）这一词汇是1964年联合国第一届贸易和发展会议第一次提出的，取代了之前使用的"不发达国家"（underveloped country）。从此发展中国家这一概念得到广泛使用，通常认为发展中国家是指经济、技术和人民生活水平相对较低的国家，一般按照人均国内生产总值即人均GDP来进行核算，人均GDP超过10000美元的为发达国家，低于10000美元的发展中国家。按这一标准，发展中国家主要包括亚洲、非洲和拉丁美洲的一百三十多个国家，其人口之和占世界总人口的70%以上。发展中国家长期遭受着贫困、疾病、资源匮乏和环境污染等问题的困扰。从历史原因来看，主要是由于在近代资本原始积累过程中被发达国家掠夺了大量物质财富；从现实原因来说，主要是由于在资本全球化和单一市场进程中缺少经济话语权。

（一）资本发展的逻辑导致了发展中国家的生态危机

自1581年世界上第一个资本主义国家尼德兰共和国成立，历经17—19世纪，英国、美国、法国、德国等主要资本主义国家先后完成了资产阶级革命，人类社会便进入了资本主义时代，资本也成为主导世界发展的魔法棒。资本自诞生之日起，就将世界一分为二。一部分是作为核心地区的发达资本

---

① 郇庆治：《80年代末以来的西欧环境运动：一种定量分析》。

主义国家,为数不多的发达资本主义国家能够不断享受到资本增长的福利;另一部分是作为边缘地区的欠发达国家即发展中国家,为数众多的欠发达国家被迫成为保证资本增长的牺牲品。资本的本性在于不断追求利润的最大化,而利润的实现又离不开剥削这一手段。紧靠剥削核心地区内部的劳动力无法永远实现利润最大化这一目的,因而不安分的资本必然越出发达资本主义国家这一核心地区去剥削边缘地区的自然资源和劳动力。正如佩珀所言,资本喜欢剥削新的土地和资源,因为它们为初始的利润和迅速增长的生产率提供了很大的潜力。

纵观资本的发展历程,从 16 世纪末到工业革命完成以前这三百多年的时间,资本实现了从地方维度到全球维度的转变。在不同的历史时期,为了保证核心地区的资本能够获得最大化的利润,资本扩张采取了不同的手段。在资本主义发展的早期阶段,资本扩张一般表现为垄断自然资源和控制生产。如同马克思所说,对盐、鸦片、槟榔和其他商品的垄断权成为财富取之不尽的矿藏。伴随着 17—19 世纪殖民统治的进程,不仅殖民地国家和地区的大量自然资源流向宗主国,他们的自然环境也受到了不同程度的破坏和侵害。"在帝国主义时代,在殖民主义以及盲目的经济扩张的观点的支持下,这个世界上的大量森林惨遭砍伐。"[1] 为了保证宗主国工业原料的供应,发达国家会在殖民地大量种植单一经济作物,大量单一经济作物的种植不仅破坏了土地的肥力,更使当地的生物多样性受到严重破坏,从而也摧毁了当地整个生态系统,同时也使当地的人民长期遭受贫困,例如巴西东北部地区甘蔗的种植就是如此。佩珀所说的"从 16 世纪起,它(指资本)获得了全球向度,并最终导致干旱尘暴区、沙漠化、热带雨林被毁"[2],在非洲的撒哈拉沙漠、南美洲的亚马逊热带雨林中得到了证实。

工业革命完成以后,发达资本主义国家普遍建立了工业生产体系,大规模的工业生产所带来的污染危及整个资本主义世界。为了保证核心地区环境质量的改善,发达国家利用其雄厚的经济基础、先进的技术优势和优越的话语权,通过"平等合作"和"自由贸易"的方式,把一些高耗能、高污染、

---

[1] [美]詹姆斯·奥康纳:《自然的理由——生态学马克思主义研究》,唐正东等译,南京大学出版社 2003 年版,第 310 页。

[2] [英]戴维·佩珀:《生态社会主义:从深生态学到社会正义》,第 108 页。

高排放的行业迁移到欠发达地区。"据资料显示，日本60%以上的高污染产业已经转移到东南亚和拉丁美洲，美国39%的'肮脏产业'也已转移到第三世界。"① 这既可以把环境污染源转移给边缘地区，又能够直接掠夺这些地方的自然资源和劳动力。因此边缘地区清新的空气、洁净的水源、肥沃的土壤和廉价的劳动力就成为核心地区利润最大化的动力源泉。正如佩珀所指出的那样，"环境质量与物质贫困或富裕相关，西方资本主义就逐渐地通过掠夺第三世界的财富而维持和'改善了'它自身并成为世界的羡慕目标。"②

令人无法容忍的是发达国家不仅将污染源转移到发展中国家，还将有毒污染物也转移到发展中国家。由于发达国家经历了长时间的环境运动，国内环境立法完善，尤其是对于有毒废物的处理更是严格，这就造成了发达国家国内处理有毒废物的成本飙升，因此发达国家就将许多生活性、化学性、放射性污染物以伪贸易的形式堂而皇之地转移到发展中国家。联合国环境署的数据显示：全球95%的有害废弃物中来自工业发达国家。福斯特指出："1987年，产自费城的富含二氧杂芑的工业废渣倾倒在了几内亚和海地。1988年，4000吨来自意大利的含聚氧联二苯的化学废料在尼日利亚被发现，毒液从锈蚀不堪的圆桶中溢出，污染了当地的土地和地下水。"③ 为了自己能够享受到良好的生态环境，发达国家把发展中国家当成了废弃物垃圾箱，这其实是典型的环境殖民主义。

透过发展中国家环境日益恶化的事实，我们应该清楚地认识到，发达资本主义国家的生态现代化，其实是环境殖民主义的结果。在工业化主导的当今社会，经济发展和环境质量之间还没办法实现真正的脱钩，而正是与发展中国家的"经济合作"，使发达资本主义国家成功实现了其经济发展环境代价的空间转移，把这些环境代价转移给了发展中国家，致使生态危机随着资本发展的逻辑不断向全球扩散。因此，目前发展中国家的生态环境问题比发达国家表现得更加明显。

（二）发展中国家生态问题的表现

随着资本扩张和生态侵略的进程，发展中国家的大气、水源、土地和森

---

① 谢永亮、姚莲瑞：《生存危机：新地缘资源》，四川人民出版社2001年版，第332页。
② ［英］戴维·佩珀：《生态社会主义：从深生态学到社会正义》，第111页。
③ ［美］约翰·贝拉米·福斯特：《生态危机与资本主义》，耿建新译，上海译文出版社2006年版，第56—57页。

林等方面都出现了严重的生态问题。由于发达国家将高污染、高排放的企业转移到发展中国家，再加上发展中国家为了加速发展所使用的化石燃料，致使其主要城市大气中二氧化硫及细微悬浮颗粒物含量已大大超过国际组织规定的标准。"1989 年，墨西哥城的大气质量，有 312 天下降到国际标准以下。……泰国曼谷，1989 年由汽车排出的有毒气体引起了 100 万人中 1/7 的人染上呼吸道疾病。"[①] 据《北京市环境状况公报》显示：1997 年北京市烟雾日为 110 天，其中大雾日 22 天；不利于大气污染物扩散的稳定类型天气为 160 天，出现频率高达 43.8%。

一份来自联合国教科文组织的调查报告显示，在发展中国家约有 90% 的生活污水和 70% 的工业废水未经处理就直接排入河中，导致发展中国家有超过十亿的人口喝不到清洁水。作为人口最多的两大发展中国家中国和印度淡水资源受到严重污染，中国有监测的一千二百多条河流中有八百五十多条受到不同程度的污染。而印度的生活用水质量在联合国 2003 年进行的评估中排在 122 个国家的倒数第三位。更让人触目惊心的是，"在非洲，80% 的污水都没有经过处理而直接排放到河流湖泊当中，导致每 20 秒钟就有一名 5 岁以下的儿童死亡。"[②] 发展中国家可耕地的土壤肥沃程度在不断降低。在亚、非、拉美，由于森林锐减、过度放牧和耕地的过分开发，土壤裸露十分严重，造成水土流失和严重沙尘天气。化肥和农药的过度使用，既使土壤肥力下降，又使土地受到有机化合物的严重污染。据联合国粮农组织的统计，目前全世界每年有 1200 万公顷左右的森林消失，而森林锐减地区则主要为发展中国家，生活窘困迫使他们用宝贵的森林资源来换取外汇。以木材消费为例，北美、欧洲人均木材消耗量分别是世界平均水平的 6—7 和 2—3 倍。而与此同时，"世界森林破坏主要在非洲和南美洲，1990—2000 年两洲合计减少森林 897.3 万 hm^2，占世界森林减少总量的 95.5%。"[③] 日本是世界上木材消费大国，而其森林覆盖率却高达 67%，究其原因是自 20 世纪 60 年代日本就不再砍伐树木，而所需木材全部从外国进口。对比之下不难发现，发达国家的绿水青山蓝天白云是以发展中国家的浊水光山灰天黑云为环境代

---

① ［美］Hon Richard. L.、奥汀格：《发展中国家和发达国家面临的能源与环境问题（上）》，《中国人口·资源与环境》1991 年第 3—4 期。

② 杞人：《第二十届"世界水周"论坛聚焦水污染》，《生态经济》2010 年第 11 期。

③ 朱光前：《近年木材进出口贸易概况及对木材产业相关问题的思考》，《木材工业》2006 年第 2 期。

价才实现的。

四、现存两种制度的弊端

(一) 资本主义制度的反生态性

佩珀首先看到了资本主义制度的剥削本性与生态社会主义的基本原则相互排斥。这种剥削最直接地体现在对劳动力的剥削上。劳动力是创造价值的唯一源泉，在工人创造的价值中，一部分以工资的形式为工人所得；另一部分以剩余价值或利润的形式为资本家所得。在资本追求利润的过程中，为了能够更多占有劳动力创造出来的剩余价值，就要压低支付给工人的工资。"对于资本主义本质而言，关键性的是使工资尽可能地低……工资必须与产品交换价值相比不断被压低，即使当交换价值有可能增加时也是如此，这样做的一个方式是拥有一个失业者蓄水池，"① 而这个"失业者蓄水池"既可以为资本家实现更多的利润，又成为资本家反对最低工资和强力工会的一个有效工具。20 世纪以后虽然对劳动力的剥削形式更为隐秘，但不能改变资本家剥削劳动力的事实。为了不断实现资本规模的扩大，剥削程度也在不断提升，而在这一历史过程中，两极分化也越来越严重。"'发达'经济体中贫富之间日益扩大的鸿沟标志着资本主义越来越不能满足可持续发展的社会正义方面，在财富创造中由于资本对'灵活'劳动力的需求创造了下层社会——一种破坏劳动力经济社会福利和安全的委婉说法。英国 1900 万人生活在贫困的边缘（每周收入不到 105 英镑）：14%（800 万）完全依赖于福利，7.5% 的住房不适合人类居住。"②

这种剥削还体现在对自然资源的剥削上。人类社会进入工业文明以后，资本主义突飞猛进的征程迅速地吞噬掉其赖以生存的自然基础，导致自然资源以前所未有的速度在地球上减少或消失。这其中最为明显的就是森林锐减、土地沙化、海洋污染、物种灭绝。从 16 世纪以来，地球上发生了 844 次有记载的物种灭绝，中国科学院动物研究所首席研究员蒋志刚博士认为，自工业革命以来，若从自然保护生物学的角度来说，地球已经进入第六次物

---

① ［英］戴维·佩珀:《生态社会主义：从深生态学到社会正义》，第 113 页。

② 参见 David Pepper, "Sustainable Development and Ecological Modernization：A Radical Homocentric Perspective", *Sustainable Development*, Vol. 6, No. 1, 1998, p. 5。

种大灭绝时期。特别是 20 世纪，动物的灭绝速率正在呈急剧上升趋势。以哺乳动物为例，"20 世纪内地球上已经灭绝了 23 种哺乳动物。平均每年灭绝 0.27 种，每 4 年中就有 1 种哺乳动物从地球上消失了，当前的哺乳动物灭绝速率较正常化石记录高 13～135 倍。以目前物种灭绝的趋势继续下去，世界上的哺乳动物将在 1 万～2 万年的时间内会全部消失。"① 1992 年由 1575 位世界顶级科学家联合发起和签署的《世界科学家警告人类声明书》指出环境在大气、水源、土壤、森林、海洋正逼近临界状态，到 2100 年，现存物种的三分之一将会消亡。

其次发达国家对应承担的国际环境缺乏责任感。让佩珀看透资本主义制度这一虚伪面目的是资本主义国家在联合国环境与发展会议即地球高峰会议上的表现以及美国退出《京都议定书》。佩珀认为，现代全球环境危机主要是由资本主义生产方式造成，资本主义国家应对这一危机承担主要责任，但事实上资本主义国家却拒绝承担这一责任。1992 年的地球高峰会议确立了"共同但有区别的责任"作为国际环境与发展合作的重要原则，并通过了世界上第一个为全面控制二氧化碳等温室气体排放的国际公约即《联合国气候变化框架公约》，该公约明确了发达国家和发展中国家在控制温室气体排放上的不同责任，要求发达国家应率先采取措施，应对气候变化。表面上来看，地球高峰会议为整个人类的可持续发展起到了极大的积极作用，但事实并非如此。"社会不公正和环境退化这两个祸害即使人们已经认识到它们的存在，也仍将继续扩大。1992 年在里约热内卢召开的全球高峰会议清楚地表明了这一点。"② 因为这一公约并没有规定各缔约国具体应承担的义务，也未规定实施机制。因此该公约缺少法律上的约束力。事实上，虽然发达国家在这一公约上签了字，但并没有真正承担起减排的任务。"在面对起草全球协议、条约和其他协定以采取应对社会与环境难题的根本性行动时，他们都大打折扣、推诿甚至直截了当地拒绝签署这些文件，或者更不诚实的是，他们虽然签了字，但回家后却依然按照旧政治行事。"③

发达国家根本不可能牺牲它们的财富以及获得财富的手段来帮助发展中

---

① 本书编写组：《进化史上的灭绝物种》，广东世界图书出版公司 2009 年版，第 2 页。
② ［英］戴维·佩珀：《生态社会主义：从深生态学到社会正义》，第 2 页。
③ ［英］戴维·佩珀：《生态社会主义：从深生态学到社会正义》，第 3 页。

国家保护其为了生存和发展而不得不破坏的环境。美国和加拿大公开退出《京都议定书》就充分说明了这一点。1997年12月都由《联合国气候变化框架公约》缔约国制定的《京都议定书》，本是作为公约的补充条款，其目的是将大气中二氧化碳等温室气体含量稳定在一个适当的水平，以防止剧烈的气候变化对整个人类造成伤害。2005年2月16日开始强制生效，成为应对温室气体的第一个具有法律约束力的国际公约。条约明确规定发达国家从2005年、发展中国家从2012年要承担减排义务。美国1998年签订《京都议定书》的时候确实让环境主义者们感到欢欣鼓舞，因为美国人口虽然仅占全球人口的4%，但其二氧化碳排放量却占全球排放量的25%以上，是全球温室气体排放量最大的国家。2001年春布什政府以减少温室气体排放会影响美国发展为由宣布退出《京都议定书》，2011年底加拿大成为第二个宣布退出的国家。福斯特指出："《京都议定书》在解决这一问题上的失败充分说明了资本主义制度是不会使其发展道路发生逆转的，就是说它不会改变工业和资本积累的发展结构，而这种发展模式从长远的角度看（许多方面从短期看也是如此）对环境将产生灾难性的影响。"[①] 2017年6月美国故伎重演退出《巴黎协定》，拒绝承担在减排温室气体方面发达国家应该承担的国际责任，再一次证明了发达国家不可能完全承担起这个"共同但有区别的责任"。

（二）社会主义制度的高度集权性

佩珀认为苏联并不是真正意义上的社会主义，这种高度集权的社会主义带来的是民主的缺失，这体现在经济、政治和文化等各方面。苏联作为世界上第一个社会主义国家，于1922年12月30日正式成立，1991年12月25日解体。可以说苏联的解体是多种因素共同作用的结果，但追根溯源和斯大林的专制集权密不可分。斯大林作为继列宁之后苏联的第二代领导核心，在执政期间实行任期终身制、个人集权制等高度集中和集权的体制全面背离了列宁时代民主共和制的基本原则，成为苏联解体的肇始隐患。

在经济上，苏联长期实行基于产品经济观的高度集中指令性计划经济体制。这种经济体制有利于集中使用国家有限的人力、物力和财力，有利于国家宏观调控，在战前苏联经济的高速发展和战后国民经济的迅速恢复时期曾

---

① ［美］约翰·贝拉米·福斯特：《生态危机与资本主义》，第13页。

起了积极作用。但随着苏联经济的发展，这种高度集中的经济体制所暴露出来的弊端越来越多。国家管得太多、统得太死，不利于调动企业的积极主动性。单一的计划经济又忽视商品生产、价值规律和市场自我调节的作用，不仅严重浪费资源还影响经济效益的提高。其次是经济结构不合理，重工业所占比重长期高居不下。在 1946 年至 1950 年重工业所占比重高达 33.6%，后经调整虽有下降，但为了和美国抗衡致使经济军事化程度不断加强。"苏联的国民生产总值约为美国的 40%，但军费开支却比美国高出 10—20%。在军事上，苏联在 70 年代争得了同美国平起平坐的地位，但却为此付出了高昂的代价。"①

在政治上，长期存在一党专政、党政不分、以党代政。党内民主被严重破坏，苏共年会长达 13 年没有召开过，苏共中央政治局变成凌驾于全党之上的最高权力机构。权力过于集中，斯大林集数个要职于一身长期独揽党政军大权。再者官僚腐败，由于集权体制导致权力过度集中，使得苏共官员贪污腐败、以权谋私，逐渐形成特权利益集团。"党政军官僚集团还享有高薪之外的很多特权，如住房、别墅、汽车、游艇、特殊食堂、特供商店、特供商品等。"② 这既引发了巨大的社会矛盾，又成为苏联进行改革最大的阻碍。苏联权力过度集中的集权体制是导致苏联解体的根本原因。

在文化上，列宁主张的学术民主和批评自由的氛围完全被斯大林所否定。斯大林用教条马克思主义禁锢人们的思想，用行政命令否定除社会主义文化以外的一切文化形式，使文化因失去多元性竞争而失去活力。用行政手段粗暴干涉学术领域，文化和学术上的是非争鸣，往往由苏共的领导人说了算，使整个学术界失去探讨自由。同时大规模地迫害旧知识分子，造成学术界的巨大损失。这种文化专制主义不仅严重阻碍了苏联科学文化的发展，更使主流文化意识形态失去民心。正是由于专制主义的种种体现，导致了苏联社会主义制度的瓦解。继而引发了东欧社会主义制度的垮塌。对于苏联和东欧等国家实行的社会主义制度，佩珀并不认为可以走向社会公正、环境友好和经济可持续的生态社会。"从东欧和其他地区的社会主义国家所犯的错误

---

① 罗肇鸿：《略议苏联解体的经济原因》，《华东师范大学学报（哲学社会科学版）》1994 年第 5 期。
② 武玉莲：《略析苏联解体的几种政治因素》，《社会纵横》2006 年第 5 期。

中，看到社会主义与自然关系的实践后果——大规模的污染和环境破坏。"①

这方面的例子就是切尔诺贝利核事故带来的环境灾难。苏联切尔诺贝利核电站位于现乌克兰共和国切尔诺贝利市，其4号反应堆在1986年4月26日凌晨1点23分发生大爆炸。连续的爆炸释放出相当于广岛和长崎两颗原子弹一百倍以上的辐射线剂量，这些放射性物质被抛向了一千米以上的高空。"事故当场死亡30人，事故至少造成9.3万人因辐射患癌症死亡，27万人患癌症，大约600万人受到核辐射的侵害。"② 核事故产生的大量放射性物质不仅飘到空中、还落入水中、融入土壤之中，欧洲大陆的空气、水源、土壤都被广泛污染，整个欧洲因此而笼罩在核事故的阴霾之中，专家称这次核爆炸的影响将持续一百年之久。该事故是首例被国际核事件分级表评为第七级事件的特大事故，也是历史上最严重的核电事故。

事故发生以后，苏联采取了一些紧急应对措施，包括灭火、减少放射性物质的外溢、隔离事故反应堆等，避免了大规模的核物质释放。但也有一些是无目标的被动应对和错误反应，甚至还有一些是故意隐瞒。比如让消防员赶赴现场通过大量注水让反应堆灭火，这不仅引发反应堆再次爆炸导致30名消防人员当场死亡，还造成反应堆下层注水为后续工作带来困难和隐患。核电站附近的居民对于事故一无所知，两天后政府才疏散他们。令国际社会更加不满的是苏联有意隐瞒此次核事故，直到放射性物质随气流扩散，被瑞典核电厂检测出来，苏联才在4月28日晚正式向国际社会发布有关切尔诺贝利核事故的简要消息。苏联的这种做法极大地影响了其社会主义的国家形象和大国的国际地位。更为可怕的是切尔诺贝利核事故带来的环境灾难，核电站附近的普里皮亚季镇（Pripyat）从门庭若市到空无一人。核物质弥漫于空中、渗入到土地和地下水，导致土地长期无法耕种、水源无法饮用。三十多年后的今天，在阿尔卑斯山脉南面仍然能监测到核辐射的痕迹。

基于对两种制度的认识，佩珀认为资本主义制度不可能解决生态危机这一结构性问题，因为资本主义生产方式导致了生态危机的产生和恶化，而自称为"共产主义"的国家专制体制等价物也不可能解决生态危机。佩珀提出了真正基层性的广泛民主、生产资料的共同所有、相互支持的社会——自

---

① ［英］戴维·佩珀：《生态社会主义：从深生态学到社会正义》，中译本前言第1页。
② 李宗明：《让切尔诺贝利核事故的警钟长鸣》，《核安全》2011年第3期。

然环境等生态社会主义的七点基本原则。"这些主题不多不少也构成了一个社会主义社会的基础。它们是社会主义的原则与条件，而且，它们恰恰是解决晚期资本主义产生的环境与社会难题所需要的。"① 只有在上述基本原则基础上组织物质生产和社会与文化生活的这种新方式，才是一种真正的社会主义，才能解决世界性的难题——生态危机。

第三节　佩珀生态社会主义思想的理论渊源

任何一种思想理论的形成都离不开前人创立的理论成果，佩珀的生态社会主义思想亦不例外。马克思恩格斯创立的历史唯物主义，是佩珀生态社会主义思想产生的理论前提。正是用历史唯物主义的基本原理分析人类社会出现的生态危机，才得出资本主义生产方式是生态危机根源的定论，从而进一步主张用一种"组织物质生产和社会与文化生活的新方式"将现有生态问题根除。正是对生态问题有了这样一个基本认识之后，才促使佩珀根据马克思主义社会——自然辩证法、可持续发展理论及西方社会公正思想建构自己的理论，可以说这是佩珀生态社会主义思想形成的三大理论基础。

一、历史唯物主义

佩珀通过生产力—生产方式—生产关系原理发现资本主义社会产生生态危机的根源，分析资本主义这种生产方式内在地对环境不友好，不可能从根本上解决生态危机。通过经济基础与上层建筑的关系原理，明确了要想建立一种生态友好、环境公正的社会，必须从改变经济基础着手，否则的话只能是空中楼阁。

第一，生产力—生产方式—生产关系理论。

生产力—生产方式—生产关系理论是历史唯物主义中的重要内容。马克思从 19 世纪 40 年代到 70 年代之间一直致力于对此内容的研究。关于生产力、生产方式、生产关系的著作，包括《德意志意识形态》《哲学的贫困》《〈政治经济学批判〉导言》《〈政治经济学批判〉序言》《经济学手稿（1857—1859）》《经济学手稿（1861—1863）》和《资本论》等。从马克思

---

① ［英］戴维·佩珀：《生态社会主义：从深生态学到社会正义》，中译本前言第 3 页。

四十余年的研究中，我们发现马克思对这部分内容的研究是不断丰富和完善的，因此应该以发展的眼光对此问题进行理解。相对来说马克思后期的著作更能代表他的思想。

生产力是指人类改造自然的物质性力量。它由基本要素和非基本要素两大部分构成。基本要素包括：劳动资料（也称劳动手段）、劳动对象和劳动者；非基本要素主要指科学技术和管理方法。生产关系通常是指为人们在物质生产过程中形成的不以人的意志为转移的经济关系。它是社会关系中最基本的关系，支配并制约着其他的社会关系。而对于生产方式是否有实际含义以及三者之间的关系学术界争论较多。我国现行历史唯物主义教科书和马克思主义基本原理教科书一般认为，生产力和生产关系是两个独立的概念，而生产方式并不是一个独立的概念，它是依附于生产力和生产关系的。生产力与生产关系构成一个整体，即社会的生产方式。[①] "生产方式是生产力和生产关系的总和。""生产力是生产的物质内容，生产关系是生产的社会形式，二者的有机结合与统一构成社会的生产方式。"[②] 但参阅马克思、恩格斯的相关著作，并没有类似的结论或论述。从原著中会发现生产方式不仅是一个独立的概念，而且它还是理解生产力与生产关系矛盾运动规律的关键。我国学术界不少学者认为生产方式应是一个独立概念，但对生产方式含义的阐释却并不统一，还呈现出多种观点。马文保教授在其论文中不仅介绍了目前学界对于生产方式概念解释的三种基本类型：单一含义说、双重含义说和多重含义说，还说明了学界对生产力、生产关系、生产方式三者之间关系阐释的三种观点：统一说、中介说和对立统一说。[③]

纵览马克思对生产方式论述的原著，虽然在不同历史时期、不同语境中对生产方式的阐述各有不同，但只要把生产方式和人们现实的社会生产活动联系起来，不难发现马克思对生产方式的理解是前后一致的。无论人们生活在什么时代都涉及一个共同的问题，那就是生产。"生产的一切时代有某些共同标志，共同规定。生产一般是一个抽象，但是只要它真正把共同点提出

---

① 参见李秀林：《辩证唯物主义和历史唯物主义原理》，人民大学出版社2004年版，第157—159页。
② 本书编写组：《马克思主义基本原理概论》，高等教育出版社2018年版，第29、119页。
③ 参见马文保：《现状与问题：马克思生产方式思想研究》，《西安交通大学学报（哲学社会科学版）》2015年第4期。

来，定下来，免得我们重复，它就是一个合理的抽象。"① 所以每一个时代都涉及的生产方式问题应是一个具有高度抽象和广泛外延的所指。同时马克思也指出："一切生产阶段所共有的、被思维当作一般规定而确定下来的规定，是存在的，但是所谓一切生产的一般条件，不过是这些抽象要素，用这些要素不可能理解任何一个现实的历史的生产阶段。"② 马克思强调的应是对不同生产阶段生产特殊的把握，也就是对不同历史时期具体生产方式的认识。所以才会有亚细亚的、古代的、封建的和现代资产阶级的生产方式的区分；才会有技术生产方式、社会生产方式的不同；才会有工业生产方式、农业生产方式等的差异。如果仅仅纠结于这些不同的称谓，便会认为生产方式是一个多义的概念。但透过这些不同说法的表面，就会发现生产方式是一个单义的内涵。

马克思认为任何的生产都是在社会生活中实现和完成的，像亚当·斯密（Adam Smith）和大卫·李嘉图（David Ricardo）那样，把生产当作"单个的孤立的猎人和渔夫"便只能归入类似鲁滨逊故事的虚构小说。所以，对生产方式的理解应着眼于社会生活。马克思指出："人们用以生产自己的生活资料的方式，首先取决于他们已有的和需要再生产的生活资料本身的特性。这种生产方式不应当只从它是个人肉体存在的再生产这方面加以考察。更确切地说，它是这些个人的一定的活动方式，是他们表现自己生命的一定方式、他们的一定的生活方式。"③ 结合上下文来看，马克思所说的"这种生产方式"指的就是"人们用以生产自己的生活资料的方式"。人类和动物真正的区别就是始于人们生产自己生活资料的时候，人类在生产中创造着自己。可见，生产方式不仅是人的生活方式，而且更是人的存在方式。在生产中人们不断提高生产力，"随着新生产力的获得，人们改变自己的生产方式，随着生产方式即谋生的方式的改变，人们也就会改变自己的一切社会关系。"④ 马克思认为生产方式就是谋生的方式，也就是人们如何维持生命的劳动方式。无论是"生产自己的生活资料的方式"，还是"谋生的方式"都是对生产方式高度概括地理解。所以，不用纠结于非得为生产方式下一个统

① 《马克思恩格斯选集》（第 2 卷），第 685 页。
② 《马克思恩格斯选集》（第 2 卷），第 688 页。
③ 《马克思恩格斯选集》（第 1 卷），第 147 页。
④ 《马克思恩格斯选集》（第 1 卷），第 222 页。

一、准确、具体的定义，这也是为什么在马克思原著当中找不到生产方式定义的原因。马克思在《资本论》中提到的"怎样生产，用什么劳动资料生产"① 可以理解为对生产方式含义较具体的揭示。这是因为马克思用"怎样生产，用什么劳动资料生产"来区分不同经济时代的生产方式，那么"怎样生产，用什么劳动资料生产"既是各个经济时代都需要解决的一个生产一般的问题，也是不同经济时代相区别的标志。无论哪一个经济时代，人们都必须在生产劳动中创造生活资料来谋生，但在不同的经济时代，人们组织生产的方式，所用劳动资料的差别又非常明显。所以，"怎样生产，用什么劳动资料生产"既具有生产一般的指向，又可以区分不同经济形态，就是对生产方式最为直接的规定。

就三者的关系而言，教科书一般认为生产力决定生产关系，生产关系反作用于生产力，这通常来自于 1859 年《〈政治经济学批判〉序言》一文。但事实上，马克思在 19 世纪 40 年代到 70 年代的著作中，论述三者关系著作并不只有这篇序言。马克思第一次提出生产力、生产方式、生产关系三者关系是在 1846 年《致帕·瓦·安年科夫》的一封信中。"随着新的生产力的获得，人们便改变自己的生产方式，而随着生产方式的改变，他们便改变所有不过是这一特定生产方式的必然关系的经济关系。"② 三者的关系是生产力决定生产方式，生产方式继而决定经济关系即生产关系。可见，在三者关系中生产方式起到承上启下的关键作用，一方面它由生产力决定，另一方面它又决定生产关系。

1847 年马克思《哲学的贫困》本是为批判无政府主义者皮埃尔—约瑟夫·蒲鲁东（Pierre-Joseph Proudhon）《贫困的哲学》而著。文中马克思针对普鲁东颠倒概念范畴与现实关系的错误观点进行了批驳，马克思指出概念范畴不能决定现实关系，现实关系决定概念范畴，经济范畴只不过是生产的社会关系的理论表现而已。马克思进一步指出："社会关系和生产力密切相联。随着新生产力的获得，人们改变自己的生产方式，随着生产方式即谋生的方式的改变，人们也就会改变自己的一切社会关系。"③ 这便再次论证了

---

① ［德］卡尔·马克思：《资本论》（第 1 卷），第 210—211 页。
② 《马克思恩格斯全集》（第 47 卷），人民出版社 2004 年版，第 441 页。
③ 《马克思恩格斯选集》（第 2 卷），第 222 页。

生产力决定生产方式，生产方式决定包括生产关系在内的一切社会关系。

马克思在 19 世纪 40 年代后期形成的生产力—生产方式—生产关系的辩证思想在 50 年代的《政治经济学批判》中似乎有了改变，这主要体现在马克思为《政治经济学批判》写得一篇导言和一篇序言之中。马克思在《〈政治经济学批判〉导言》中提出"生产力（生产资料）的概念和生产关系的概念的辩证法，这样一种辩证法，它的界限应当确定，它不抹杀现实差别。"① 在《〈政治经济学批判〉序言》中指出"人们在自己生活的社会生产中发生一定的、必然的、不以他们的意志为转移的关系，即同他们的物质生产力的一定发展阶段相适合的生产关系。这些生产关系的总和构成社会的经济结构，即有法律的和政治的上层建筑竖立其上并有一定的社会意识形式与之相适应的现实基础。物质生活的生产方式制约着整个社会生活、政治生活和精神生活的过程。"② 这两段论述从表面上看是生产力决定生产关系，但仔细分析后其实不难发现是生产力、生产方式和生产关系三者的统一。原因之一在于马克思在《〈政治经济学批判〉导言》中，对生产力用括号做了备注即生产资料，而生产资料的获得和运用是区分不同生产方式的主要标志。在这里可以理解为马克思将生产方式涵盖在生产力这样一个广义概念之中。原因之二在于马克思虽提到"同他们的物质生产力的一定发展阶段相适合的生产关系"，但紧接着解释道"物质生活的生产方式制约着整个社会生活、政治生活和精神生活的过程"。这说明生产方式制约着包含生产关系在内的所有社会关系。因此，这一时期同样延续的是生产力—生产方式—生产关系三者关系的阐释。

三者的辩证关系在《资本论》中得到了充分的发展。《资本论》是《政治经济学批判》的姊妹篇，在《资本论》中马克思修改了《政治经济学批判》一书中的某些观点。《资本论》是马克思一生最伟大的著作，是其成熟思想的最典型代表。所以，马克思在《资本论》中对于生产力—生产方式—生产关系的论述可以看作是三者关系的结论。马克思在《资本论》第一版序言中指出："我要在本书研究的，是资本主义生产方式以及和它相适

---

① 《马克思恩格斯选集》（第 2 卷），第 710 页。
② 《马克思恩格斯选集》（第 2 卷），第 2 页。

应的生产关系和交换关系。"① 可以看出，这明确界定了生产方式决定生产关系，也意味着生产方式是一个独立的概念。综上所述，把生产方式认定为生产力与生产关系的统一，在于将生产方式附属于生产力与生产关系或者没有认识到它是一个独立的概念。三者的关系原理应总结为：一定社会历史阶段上的生产力及其发展形式决定了一定的生产方式，而这种生产方式又决定了一定的生产关系。

佩珀对于生产力—生产方式—生产关系的认识是较为深刻的，他准确把握了三者关系的要义所在并指出："马克思模式的内容是：生产力决定生产方式，生产方式又决定了生产关系。"② 在生产力的系统结构中，生产力具有决定作用，但生产方式却至关重要。因为它既由生产力决定又决定了生产关系，因此它是理解二者矛盾运动规律的关键。正是对于生产方式决定论的历史唯物主义理解为佩珀分析生态问题并指出资本主义生产方式是导致世界范围生态危机的根源奠定了理论基础。

第二，经济基础与上层建筑。

"人们在自己生活的社会生产中发生一定的、必然的、不以他们的意志为转移的关系，即同他们的物质生产力的一定发展阶段相适合的生产关系。这些生产关系的总和构成社会的经济结构，即有法律的和政治的上层建筑竖立其上并有一定的社会意识形式与之相适应的现实基础。物质生活的生产方式制约着整个社会生活、政治生活和精神生活的过程。不是人们的意识决定人们的存在，相反，是人们的社会存在决定人们的意识。"③ 从马克思在《〈政治经济学批判〉序言》中的这段经典论述中，不但可以知道经济基础的概念、经济基础和上层建筑的关系，还能知道历史唯物主义中两大矛盾运动规律之间的逻辑关系。

在社会的一定发展阶段上，往往存在着多种生产关系，这些生产关系的总和构成了社会的经济基础。在这多种生产关系中，只有一种是占支配地位的，它决定着这个"一定阶段"的社会性质。上层建筑是指建立在一定经济基础上的社会意识形态以及与之相适应的制度、组织和设施，由观念上层

---

① ［德］卡尔·马克思：《资本论》（第1卷），第8页。
② ［英］戴维·佩珀：《生态社会主义：从深生态学到社会正义》，第82页。
③ 《马克思恩格斯选集》（第2卷），第2页。

建筑或意识形态以及政治上层建筑两部分组成，后者居主导地位。政治上层建筑是观念上层建筑的物质保证，观念上层建筑是物质上层建筑的精神指导。经济基础与上层建筑是辩证统一的：经济基础决定上层建筑，上层建筑反作用于经济基础。经济基础是上层建筑产生、存在和发展的物质保证，上层建筑是经济基础实现其统治地位不可或缺的思想政治条件。同时上层建筑对经济基础也有反作用。上层建筑为统治阶级经济基础的形成和巩固服务，确立并维护其在社会中的统治地位。经济基础和上层建筑之间的相互作用构成了二者的矛盾运动规律。

佩珀认为还应注意到生产力—生产方式—生产关系同经济基础与上层建筑之间的内在联系。"马克思主义者鼓励我们注意到一种关系——一种联系——在经济生产方式即在社会的物质'基础'中所发生的一切和盛行的价值、道德、观念及其在社会制度中（政府、法律、教育）的嵌入及社会的'上层建筑'之间的关系。"[1] 佩珀指出绿色分子们仅仅注意到了一些观念的反生态性并对其进行批判，但并没有进一步批判产生这些观念的物质生产方式，也就是并未曾批判促使其生成的经济基础。而佩珀通过对历史唯物主义的理解，明确指出"如果我们想改变社会及社会——自然之间的关系，我们就必须寻求不仅在人们的思想中——他们的见解或哲学观即他们的'社会意识形态'，而且也在他们的物质与经济生活中的改变。……基础和上层建筑之间的这种一致性意味着，上层建筑的变革——包括观念与价值的激进变化——如果没有基础方面即经济的和物质生产方式（以及它所对应的社会和社会与自然关系）的相应变化，不可能很快地或内在一致地发生。"[2] 从佩珀的这段论述中可以看出，他对历史唯物主义基本概念、基本原理及概念之间内在逻辑的把握是符合马克思主义的，是历史的，是辩证的。正是由于佩珀对马克思主义有这样的认识，才决定了他以后创立的生态社会主义思想是建立在唯物主义基础之上，他所提倡的通向生态社会主义的方法也是唯物主义的，而不是只存在于意识领域的乌托邦。

第三，阶级观点和阶级分析法。

阶级观点是历史唯物主义中重要的观点之一。阶级首先是一个经济范

---

[1]　［英］戴维·佩珀：《生态社会主义：从深生态学到社会正义》，第81页。
[2]　［英］戴维·佩珀：《生态社会主义：从深生态学到社会正义》，第80—81页。

畴,"在每个历史地出现的社会中,产品分配以及和它相伴随的社会之划分为阶级或等级,是由生产什么、怎样生产以及怎样交换产品来决定的。"① 在这里"生产什么、怎样生产"就是指的生产方式。这意味着阶级是基于人们在社会生产方式中不同的地位所形成的不同的社会利益集团。生产方式的多样性也导致存在不同的阶级利益集团。列宁在《伟大的创举》中对阶级的实质进行了明确的界定,"所谓阶级,就是这样一些集团,由于它们在一定社会经济一系列结构中所处地位不同,其中一个集团能够占有另一个集团的劳动。"② 不同社会发展阶段,居主导地位的生产方式决定着基本的两大阶级的对立,但在特定的社会环境中不同利益集团之间的关系实际上是极为繁乱的,各个阶级为了捍卫自己的权利与其他阶级或对抗或合作。即便是对立的阶级在面对共同的敌人时,也具有联盟的可能性,只不过这种联盟是暂时性的,一旦这个共同的敌人消失,对立的阶级之间又会因经济利益的根本冲突而展开斗争,也就是阶级斗争。阶级斗争一直推动着阶级社会从低级向高级发展,可以说它是阶级社会演进的直接动力,"至今一切社会的历史都是阶级斗争的历史。"③ 阶级斗争会使得新的生产方式取代原有的生产方式,从而促使人类社会不断向前发展。其次阶级也是一个历史范畴,伴随着生产力的发展,它出现在某种生产方式之中,也会在某种生产方式中消亡。当公有制的生产方式取代私有制的生产方式时即未来共产主义的生产方式取代资本主义生产方式,阶级也就会伴随着私有制的消亡而消亡。

另外每一个不同的阶级又可以划分为不同的阶层。马克思恩格斯强调:"在过去的各个历史时代,我们几乎到处都可以看到社会完全划分为各个不同的等级,看到社会地位分成多种多样的层次……几乎在每一阶级内部又有一些特殊的阶层。"④ 在《共产党宣言》中,他们分析了资产阶级和无产阶级内部存在的不同阶层。例如,在资产阶级中有"工厂主"发展来的工业资产阶级;"房东、小店主、当铺老板"发展而来的食利资产阶级;"小工业家、小商人"发展来的小资产阶级;还有经济学家、人道主义者和环境

---

① 《马克思恩格斯选集》(第3卷),第654页。
② 《列宁选集》(第4卷),人民出版社2012年版,第11页。
③ 《马克思恩格斯选集》(第1卷),第400页。(注:恩格斯在1888年英文版《序言》中加注说明是指有文字记载的全部历史。)
④ 《马克思恩格斯选集》(第1卷),第400—401页。

学家等发展来的改良资产阶级。在无产阶级中有产业工人、技术人员、农业劳动者、小手工业者、甚至还有流氓无产者等不同的阶层。马克思进一步指出："在阶级斗争接近决战的时期，统治阶级内部的、整个旧社会内部的瓦解过程，就达到非常强烈、非常尖锐的程度，甚至使得统治阶级中的一小部分人脱离统治阶级而归附于革命的阶级，即掌握着未来的阶级。"① 这意味着，当资本主义生产方式严重阻碍生产力发展时，资产阶级内部的不同阶层会有不同的政治态度，一部分资产阶级会成为无产阶级革命取得成功的突破口。阶级分析法是帮助我们分析阶级社会复杂现象的正确方法，它能够透过利益联合的表象看到阶级对立的实质。

佩珀认为阶级分析法并不像一些人认为的那样已经过时，它仍然适用于当今社会，甚至在未来很长一段时间它仍是马克思主义的一个重要方法论。它不仅仅适应于分析不同阶级之间或对抗或合作的关系，还可以用来研究在面对重大社会问题时，不同阶级的政治态度、经济要求、权利义务以及各阶级之间的关系等状况。例如，在面对诸如全球变暖、资源短缺等生态危机的不同表现时，佩珀指出："这些难题显然并不是不分阶级的——他们不平等地影响每一个人。富人比穷人更容易免除这些影响，而且更能够在面临危险时采取减缓策略以确保他们自己的生存。"② 可见阶级仍是有意义的，环境威胁对每一个人来说并不是同样严重的。佩珀还注意到生态问题对不同地区的不同阶级影响并不一样。当英国的环境运动者为了健康、安全和体面的工资而游行示威的时候，印度、肯尼亚和墨西哥的穷人们还在为饮用水、食物和居住地这些基本的生活资料而斗争。环境问题确如佩珀所说正"不平等地影响每一个人"。其次佩珀还通过阶级分析法指出，认为工人阶级日趋消失的观点是不科学的、新社会运动也不能取代工人运动。工人阶级尤其是第三世界国家的工人阶级是所受剥削最严重、遭受环境污染最直接的群体，他们一定是社会变革的一个关键力量。"从一个全球视角看，潜藏的阶级冲突仍潜在地是一种强大的变革力量，而阶级分析也依然重要。"③

---

① 刘洪刚：《理解马克思的阶级分析》，《当代世界与社会主义》2012 年第 4 期。
② ［英］戴维·佩珀：《生态社会主义：从深生态学到社会正义》，中译本前言第 2 页。
③ ［英］戴维·佩珀：《生态社会主义：从深生态学到社会正义》，第 284 页。

二、马克思恩格斯的人与自然辩证法

马克思主义的人与自然关系辩证法不仅是佩珀生态社会主义思想中社会—自然辩证法的重要来源，还是佩珀批判生态中心主义者与技术中心主义者有利的思想武器。通过对《1844 年经济学哲学手稿》《德意志意识形态》《资本论》和《自然辩证法》的研读，佩珀将马克思恩格斯对人与自然关系的辩证法理解为社会—自然辩证法并认为它是"有机主义和一元论的"。事实上，无论是人与自然关系的辩证法还是社会—自然辩证法都是对人类、自然与社会三者关系的阐释与界定，目的是为了解决人与自然、人与人之间的双重矛盾。正如马克思所说，"社会是人同自然界的完成了的本质的统一，是自然界的真正复活，是人的实现了的自然主义和自然界的实现了的人道主义。"① 人与自然关系辩证法主要体现在三个方面。

首先，人与自然是矛盾的统一体。

人类与自然是一个不可分割的整体，是对立统一的。不可否认在人类产生以前，确实有一个原生自然界长期客观存在，正是这个原生自然界在长期的发展过程中，孕育了生命乃至人类自身，所以它是人类产生和存在必不可少的客观基础，没有自然界就没有人类。人类社会的形成、发展及其内在规律与自然界都不相同，自然界存在的先天性与人类形成的后天性是不容置疑的，从这方面来说二者是对立的。但人与自然又是统一的，离开了自然界的社会与离开了社会的自然界都是难以想象的，抽象的自然界和抽象的社会同样是不可能的。现实的人类社会是自然界不断变化演进的结果，而现实的自然界也是在社会中产生的。马克思在《1844 年经济学哲学手稿》当中，有一长段话非常精辟地论述了人与自然的整体性关系，最为核心的是"自然界，就它自身不是人的身体而言，是人的无机的身体。人靠自然界生活。这就是说，自然界是人为了不致死亡而必须与之持续不断的交互作用过程的、人的身体。所谓人的肉体生活和精神生活同自然界相联系，不外是说自然界同自身相联系，因为人是自然界的一部分。"② 从这段论述中可以看出，自然界是人的无机的身体；而人是自然界的有机的身体，人和自然界共存于一

---

① 《马克思恩格斯全集》（第 3 卷），人民出版社 2002 年版，第 301 页。
② 《马克思恩格斯选集》（第 1 卷），第 55—56 页。

个矛盾统一体中。人类及人类社会的产生和存在依赖于自然界，而自然界出现了人类后，"先于人类历史而存在的那个自然界，……今天在任何地方都不再存在。"① 自然界改变了它的存在方式，自然在人类社会中被重新创造出来。如同佩珀对人类、自然与社会认识的那样，"人类的行为是自然的，而自然是在社会中产生的。……自然的用处和观念随着生产方式的改变而改变。"② 佩珀和马克思对三者关系的认识虽然在语言表述上不一样，但实质却是完全一致的。

其次，人与自然相互作用、相互改造。

人和其他动物一样，都必须依赖自然界而存在。但不一样的是，"动物仅仅利用外部自然界，简单地通过自身的存在在自然中引起变化；而人则通过他所作出的改变来使自然界为自己的目的服务，来支配自然界。"③ 这意味着，人可以按照自己的目的对自然界进行改造。人为了自身的生存和发展，不得不发挥其主观能动性通过实践活动对自然界进行改造，以获得自身必要的物质和精神的需要。实际上在人类改变自然界时，自然界也不断改变着人类。当人类大刀阔斧地改造自然界的时候，自然界也改造着人类的"上肢和下肢、头脑和双手"，人类的体貌特征不断得到改变和进化；当自然改造着人们的"生产方式和生活方式"时，人类的社会形态不断地从低级向高级发展。人类与自然界的这种相互作用、相互改造在社会生产中表现得尤为突出，"人们在生产中不仅仅影响自然界，而且也互相影响。他们只有以一定的方式共同活动和互相交换其活动，才能进行生产。为了进行生产，人们相互之间便发生一定的联系和关系；只有在这些社会联系和社会关系的范围内，才会有他们对自然界的影响，才会有生产。"④ 这既是"主体客体化"的过程，亦是"客体主体化"的过程。这种人的自然化和自然的人化构成了人与自然相互作用的历史过程。

最后，实践是人与自然辩证统一的基础。

马克思认为正是实践把物质世界分化为自然界与人类社会，通过实践活动实现了自然界的分化和转变，即从自在自然向人化自然的变身。自在自然

---

① 《马克思恩格斯选集》（第 1 卷），第 157 页。
② ［英］戴维·佩珀：《生态社会主义：从深生态学到社会正义》，第 123 页。
③ 《马克思恩格斯选集》（第 3 卷），第 997—998 页。
④ 《马克思恩格斯选集》（第 1 卷），第 340 页。

又称第一自然，是指人类活动尚未触及过的自然界，包括人类出现之前的原生自然界和人类产生之后实践活动尚不能作用的那部分自然界。自在自然独立于人的活动领域之外，是尚未认知的世界，对于人类来说它具有优先性和客观性。人化自然又称第二自然，它是人类实践、认识活动的结果，是被刻上人类主体需要印痕的自然界。自在自然与人化自然既相联系又相区别。无论是自在自然还是人化自然都是客观实在的，都受客观自然规律制约。但自在自然中的一切都处在自发的相互作用之中，其运动变化也完全和人类无关。而人化自然则体现了人的需要和目的，与人的主体性和实践活动密不可分。用马克思的话来说，人化自然作为"在人类历史中即在人类社会的形成过程中生成的自然界，是人的现实的自然界。"① 另一方面，在人的社会实践活动中，自然界和人类社会又相统一。"只有在社会中，自然界才是人自己的人的存在基础，才是人的现实的生活要素。只有在社会中，人的自然的存在对他来说才是自己的人的存在。因此，社会是人同自然界的完成了的本质的统一。"② 在社会实践中人类与自然融为一体，你中有我、我中有你。

佩珀认为："社会—自然辩证法的一个重要方面是认为，当人类通过生产改变自然时，也改变了人类的自然即他们自己。"③ 这种相互作用还促使人类发展了自身的非物质性需要，如智力得到提高，情感得以丰富和审美得以提升。人类在生产劳动中改造自然，也把自身提升为能够鉴赏自己所创造物的审美主体。而正因为人成了一种审美的主体，自然本身也成为一件人类艺术品。由此可见，佩珀深刻把握住了马克思人与自然辩证法的核心之所在即人与自然相互作用、相互改造。正是基于对此关系的鲜明认识，佩珀才为"人类中心主义"而呐喊并坚决主张生态社会主义社会理所应该是"人类中心论"的。"它的确是人类中心论的，因为它对自然状态的关心不仅被视为主要是在社会中形成的，还是由传统的社会主义的人文主义关切引起的。"④ 同时，佩珀还把"相互支持的社会—自然关系"看作是生态社会主义的鲜明主题之一，只有这种"相互支持的社会—自然关系"才能解决资本主义生产方式造成的当今世界性的生态危机。这是因为劳动实践实现人与自然的

① 《马克思恩格斯全集》（第3卷），第307页。
② 《马克思恩格斯全集》（第3卷），第301页。
③ ［英］戴维·佩珀：《生态社会主义：从深生态学到社会正义》，第127页。
④ ［英］戴维·佩珀：《生态社会主义：从深生态学到社会正义》，第270页。

相互作用与转换，所以也必须通过实践来将人与自然之间的对抗关系改为和谐统一，自然的异化也只有在共产主义时期随着实践活动和生产方式的根本改变而改变。正如马克思所说，只有共产主义"是人和自然界之间、人和人之间矛盾的真正解决"①。

三、可持续发展理论

可持续发展（sustainable development）发端于在 17—18 世纪欧洲关于可持续森林管理的思想。为了解决木材资源枯竭的问题，英国人开发了管理森林可持续收益的系统。1972 年《增长的极限》第一次介绍了当代意义上的可持续发展，它由美国著名环境科学家、系统分析大师德内拉·梅多斯（Donella H. Meadows）和美国著名管理学家、系统动力学家丹尼斯·梅多斯（Dennis L. Meadows）以及众多科学家通力合作完成。在描述理想的"全球均衡状态"时，作者认为我们正在寻找一个模型输出，它代表了一个可持续发展的世界体系，而不是突然的、无法控制的崩溃，并能够满足所有人的基本物质需求。1987 年，联合国世界环境与发展委员会发布了由挪威前首相格罗·哈莱姆·布伦特兰（Gro Harlem Brundtland）夫人领导完成的报告《我们共同的未来》，书中指出"可持续发展是既满足当代人的需要，又不对后代人满足其需要的能力构成危害的发展。"② 这是目前最广为人知的可持续发展定义。这两部在杰出女性领导下付梓的著作为可持续发展理论奠定了基础，使可持续发展受到人们的普遍关注。1992 年在巴西里约热内卢召开的联合国环境与发展大会，实现了可持续发展在国际层面上从理论向实践的突破，标志着可持续发展进一步成为国家和国际组织间的行动纲领。

这一理论突出强调三个方面。第一是公平的发展，这种公平性体现在代内公平、代际公平以及资源分配与利用的公平。代内公平指代内所有人不论国籍、种族、性别、地位或文化差异等，都平等地享有追求良好环境质量和利用自然资源方面的权利。代际公平是指当代人和后代人在利用自然资源取得生存、发展权并满足自身利益等方面享有平等的权利。公平地发展意味着

---

① 《马克思恩格斯全集》（第 3 卷），第 297 页。

② 世界环境与发展委员会：《我们共同的未来》，国家环保局外事办公室译，世界知识出版社 1980 年版，第 19 页。

一个地区的发展不能以牺牲其他地区的发展利益为代价，当代人的发展不能以牺牲后代人的发展权力为代价。但从历史和目前的情况来看，地区间的发展是极不均衡的，发达国家在享有自然环境质量、资源的分配与利用等方面明显优于发展中国家。"资源分配的不公平产生了许多问题。不公正的土地所有制结构会在最小块的占有土地上导致过度的资源开发，并对环境和发展两方面造成有害的影响。从国际上说，对资源的垄断控制会驱使那些没有参与垄断的人们过度开发稀少资源。"① 公平发展原则认为人类世代都生活在同一地球上，人们对这地球空间的自然资源和物质财富应具有平等的享用权。但实际上，贫困国家和地区获得生存、发展和资源的权力受到严重威胁。因此可持续发展提出消除贫困这一重要议题，"贫穷本身是一种邪恶，而持续发展则是要满足所有人的基本需求，向所有的人提供实现美好生活愿望的机会。一个以贫穷为特点的世界将永远摆脱不了生态的和其他的灾难。"②

第二是持续性，这种持续性谋求的是如何在目前限制性因素的前提下实现长期的发展。人类的经济和社会发展要在地球资源与环境的承载力之内，因此要把人类的当前利益与长远利益结合起来。《我们共同的未来》中对于可持续发展的概念特别强调了"需要"和"限制"这两个方面，也就是说在满足需要的同时必须注意到限制因素。这些限制性因素主要包括人口数量、环境资源状况、技术状况等，可持续发展就在于将这些限制性因素相互协调以达到人类发展的最优状态，从而增强可持续性。"实际上，持续发展是一种变化过程。在这个过程中，资源的开发、投资的方向、技术开发方向和机构的变化都是互相协调的，并增强目前和将来满足人类的需要和愿望的潜力。"③

第三，可持续发展还强调整体性。这种整体性既体现在可持续发展的载体上，也体现在它的构成因素上。人类只有一个地球，这个地球是人类可持续发展赖以实现的载体，无论是发达国家还是发展中国家都要在地球这个共同区间上繁衍生息，地球生态环境的整体性和相互依存性决定世界人民必须

---

① 世界环境与发展委员会：《我们共同的未来》，第25页。
② 世界环境与发展委员会：《我们共同的未来》，第24页。
③ 世界环境与发展委员会：《我们共同的未来》，第22页。

联合起来。只有全体人类共同努力，才有可能实现可持续发展的总目标，将人类的局部利益与整体利益结合起来。另外可持续发展还涉及生态、经济、政治、社会等方方面面，因此真正的可持续性还应是多因素的共同发展。报告中提到了可持续发展的七大体系，包括公民有效决策的政治体系、自力更生的经济体系、解决紧张局面的社会体系、保护发展的生产体系、不断求新的技术体系、自身灵活调整的管理体系以及促进可持续性方式的贸易和金融的国际体系。这旨在从不同的方面增强可持续发展的整体性。

　　总之，可持续发展要求在保持资源和环境永续利用的前提下实现生态、经济、社会与资源的协调发展。但不同国家、不同地区所具有的资源禀赋、自身条件、政治经济体制差异巨大，所以可持续发展并没有统一的模式，这也是报告中着重强调的。不同地区可根据自身因素制定出适合自身的可持续发展模式，在这一指导原则下，西方发达国家制定了"生态现代化"这一发展模式，但生态现代化并不像发达国家标榜的那样具有真正的可持续性。佩珀根据可持续发展理论的指导原则，对生态现代化进行了批判，揭示了生态现代化的资本主义本性、非可持续性和乌托邦性，并从经济、政治与社会、自然、地理等方面建构了可持续发展的"理想模式"。这种理想模式以共同体支持为基础，它首先在于满足共同体成员的需要而不是为了利润，这就从根本上消除了资本为追求利润剥削自然的可能性，为自然的可持续发展提供了前提条件。再者共同体所有既可以共享共同体的经济与政治权力，又可以消除环境成本外在化的可能性，这为社会公正和生态保护提供了切实可行的保证。更为重要的是共同体生产能够增强共同体的自我依靠能力，这在很大程度上就可以减少对核心地区的依赖，逐渐摆脱单一市场和经济全球化对地方的经济控制，从而建立起真正的经济自主，缩小并消除同核心地区的财富差距。① 这种以共同体为核心的理想模式有利于经济、社会、生态三个方面和谐共生，最终实现可持续发展。

四、西方社会公正理论

　　在《现代词语辞典》中，公正意为公平正直没有偏私或正义、公平。

---

① 参见 David Pepper, "Ecological Modernization or the 'Ideal Model' of Sustainable Development? Questions Prompted at Europe's periphery", pp. 20 – 30。

正义意为公正的、正当的道理或公道的、有利于人民的。但在英文中两者对应的单词都是"justice",并没有区别。在一些有关西方社会公正理论或哲学的译著当中,两种翻译方法皆有,本文对此不再进行区分。

(一) 古希腊时期的公正思想

西方社会的公正理论最早可以追溯到古希腊时期。虽然苏格拉底(Socrates)一生都致力于研究公正思想,但他并没有留下可以考证的文字资料,所以一般认为其学生柏拉图(Plato)的《理想国》是古希腊时期较有代表性的著作。柏拉图生活的年代正是雅典局势动乱、政治腐败的时期,为了改变混乱的现状,柏拉图试图为恢复古希腊城邦的生活建立一个完美优越的公正原则,为此柏拉图建构了自己的政治哲学理论。就公正来说,柏拉图认为"有个人的正义,也有整个城邦的正义"[1]。就城邦而言的社会公正,就是组成国家的统治阶层、护卫阶层、平民阶层中的每个人都各司其职、各尽其能。就城邦中的个人而言,公正是与智慧、勇敢、节制结合的四者之总和,个人公正也就是在智慧的指引下,城邦中的"每个人必须在国家里执行一种最适合他天性的职务"[2],按照这一原则各自做好自己的事,不去干涉他人。柏拉图强调个人公正与城邦公正的统一,个人要把公正的精神融入在自己的品质之中,每个人都追求个人公正也就实现了社会的公正。柏拉图还进一步区分了公正的绝对性和相对性,他认为相对性的公正是现实世界里的公正,绝对性的公正是理想世界里的公正,是一切善的本体,是最美好的善。柏拉图对公正的理解更符合当时希腊社会的现实,对后世的影响也更深远。

相对于柏拉图来说,亚里士多德(Aristotle)对公正的论述更为系统和详实。在他的名著《尼各马可伦理学》中有一卷专门来讲述公正问题。亚里士多德把公正和不公正进行了对比分析,他认为两者都是一种品质。公正是德性之首,是一切德性的总括,而不公正则是恶的总体。公正和不公正都具有两种意义,而且它们是相对应的,即守法与平等对应违法与不平等。相对于总体意义上的公正与不公正,亚里士多德更注重公正与不公正的具体意义并将其分为两类。"一类是表现于荣誉、钱物或其他可析分的共同财富的分配上(这些东西一个人可能分到同等的或不同等的一份)的公正。另一

---

① [古希腊] 柏拉图:《理想国》,郭斌和等译,商务印书馆1986年版,第57页。
② [古希腊] 柏拉图:《理想国》,第154页。

类则是在私人交易中起矫正作用的公正。"① 这意味着共有财富和私有财产的公正标准是不同的。对于共有财富来说,亚里士多德坚持分配的公正,分配的公正就在于人们可以按比例获得相应的配得。"人们都同意,分配的公正要基于某种配得。……公正在于成比例。因为比例不仅仅是抽象的量,而且是普通的量。比例是比率上的平等。……合比例的才是适度的,而公正就是合比例的。……所以,分配的公正在于成比例,不公正则在于违反比例。"② 而矫正的公正则适用于私有财产,"它是在于出于意愿的和违反意愿的私人交易中的公正。"③ 而要切实实现分配公正和矫正公正,则必须要有维护人们共同政治及经济利益的法律公正来保障。从苏格拉底经柏拉图到亚里士多德,古希腊时期的公正理论更多的是从社会维度来把握公正思想,主要表现在重视整体观念和责任意识,强调共同体高于个体,主张义务优先于权利。

(二) 近代公正思想

经历了黑暗漫长的中世纪后,在人性得到解放的同时,西方公正思想也从神学的束缚下解放出来。近代西方资产阶级思想家们对天赋人权、社会契约、功利主义、自由平等、义务论等学说进行了论证,逐渐把公正思想的目光投向了个人自由、平等和权利,认为公正就是人们在一个平等自由的社会中能充分享有个人权利。西方公正思想也由此在近代发生了明显的转向,这种嬗变主要表现在两个方面。第一,从个人角度出发研究社会公正问题,突出公正的人性基础。近代各种有关正义的学说大多是以人的基本权利为核心内容展开的,这反映了近代维护人的基本权利是公正思想最为基本的理念。例如近代英国功利主义最鲜明之处是把个人的权益看成是唯一真实的利益,认为追求个人利益应该是人的自然权利,它该成为判断一切善恶的根本标准。再比如让—雅克·卢梭(Jean-Jacques Rousseau)强调人类的行为最应关心自己的利益、关切自身的幸福,"人类天生的唯一无二的欲念是自爱,也就是广义上说的自私。"④ 这些盲目扩大的从个人角度出发的公正其实已

---

① [古希腊] 亚里士多德:《尼各马可伦理学》,廖申白译,商务印书馆 2003 年版,第 134 页。
② [古希腊] 亚里士多德:《尼各马可伦理学》,第 135—136 页。
③ [古希腊] 亚里士多德:《尼各马可伦理学》,第 136—137 页。
④ [法] 卢梭:《爱弥尔》(上卷),李平沤译,商务印书馆 1978 年版,第 95 页。

经偏离了公正的轨道。第二，建立一定的社会制约机制，避免极端利己主义。如果每个人无限制地追求个人利益，必然导致相互戕害和社会混乱。因此，近代西方公正思想在强调个人独立、自由自主的同时要求通过社会公正原则建立某种制约机制来限制社会成员的极端利己主义行为。例如功利主义者杰里米·边沁（Jeremy Bentham）提出促成了最大多数人的最大幸福就是道德上最公正的。虽然近代公正思想强调社会利益，但从根本上看仍然是为了保障个人利益。近代西方公正思想更多的是从个人维度来思考公正问题，重视个体观念和权利意识，强调个体优先于共同体，主张个人权益高于社会利益。

（三）马克思恩格斯的公正思想

马克思恩格斯的公正思想通过对资产阶级的批判充分地显现出来。具体来说，马克思恩格斯的公正思想体现在三个方面。首先，公正具有阶级性。马克思认为任何时期的公正都是和当时具体的社会历史环境联系在一起的，没有超越时代、超越阶级的永恒的社会公正，任何脱离阶级谈论的公正都是抽象的公正，是没有实际意义的。"希腊人和罗马人的公平认为奴隶制度是公平的；1789 年资产者的公平要求废除封建制度，因为据说它不公平。"① 作为意识形态的公正思想是用来维护统治阶级经济基础的，古希腊时期的公正维护奴隶制，西方近代公正思想是维护资本主义制度的。那么同样，无产阶级所要求的公正也是维护无产阶级的。无产阶级所要求的社会公正既包括社会和政治地位的平等，也包括享有各种权利以及形式平等与实际平等的统一。但是这种公正只有满足生产资料公有制和阶级消失后才能实现。其次，公正是个体自觉地追求自由与平等。马克思认为在阶级社会中，被统治阶级自觉不到自己是人，只是作为统治阶级的附属品而存在，作为人的尊严和基本权利得不到保障。因而必须引导他们唤起对自由和平等的自我要求。恩格斯解释到，"一切人，作为人来说，都有某些共同点，在这些共同点所及的范围内，他们是平等的，……但是现代的平等要求与此完全不同；这种平等要求更应当是从人的这种共同特性中，从人就他们是人而言的这种平等中引申出这样的要求：一切人，或至少是一个国家的一切公民，或一个社会的一

---

① 《马克思恩格斯选集》（第 3 卷），第 261 页。

切成员，都应当有平等的政治地位和社会地位。"① 只有当公正意识被广泛唤醒时，真正公正的社会才有可能像理论构想中的那样被切实创造出来。最后，真正的公正只在共产主义社会才能实现。"真正的自由和真正的平等只有在公社制度下才可能实现；要向他们表明，这样的制度是正义所要求的。"② 这里的公社制度就是共产主义制度，在生产力高度发达，社会产品极大丰富，包括阶级差别、城乡差别、工农差别、脑体差别在内的一切差别已不复存在，只有到那时，社会公正才能在每个人自由而全面的发展中体现出来。

（四）当代公正思想

约翰·罗尔斯（John Rawls）的《正义论》可谓是当代公正理论最具影响力的著作。他所强调的"正义是社会制度的首要德性，正像真理是思想体系的首要德性一样"已经得到广泛重视。罗尔斯从起点公正、过程公正和事实公正三个方面阐释了其"公平的正义"思想。首先，起点公正是出发点。罗尔斯认为为使社会中的每一个个体都能达到一种事实上的平等，必须最先论证所有社会成员出发点的平等问题。起点公正即作为社会成员的每一个个体享有平等的权利、人格和机会。权利平等是指社会公民享有法律规定的政治平等地位，享有平等的选举权和被选举权。人格平等是每个社会成员都在社会及政治活动中拥有平等且独立的人格，人格权不可侮辱。机会平等是指每个社会成员在分享和使用公共资源上、在政治活动参与机会上、在市场竞争的参与过程中都享有平等的权利。罗尔斯把社会基本结构看作正义的对象，这样便可以通过人为干涉、制定公民的基本权利和义务、区分社会利益和社会责任，从全社会的角度处理因社会历史和自然方面的偶然因素造成社会个人成员间出发点的不平等，如社会地位、个人禀赋等。

其次，过程公正是核心。这体现在正义的两个原则上，"第一个原则：每个人对与其他人所拥有的最广泛的平等基本自由体系相容的类似自由体系都应有一种平等的权利。第二个原则：社会和经济的不平等应这样安排，使它们（1）被合理地期望适合每个人的利益；并且（2）依系于地位和职务

① 《马克思恩格斯选集》（第3卷），第480页。
② 《马克思恩格斯全集》（第3卷），第482页。

向所有人开放。"① 第一个原则意味着任何人不分种族、宗教、性别、出身及社会地位，都有平等的政治权利；第二个原则针对社会和经济利益而言，本着机会公平原则和差别原则，合理分配社会收入和财富。三者的优先顺序排列为自由平等原则、机会公平原则、差别原则。然而这只是一种理论建构的顺序，要真正实现这两个原则必须通过法治秩序来保证，这样过程公正便取决于一定形式的程序公正和分配公平。程序公正是制定程序自身时的公正与该程序得到正确实现时两者的统一；分配公正是每个人应得其所应得。二者的有机结合可以保证"公平的正义"在社会中实施。

最后，结果公正是最终的诉求。罗尔斯着重强调了"最少受惠者"如何获得"最大利益"。他认为只有把公平看得比效率更重要，才能实现社会最终的结果公正，于是他指出结果公正的三方面含义。一是横向公平，即对具有同样能力和经济地位的人实行平等原则；二是纵向公平，即对具有不同能力和经济地位的人实行差别原则；三是要做到代内公平和代际公平相结合。罗尔斯认为考察代与代之间的正义问题是非常困难的，为此他提出了正义的储存原则——"为每一发展水平分派一个恰当比率的规则"②，即根据每一代不同的情况确定要为后面的世代储存多少。罗尔斯既反对为了未来而牺牲现在，也反对只顾现在而不管未来，而是通过为储存率设定一个上限来强调代际间的公平。事实上，发展和代价的博弈构成了整个人类社会的演进过程。任何社会的进步和精英阶层物质财富的积累都离不开"最少受惠者"付出的相应代价。因为社会总体资源总是有限的，精英阶层通过社会地位、经济实力以及个人能力可以得到更多的利益份额，甚至在一定程度上是从"最少受惠者"那里得到的。这种社会不公正的结果正是罗尔斯努力想克服的，所以他总是从"最少受惠者"的角度来衡量某种不平等，尽力通过某种补偿或者再分配手段来使社会的所有成员都能处在一种平等的地位。他从20世纪90年代以后针对批评者提出的意见开始思考正义理论在各民族间关系上跨文化的应用和国际正义问题，以使"公平的正义"适应世界日益多元化的现实问题。

综上所述，西方公正思想的发展轨迹逐渐从抽象转向具体、从纯粹理论

---

① ［美］约翰·罗尔斯：《正义论》，何怀宏等译，中国社会科学出版社2009年版，第47页。
② ［美］约翰·罗尔斯：《正义论》，第227页。

到理论与实际相结合、从宏观的伦理公正转向微观各领域的具体公正。佩珀在《生态社会主义：从深生态学到社会正义》中关于公正的问题涉及三十多次，这其中包括社会公正、分配公正、经济公正、代际公正、环境公正等，但强调次数最多的还是社会公正。佩珀把"从深生态学到社会正义"作为该书的副标题，可见佩珀认为的生态社会主义应该是公平正义的。2004年，佩珀在《生态社会主义：从深生态学到社会正义》的中译本序言中明确提出了生态社会主义的七个基本主题，其中的"结果的平等"和"社会与环境公正"这两个方面都涉及公正思想。

第二章　对当代资本主义的生态批判

在资本主义世界范围内不断发生的一系列公害事件，不仅引发了人们对于环境问题的思考和探索，同样引发了大范围的环境保护运动。作为一名长期学习地理学和从事自然地理研究的学者来讲，对自然环境的关注已经成为佩珀的一种习惯。加之佩珀成长的年代正是西方环境污染事件频发时期，这更引起佩珀对环境变化的关注，并且为了弄清楚环境变化的根源，佩珀不仅加入到西方环境主义运动的大潮当中，而且还长期坚持进行理论研究。对自然地理的热爱成为他日后进行理论研究和实践活动的源源动力，也为他的研究提供了独特的视角。作为一名生态社会主义学者，佩珀通过对马克思主义人与自然关系的深入理解和分析，运用历史唯物主义方法深化了对生态危机根源的认识。可以说佩珀生态社会主义思想就是围绕对生产方式的深刻理解和对资本主义生产方式的批判而展开。

第一节　资本主义生产方式是生态危机的根本原因

生产方式是马克思历史唯物主义中非常重要的内容，它与生产力和生产关系是密不可分的。正如在第一章中所阐述的，生产方式是一个独立的概念，它并不依附于生产力与生产关系，它是二者的中介和桥梁。生产方式中既蕴含着人与人的社会关系，也体现着人与自然的生态关系。人与自然的相互作用、相互改造正是通过生产方式来实现的。人类社会经历了不同的生产方式，而资本主义生产方式以一种疯狂的程度剥削自然、压迫自然，导致了生态环境的不断恶化，最终形成全球性的生态危机。生态社会主义理论在发展过程中逐渐形成共识，即资本主义生产方式是导致生态危机的根本原因。

一、生产方式是人与自然关系的基础

佩珀认为生产方式不仅应是一个具有实际意义的独立概念，它还是历史唯物主义的关键概念，是理解人与自然关系的基础。"生产方式即组织生产的方式，对生态中心论是重要的，因为生产产品构成了同自然相互作用的一种方式。"[①]"组织生产的方式"就是佩珀对生产方式概念的理解，虽然只有短短七个字，但却抓住了生产方式内涵的核心。在组织生产的过程中既蕴含着人与自然相互作用的方式，也体现着自己与他人之间相互作用的关系。所以从生产方式中，我们可以看到人类、自然与社会三者之间相互的辩证关系，正是在这种相互作用中，才有了人类社会不同形态的演进。"从物质的意义上看，历史聚焦于不同生产方式的转换，而所有其他的变化都应由此加以解释。"[②] 佩珀根据马克思的思想把生产方式区分为古代的、封建主义、资本主义和共产主义四种类型。它们在所使用的技术、生产活动、生产目的和社会组织形式上都有明显的区别。通过下图进行的比较，可以更为直观地对其进行区别和认识。

古代的、封建主义、资本主义、共产主义生产方式对比

	古代的	封建主义	资本主义	共产主义
技术	古代社会的生产工具	封建社会的生产工具与制造	资本主义社会的机器与制造	不确定
生产活动	为使用价值生产	为使用价值与交换价值生产	为交换价值生产	为使用价值生产
生产目的	维持生存需要	维持生计需要	生产剩余价值	满足人类需要
社会组织形式	受盲目规则支配的社会生产	通过行会和等级的政治规范	对市场、独立生产者的市场管理	通过有意识的计划控制的社会生产

不同的生产方式都有一个具体的同自然相处的关系模式。人与自然之间的相互作用是在生产中开始的，也是在生产中进行的。由于人们在不同历史

---

① 参见 David Pepper, *Eco-socialism*: *From Deep Ecology to Social Justice*, London and New York: Routledge Press, 1993, p. 67。

② ［英］戴维·佩珀：《生态社会主义：从深生态学到社会正义》，第 82 页。

时代所具备的生产力等客观方面和人类认知等主观方面因素的差异，在不同生产方式中所表现出来的对待自然的态度也存在很大不同。在前资本主义生产方式中人消极顺应自然。从整个人类历史发展过程来看，在前资本主义生产方式下，"劳动生产力处于低级发展阶段，与此相应，人们在物质生活生产过程内部的关系，即他们彼此之间以及他们同自然之间的关系是很狭隘的。"① 在资本主义生产方式中人贪婪地剥削自然。不论是飞泻的瀑布、富饶的矿山，还是盛产鱼类的水域，只要能够获得利润，都是资本主义生产方式寻找的目标。为此它们"剥削地体，剥削地下资源，剥削空气"，剥削自然界中一切可能的资源。在共产主义生产方式中人集体地控制自然。"联合起来的生产者，将合理地调节他们与自然的物质变换，将它置于他们的共同控制之下，而不让它作为一种盲目的力量来统治自己。"② 在共产主义生产方式中，人类与自然将真正实现和谐共生。霍华德·帕森斯（Howard L. Parsons）认为，在封建主义生产方式中，自然是一个紧密的等级链，每个环节都相互依存，有机改变但维持等级制度。在资本主义生产方式中，自然作为一个没有内在价值、目的和精神的原子机械体系，其价值受到交换法则的控制。

　　佩珀在对不同生产方式分析后认为马克思特别感兴趣的是从封建主义生产方式向资本主义生产方式的转换。因为这次生产方式的转换促使人类社会与自然的关系发生了巨大的改变。封建主义的生产方式尽管在许多方面是压抑性的，但人们接近土地并且不反对它的循环性生产方式。从封建生产方式向资本主义生产方式转变时，大部分人们离开土地而生活，人们不再以长久的眼光欣赏土地而是为了大量获得短期利润不断榨取土地，直至土地完全贫瘠。这其实是人与自然的脱离与异化。佩珀对生产方式概念的理解以及对生产方式在生产力系统结构中地位和作用的认识，为他的生产方式决定论奠定了理论基础。陈学明教授也赞同佩珀"生产方式决定论的历史唯物主义观点"，"这一观点对当今的生态运动来说是极其重要的，它启示我们不是其他什么东西而只是产品的生产方式造就了目前的那种人类与自然相互作用的

---

① ［德］卡尔·马克思：《资本论》（第1卷），第96页。
② ［德］卡尔·马克思：《资本论》（第3卷），第928页。

方式。"①

二、对资本主义生产方式的理论批判

（一）资本主义生产方式

马克思在《〈政治经济学批判〉序言》中曾经指出："大体说来，亚细亚的、古代的、封建的和现代资产阶级的生产方式可以看作是经济的社会形态演进的几个时代。资产阶级的生产关系是社会生产过程的最后一个对抗形式，这里所说的对抗，不是指个人的对抗，而是指从个人的社会生活条件中生长出来的对抗；但是，在资产阶级社会的胎胞里发展的生产力，同时又创造着解决这种对抗的物质条件。"② 马克思不仅强调了不同的生产方式可以区分经济社会形态的演进，而且还强调了生产关系的对抗性。为了更为历史地研究资本主义生产方式，马克思在《政治经济学批判（1857—1859 年手稿)》中仔细研究了前资本主义的各种生产形式，即亚细亚的、古代的和日耳曼的这三种共同体类型。亚细亚的生产方式以印度、中国和俄国等东方世界为代表，古代的生产方式以古希腊、古罗马为代表，日耳曼的生产方式以英国、法国、德国等西欧世界为代表。通过三种形式之中体现出来的土地与共同体的关系、农村与城市关系的比较分析，马克思得到一个结论：在这三种形式当中，只有日耳曼的生产方式才能靠自身的逐步发展孕育出现代资本主义的生产方式，而亚细亚的和古代的生产方式是不可能做到的。

马克思的《资本论》就对这种现代资本主义生产方式进行了详细的研究。整部《资本论》围绕资本的运行展开。第一卷论述了资本主义生产方式实质上是以"资本"为载体的商品生产过程。第二卷说明了资本主义生产方式通过商品交换关系形成一个有机的统一体。第三卷研究了资本主义生产方式下不同类型资本之间分工协作和竞争关系。马克思明确地阐述了资本主义生产方式的两个特征："第一，它生产的产品是商品。使它和其他生产方式相区别的，不在于生产商品，而在于，成为商品是它的产品的占统治地位的、决定的性质。……资本主义生产方式的第二个特征是，剩余价值的生

---

① 陈学明：《当今比以往任何时候都更需要马克思主义的理论和实践——评戴维·佩珀对马克思生态理论当代意义的揭示》，《社会科学辑刊》2011 年第 2 期。

② 《马克思恩格斯选集》（第 2 卷），第 3 页。

产是生产的直接目的和决定动机。资本本质上是生产资本的，但只有生产剩余价值，它才生产资本。"① 这两个特征为我们正确理解资本主义生产方式的内涵指明了方向。从第一个特征中，我们可以发现商品生产是资本主义生产方式的主要特征，因此它以获得商品的交换价值为主，而不像其他生产方式是为了获得产品的使用价值。从第二个特征中，我们可以看出资本主义生产方式是以获得剩余价值即利润为主要目的的，而剩余价值的生产又必须在生产过程中才能实现，只有获得了剩余价值才能够扩大资本积累的规模，剩余价值是资本积累的源泉。从这两个特征中我们可以得到资本主义生产方式的一般内涵：它是以雇佣关系为基础，以商品生产为前提，以资本为核心的生产过程与价值增值过程的统一。还需要说明的是，"资本主义生产方式是一种特殊的、具有独特历史规定性的生产方式；它和任何其他一定的生产方式一样，把社会生产力及其发展形式的一定阶段作为自己的历史条件，而这个条件又是一个先行过程的历史结果和产物，并且是新的生产方式由以产生的现成基础；同这种独特的、历史规定的生产方式相适应的生产关系，——即人们在他们的社会生活过程中、在他们的社会生活的生产中所处的各种关系，——具有独特的、历史的和暂时的性质。"② 这说明由特定历史时期的生产力所决定的资本主义生产方式也具有自己的规定性，并且特殊的规定性又决定了与它相吻合的生产关系的特点与性质。

（二）资本主义生产方式的剥削与异化本性

佩珀通过对资本主义生产方式的解析，明确指出了其所具有的"特殊的、独特的历史规定性"。首先，资本主义生产方式蕴含着人与人、人与自然的双重关系。佩珀认为："我们同自然与其他人相处的方式强烈地受到我们组织生产的方式的影响——我们在这个世界上的物质生活基础。资本主义的生产方式暗含着人与自然以及人与人之间的'资本主义'关系——资本主义的生产关系。"③ 这一方面突显了资本主义生产方式的双重关系，即人与人的关系和人与自然的关系；另一方面也强调了资本主义生产方式决定资本主义生产关系。具体来说，在资本主义社会中人与人的关系就是人剥削人

---

① ［德］卡尔・马克思：《资本论》（第3卷），第995—997页。
② ［德］卡尔・马克思：《资本论》（第3卷），第993页。
③ ［英］戴维・佩珀：《生态社会主义：从深生态学到社会正义》，第80页。

或者也可以说成人剥削劳动的关系。劳动是剩余价值的唯一源泉，只有生产剩余价值，才能生产资本，要想让剩余价值转化为更多的资本，那就只能剥削劳动。就像佩珀指出的，"劳动创造资本，接着，资本通过抽去它的社会、共同体的含义来剥削劳动。"① 在这种剥削劳动的过程中，显示出了资本主义生产关系的第一重剥削性。同样人在剥削自然的过程中显示出资本主义生产关系的第二重剥削性。因为资本主义生产方式是为了获得利润才组织生产商品，而商品生产的原材料则由自然界提供，所以为了从商品生产中获得更多的利润，就会剥削提供商品原材料的自然界，自然界也不再是"人的无机的身体"，而完全地被客体化了。"在资本主义制度下，不像以往的生产方式，改变自然是为了获得交换价值和使用价值，因而，自然往往以商品的形式被客体化。"②

其次，资本主义生产方式造成人与自然的异化。佩珀认为通常所说的异化是指，"个人分离或远离来自于：（a）你自己活动的产品或结果；（b）自然的其他部分；（c）其他人类；（d）你自身。"③ 这基本上符合马克思在《1844 年经济学哲学手稿》中指出的资本主义生产方式有关异化的四个规定性，即劳动产品（劳动结果）与劳动者相异化、生产活动（劳动的过程）与劳动者相异化、劳动者与他的类本质相异化以及人和人相异化。作为第四种规定的自我异化，既是异化形式中的一种，也是异化的本质和基本结构。前两个规定说明了这种异化状态在作为个体的人身上的生动表现，后两个揭示的是资本主义私有制条件下人对自身否定的实质和在社会中的具体体现。实质上所谓异化是指主体在自身矛盾的发展中产生自己的对立面即客体，而这个客体却作为一种异己的、外在的力量凌驾于主体之上，反过来束缚、压制主体。那么在资本主义生产方式中为什么会产生异化呢？佩珀进一步进行了说明，"异化是由我和我的社会产生的。另外，异化状态部分来自缺乏一种我能和其他人一起控制事情以克服我的异化的意识。而且，异化的原因是物质性的：在资本主义社会，异化明确地产生于资本主义的生产关系和生产过程。"④ 这说明异化产生的物质原因在于人剥削人的生产关系以及组织生

---

① ［英］戴维·佩珀：《生态社会主义：从深生态学到社会正义》，第 101 页。
② ［英］戴维·佩珀：《生态社会主义：从深生态学到社会正义》，第 123 页。
③ ［英］戴维·佩珀：《生态社会主义：从深生态学到社会正义》，第 98 页。
④ ［英］戴维·佩珀：《生态社会主义：从深生态学到社会正义》，第 99 页。

产的实际过程。但在其他私有制社会形态中，异化这一现象并不突出。而只有在资本主义的私有制条件下才形成这种完全对立的局势。这是因为资本主义制度是彻底的私有制，一方面资本家完全拥有资本，另一方面工人有着完全的人身自由，工人与资本家之间并没有直接的人身依附关系，正是这种彻底的占有和完全的自由才导致了在资本主义社会中异化以一种非常极端的形式表现出来。

（三）资本主义生产方式是生态危机的根源

在西方环境主义中，对生态危机根源的阐释有很多不同的观点。比如有的认为是技术的资本主义使用方式造成了全球化的生态问题；有的认为是缺乏生态意识；有的认为是人与自然关系的错误定位。此外，还有的认为是人性的贪婪、原罪、虚假意识等。即便在广义生态社会主义这一思想派别内部，也有不同的观点。比如，本顿认为人们思想中"支配自然"的观念和工业主义的意识形态导致了生态危机的产生。格伦德曼认为"人类自我发展的缺乏"[1] 是引起生态危机的根本原因。

可是佩珀认为，相比之下通过历史唯物主义的方法对资本主义的社会经济状况进行分析更切实际。"一种对资本主义的历史唯物主义和社会经济分析表明，应该谴责的不仅是个性'贪婪'的垄断者和消费者，更是这种生产方式本身：构成资本主义的生产关系超越了生产力金字塔。"[2] 在整个生产系统中，起到决定作用的应是生产力，它处于生产力系统的金字塔之顶。生产关系就是人们在劳动过程中形成的不以人的意志为转移的经济关系，它本是由生产力所决定。但在资本主义制度中，"生产力物质地转变为商品——商品和服务不仅是为了使用，而且是为了同其他商品相交换而获得利润。……一般来说，除非市场表明有交换价值可以实现，否则生产不会进行。而只有交换价值大于生产成本，商品才能以获利的形式卖出。为了推动生产和流通，货币资本必须转换为生产力，其中包括劳动力（生产性资本）。"[3] 这意味着当生产关系僭越生产力的时候，人们之间的一切关系都是以经济关系来决定的，而资本主义的经济关系是以获得利润为主要目的，为

---

① 参见 Reiner Grundman, *Marxism and Ecology*, Oxford: Clarendon Press, 1991, p. 79。

② 参见 David Pepper, *Eco-socialism: From Deep Ecology to Social Justice*, p. 91。

③ ［英］戴维·佩珀:《生态社会主义：从深生态学到社会正义》，第 92 页。

了能够获得更多的利润，就要通过剥削他人或剥削自然来实现。这就造成了在资本主义生产中，并不是从长远的角度为生产力的发展而生产，而是从短期的角度为了获得更多利润而生产，所以这种生产方式内在地对环境不友好或者说内在地剥削环境。因此对生态危机该承担责任的从表面上来看是不断滋长的对利润的贪欲，从本质上来分析是这种生产方式自身。资本主义生产方式为什么可以给自然贴上价格的标签，可以把黑人当作商品自由买卖，这其中真正的原因正如马克思在《资本论》中阐释的那样，"创造这种权利的，是生产关系。"① 当生产关系僭越了生产力有了这种神奇魔力的时候，世间的一切都可以以商品的形式出售，都可以有价格的标签，自然界亦不例外。而自然界恰恰又是构成商品使用价值的源泉之一，再加上出于对利润最大化无止境的追求，肆无忌惮地剥削自然造成生态危机便是必然的了。

三、对资本利润最大化的现实分析

为了挖掘生态危机的产生根源，佩珀不仅从理论上说明了资本主义生产方式是导致生态危机爆发的根本原因，更从现实的经济活动分析了单个资本成本外在化倾向与整体资本收益内在化要求之间的逻辑矛盾。相对于理论阐释来说，佩珀更注重通过对现实经济活动的分析来说明问题。在对资本主义经济活动进行分析的时候，佩珀主要采用了马克思的政治经济学原理说明了劳动和价值、劳动和剩余价值、竞争和生产率之间的逻辑关系。理论的通透为分析实际问题奠定了基础，厘清这些概念内在关系对佩珀分析生态危机的根源至关重要。

（一）利润率下降的原因

资本主义追求利润的最大化这已经是不争的事实，但在资本主义的发展过程中，使剩余价值最大化的动力不断遇到一些"阻力"与"障碍"。首先，表现在过度生产导致的利润率下降。从个别资本这一方来看，为了追逐利润，资本家总是希望不断地扩大生产的规模，只有在扩大的资本规模上才能取得更多的利润。"从本质上说，资本家（并非因为'贪婪'或任何其他罪恶）必须从生产（利润）总积累财富，并将其重新投资以生产更多的资

---

① ［德］卡尔·马克思：《资本论》（第3卷），第877页。

本。"① 所以对个体资本来说，总是不顾市场的实际需求而不断追求自身生产规模的扩大化。由于不同的个体资本都争相扩大生产，造成的一个最直接的后果就是过度生产。在社会需求能力有限的情况下，过度生产会造成销售困难，多数个体资本为了减少其资本在流通领域的时间，加快资本周转速度，所以会降低价格出售商品。这样虽然会降低因一次商品销售造成的利润下降，但是却能加快资本循环的时间，在单位时间内，资本周转的次数越多带来的年剩余价值量就越大。所以，资本家为了剩余价值总量的增加，会采取主动降价的营销策略。从社会角度来说，个别资本总是要通过交换还原成社会资本的一部分，才能实现其利润。那么，所有的商品都必须通过市场进行交换，在市场经济中，价值规律是必然起作用的。一方面是个别资本过度生产造成的供给量不断增加，另一方面是由于广大劳动力缺少可自由支配的收入带来的需求能力有限性。佩珀解释到，"所有出卖劳动力（生产者）的人也将构成他们产品（消费者）市场的主要部分。但从本质上说，生产者不可能被支付足够的工资去消费其自身劳动的所有成果：如果是那样的话，这一制度中将不会有剩余价值存在。"② 因而在需求有限而供给又大于需求的情况下，要想把已经生产出来的商品售卖出去，只能通过低价销售的方法。当市场中多数个别资本都通过低价销售商品时，势必形成的一个结果就是行业利润率的下降。

其次，表现在机械化生产造成的利润率下降。由于生产力的历史性发展，科学技术的水平会不断提高，因此生产工具不断得到提升和改进。在资本主义生产方式中，机器生产已经取代了手工生产，成为社会生产的主要方式。同时，随着机器的更新换代，机械化生产的程度也得到不断提升。为了在竞争中获得更加有利的地位，资本家总是希望通过采用大规模机械化生产来降低生产成本。但在生产成本降低的情况下，也伴随着利润率的下降。这是因为，"劳动是剩余价值的最终来源"，但由于新机器的普遍采用，劳动力逐渐被机器所取代，在生产中所需要的可变资本越来越少，而像机器、厂房等这些不变资本所占的比重越来越大，资本的有机构成不断提高。因此，作为可变资本与总生产资本比值的利润率当然会不断下降。那么，为什么资

①　［英］戴维·佩珀：《生态社会主义：从深生态学到社会正义》，第91页。
②　［英］戴维·佩珀：《生态社会主义：从深生态学到社会正义》，第97页。

本家会在利润率下降的情况下还会愿意采用新机器，提高机械化生产的程度呢？为了解释这一问题，佩珀引用了《马克思主义思想词典》中的一段话，"越先进的方法往往越以低利润为代价获得一个更低的单位生产成本。尽管如此，竞争迫使资本家采纳这些方法。因为拥有较低单位生产成本的资本家能够降低他的价格并以他的竞争对手为代价扩大生产——因而通过更大的市场份额来抵消较低的利润率。"① 可见，虽然作为个别资本来说利润率是降低了，但是由于采用新技术带来的低成本却可以让个别资本在竞争中获得更大的价格制定权限空间，通过更低的销售价格以迫使竞争对手缩减生产，那么自己便可以获得更大的市场份额和超额剩余价值，因此通过商品销售量的增加获得的行业利润便抵消了自身利润率的下降。

最后，还表现在日益提升的环保要求造成的成本增加。由于工业化生产造成的环境问题越来越多，不仅空气、土地、水源、森林等都受到污染和破坏，而且连人们的健康、身体甚至生命都遭受罹难。在这种情况下，西方环境运动的呼声越来越高涨，绿党、大规模的群众抗议运动、环境专家的警示、非政府环保组织等不断给政府和企业施加环境保护的压力。在这种情况下，政府不得不制定相应的法律法规、行业标准及措施来治理环境污染问题。例如，德国规定对环境造成污染的企业或个人，按照污染者付费的原则，必须缴纳一定的费用或税收。比如企业倾倒污水要根据废水量征收废水调节税；汽车根据排放的废气数量要征收机动车税等。对某些特定商品或包装也有具体规定，比如德国规定汽车使用 12 年后必须回收利用；包装厂商在产品使用后必须回收包装等。这对企业来说，都会促使成本增加因而导致企业自身的利润率下降。正如佩珀所言，"在自由市场中，资源保护、再循环和污染控制……很明显，这些行为将导致更多的成本。"②

（二）利润最大化的途径："内在化收益"与"外在化成本"

在面临利润率不断下降的情况下，又面临着成本的提高，怎样才能实现利润最大化呢？"对企业来说有益的是内在化收益、外在化成本，也就是说让社会作为一个整体支付企业的环境成本。"③ 佩珀言简意赅地用了四个单

---

① ［英］戴维·佩珀：《生态社会主义：从深生态学到社会正义》，第 97 页。
② ［英］戴维·佩珀：《生态社会主义：从深生态学到社会正义》，第 107 页。
③ 参见 David Pepper, *Eco-socialism: From Deep Ecology to Social Justice*, p. 92。

词"内在化收益、外在化成本"（internalise returns，externalise costs）说明了企业利润最大化的有效途径。作为个别资本的企业来讲，它们是从经济学的角度来思考利润问题。虽说销售收入与生产成本之间的差额就是利润，但这个利润是毛利润，并不等同于企业实际的收益。要实现从毛利润到企业实际收益的转换，一方面是把利润尽可能多地留在企业内部即内在化收益，另一方面是把成本尽可能多地推向社会即外在化成本。实质上这两方面是一个矛盾统一体，成本外在化与收益内在化之间是对立统一的关系。一方面成本和收益相互排斥、相互分离，成本控制得好，企业获得的收益就多；成本控制得不好，企业获得的收益就会减少；另一方面成本和收益相互依存、相互转化，成本和收益是相对应存在的概念，成本可以转化为收益，收益也可以转化为成本，二者密不可分。只有二者的有机配合才能实现企业利润的最大化。

佩珀较多地关注了成本外在化的问题，特别是环境成本外在化。因为这直接和近现代生态环境的急剧恶化相关。对于收益内在化问题，佩珀从企业的角度即个别资本简单地提到了两个方面。对于个别资本来说，要实现收益内在化，首先是必须要有利润，佩珀在分析了利润率下降的三个表现后，也从两个方面简要说明了怎样可以更多地创造利润。一是创造需求。佩珀指出，通过创造新的需求来抵消需求的下降或者扩大需求才能获得增加的利润。虽然市场需求能力相对有限，但资本家相信通过深入的市场调研、对消费者消费模式及偏好程度的分析以及大规模的宣传促销，消费者的需求是可以被创造出来的。在这里，佩珀使用了"需求"（demands）而不是"需要"（needs）。这是因为，在佩珀看来，需求和需要是有区别的。需要是满足所有人合理的物质生活的底线，是消费者内生的；而需求是由于人的物质欲望扩大化而被社会性地创造出来，是外在因素植入的。资本家为了不断获得利润，就要不断创造需求，因为剩余价值或利润虽然是在生产领域被创造出来，但只有通过销售领域才能实现，才能从商品资本转变为货币资本，也就是完成马克思所说的"商品的惊险的跳跃"。因为"这个跳跃如果不成功，摔坏的不是商品，但一定是商品占有者。"① 商品占有者为了不被"摔坏"，必须要不断地制造需求，这种被制造出来的需求就是马尔库塞所说的"虚

---

① 《马克思恩格斯选集》（第 2 卷），第 137 页。

假需求"，它不断刺激着消费者的物质欲望和消费欲望，促使其通过消费商品的快乐"补偿自己那种单调乏味的、非创造性的且常常是报酬不足的劳动"①，整个社会形成错误的消费观念，最终导致异化消费的出现。

二是通过市场营销手段。由于过度生产造成的商品销售困难，促使企业不得不采取从生产观念向销售观念转变的经营思维模式，更多地求助于市场营销学。在竞争日益激烈的状况下，销售价格并不是个别企业能随意决定的，它总是处在不同销售主体的总体博弈之中。比如销售主体在市场当中所占的份额、商品及服务本身的质量、品牌的无形价值、企业在市场当中的竞争度、消费者的偏爱及需求程度、商品的供求情况等等都会对商品价格造成影响。传统的市场营销学注重通过产品策略、价格策略、渠道策略和促销策略的综合运用去研究商品的销售问题，扩大商品的销售量。佩珀认为通过"不断的研究、发展、产品更新、广告与营销宣传"也是刺激商品销售量提高的一个方法。

其次，就是把利润尽可能多地留在企业内部，这便是佩珀说的内在化收益。内在化和外在化是对企业这个利益主体来说的。因为资本主义社会生产资料私有制的存在，所以对不同利益主体就有了"内"与"外"的区别。佩珀为了说明成本外在化的问题，提到了收益内在化，但是对于收益内在化的一些具体措施或手段并没有再加以详述。从企业这个角度来说，创造出来的毛利润不可能百分之百地变成纯利润，因为必须要扣除一部分税收、折旧和其他一些损益性支出比如处理污染的费用等。对于企业来说，上缴的税收和固定的折旧费用是必不可少的。但是不同国家对于税率的规定却不一样，因此企业如果能够合理避税就是为自己增加收益。比如同样是资本主义国家，爱尔兰的企业所得税仅为12.5%，相对于欧盟其他国家30%—40%的高税率来说，很多大型企业十分乐意把工厂设在爱尔兰。通过这种方法，税收虽然不可避免但却可以减少，这就是把利润尽可能多地留在了企业内部，把收益内在化于企业，而不是把利润外在化于社会。再比如，处理污染的这一部分费用来自企业的利润，如果这一部分费用由企业来承担，那就相当于把收益外在化了，对于企业来说是不利的；而这一部分费用如果能由社会来承担，那对企业来说就相当于增加了利润，因此作为企业来说，总是希望把

① ［美］本·阿格尔：《西方马克思主义概论》，第494页。

这一部分费用推向社会。佩珀引用约翰斯顿的话解释道："环境恢复需要资金，在缺少集体行动（税收和计划）的情况下，资金只能来自本可以成为利润的东西。……人们将利用其部分利润来增强景观，从而增强资本主义发电机以外的价值观。但只有当利润持续到来的时候，他们才会这样做。"[1]

从个别资本的角度来说，成本外在化就是企业把应该承担的成本推向社会，让社会作为一个整体为企业承担。佩珀认为可以外在化的成本主要是指环境成本，另外还包括失业成本，佩珀更多地关注了环境成本外在化。对企业来说把环境成本推向社会，其实包含着两个方面：一是在生产过程中产生的环境成本，属于生产性成本；二是在处理污染过程中产生的环境成本，属于损益性成本。对于生产过程中产生的环境成本，外在化的最好方法就是掠夺成本的物质基础即剥削自然。最肥沃的土壤、最干净的水源、最丰富的矿藏、最茂密的森林、最富饶的海洋……这些取自自然界的无偿原材料大大降低了企业的生产成本。企业把自然界看作是自己的原材料产地，疯狂地加以开采掠夺、据为己有，但是却以不可持续地方式吞噬掉了维持社会循环发展的自然资源基础。例如，奥康纳通过对蒙特利湾上游小镇圣塔·克鲁斯的实地考察指出："这个地方缺乏天然的港口，却有着很丰富的天然资源有待于开发。这些资源包括水力、森林、石灰石、混凝土材料（砾石和沙子）。事实上，从19世纪70年代至第一次世界大战期间在这一地区繁荣起来的木材、石灰、揉革、爆破器材、混凝土等工业都是建立在这些资源的基础上的。"[2] 随着一个个工厂的建立，小镇的环境越来越恶化。对于处理污染过程中产生的环境成本，外在化最好的方法就是把污染直接排到自然界，工业化生产过程中产生的废水、废气、废渣，甚至一些有毒废物都排到了清新的空气、清澈的河流、广袤的土地、蔚蓝的大海之中，大自然俨然成了工业企业的垃圾倾倒场。正如佩珀所指出的，"成本外部化还可以在空气、水、土地的污染中，在偏好公路而不是铁路运输中，在一次性产品和包装中和事实上通过及其生产实现的'合理化'中看到。"[3] 但这种直接排放法在环境保护要求日益高涨和国家环境治理日益法制化的现代社会已经无法实现了。因

---

① 参见 R. J. Johnston, *Environmental Problems：Nature，Economy and State*, London：Belhaven Press, 1989, p.71。

② ［美］詹姆斯·奥康纳：《自然的理由——生态学马克思主义研究》，第122页。

③ ［英］戴维·佩珀：《生态社会主义：从深生态学到社会正义》，第108页。

此对于这一部分处理污染产生的费用，多数企业的做法是不愿承担而将这一成本推向社会，让社会作为一个整体支付环境成本。每年都有无数关于私人公司公开或秘密地使社会与环境成本外在化的例子出现，佩珀举了英国全国电力公司私有化的例子进一步说明此问题。在私有化的过程中，虽然政府已经承诺电力私有化不会损害环境工作，但该企业还是关闭了全国最主要的酸雨研究实验室，其发言人公开宣称："消减成本的审核不再以是否符合国家一般利益为标准，因为那样不符合一个商业性公司的运作模式。"①

从社会这个角度来说，作为社会整体资本也要遵循"生产条件成本低和平均利润率高"即利润最大化这样一个原则。作为资本主义国家这样一个整体资本，要实现这一目的同样要通过内在化收益与外在化成本的途径。既然个别企业把环境成本都推向了社会，那么社会为了实现自身的利润最大化，要把这一部分环境成本推向何处呢？第一个途径就是转嫁给未来即环境成本的时间转化。这一部分环境成本其实是在生产过程中作为某些原材料形式出现的成本。当整个社会都崇拜"利润与生产之神"、崇拜速度和数量时，快捷地赚取利润这一赤裸裸的目的已将自然界蜕变成完全处于支配之中的客体存在物。快速获得经济回报导致的是超前消耗着自然资源，今天的一代为了获得更多利润提前消耗着明天一代的自然资源，而自然资源不可能像希腊神话传说中的"丰饶之角"（Cornucopia）那样永远取之不尽、用之不竭。"一半以上的淡水资源已被人类利用；22%的渔业资源正在过度开发（或已耗尽），其中44%已达到开发极限；地球鸟类的1/4由于人类的活动已濒临灭绝。"② 这其实意味着代际间的不平等。"实际上，开采资源——获得它们的价值而不考虑对未来生产率的影响——在资本主义经济中是一种不可抗拒的趋势，而成本外在化部分地是将其转嫁给未来：后代不得不为今天的破坏付出代价。"③

第二个途径是将环境成本转嫁给发展中国家即环境成本的空间转化，这一部分环境成本不仅包括生产过程中作为某些原材料形成出现的成本，还包括处理污染的损益性成本。一方面，通过掠夺发展中国家低廉的自然资源与

① 参见 David Pepper, *Eco-socialism: From Deep Ecology to Social Justice*, p. 94。
② ［美］约翰·贝拉米·福斯特：《生态危机与资本主义》，第67—68页。
③ ［英］戴维·佩珀：《生态社会主义：从深生态学到社会正义》，第107页。

人力资源，降低了资本主义国家的生产成本，再把商品以高价销售给发展中国家，在不平等的贸易中促进了资本主义生产的发展。另一方面，当不同个别企业把生产过程的废弃物都想让社会作为整体接受的时候，社会这个资本主义国家整体也必须要把这些废弃物想方设法推出去。推向何处？从"内在"和"外在"的角度来说，自然是推向其他国家，发展中国家对它们来说是最好的选择。例如，通过把产生大量污染的工业工厂设在发展中国家，就直接转移了这些污染源，把污浊的空气、浑浊的水源、灰蒙蒙的天空留在了发展中国家，而把清新的空气、干净的水源、蔚蓝的天空留在了发达国家。再比如，对于一些产生于资本主义国内的污染物来说，处理这一部分污染往往需要大量资金，而资金来自利润。所以从资本主义国家这个整体角度来说，通过伪贸易的形式把这一部分污染转移给发展中国家是最"经济"的方法。因为"发达国家严格的环境法令，使其境内安全处理有毒废物的成本比几十年前上涨 10 多倍。1989 年，美国填埋危险废物的成本每吨为250 美元，1992 年已达 1200 美元。美国目前用于危险废物污染控制的公共和私人支出估计占国民生产总值 2%，约每年 1150 亿美元以上。"① 所以，20 世纪 90 年代中期以来不断看到大量关于从西方国家向印度、尼日利亚等发展中国家排放有毒废物的报道。这意味着地区间的不平等，发达国家消耗着发展中国家的资源并污染其环境。这就验证了佩珀"可持续发展不仅仅是环境友好，其实质和必不可少的维度是空间与时间上的社会正义和公平"② 的观点。

（三）利润最大化的逻辑矛盾

通过以上分析，其实可以发现在收益内在化与成本外在化之间存在一个逻辑矛盾。因为内在化与外在化是对不同的利益主体而言的，无论是从个体资本的角度还是从整体资本的角度来说，它们都是不同的利益主体。当个体资本为了实现利润最大化把环境成本外在化于社会这一整体资本的时候，这就与作为整体资本的社会内在化收益产生了矛盾。试想一下，如果把某个资本主义国家看作一个利益主体，那么在同其他资本主义国家的竞争中，为了

① 谢永亮、姚莲瑞：《生存危机：新地缘资源》，第 327 页。
② 参见 David Pepper, "Sustainable Development and Ecological Modernization: A Radical Homocentric Perspective", p. 2.

保持或创造有利竞争地位，这些不同的利益主体也要追求利润最大化原则。正如戈尔在为《寂静的春天》作序时指出的那样，"我们已在本国禁用了一些农药，但我们依然生产，然后出口到其他国家。这不仅牵涉到将我们自己不愿意接受的危害卖给别人获利的问题，而且也反映出了人们并不认识科学问题无国界这一基本观念。任何一处食物链中毒最终将导致所有地方的食物链中毒。"① 国家的收益来自何处？国家不能像企业一样通过生产销售商品创造利润，所以国家的收益主要来自税收。如何把这些税收尽可能地内在于国家之中，就是要把用于医疗、教育、环保等开支压缩或转移，国家根据不同时期的利益需要，会有选择地压缩相应开支。例如，当无法把环境成本外在化于未来或第三世界国家时，作为国家的利益主体不得不处理环境污染问题。但是处理污染的费用来自何处？如果来自国家，必然从税收中支付，这就把国家需要内在化的收益外在化了；如果来自企业，必然从销售收入中支付，这同样把企业需要内在化的收益外在化了。因此，作为个体的利润最大化和作为整体的利润最大化是无法同时实现的，二者之间的矛盾是必然的。而在资本主义这一社会形态中，由于私有制的存在，不同利益主体追求自身的利润最大化是根植于这一制度之中的，所以这一矛盾根本无法避免。

既然这一矛盾无法避免，那么矛盾的斗争性必然以对抗的形式表现出来。从表面上来看，它表现为不同利益主体为了实现各自的利润最大化而相互推诿处理环境污染的费用。但从实质上来说，这一矛盾的斗争性其实是人与自然的对抗，而这种对抗是由生产方式造成的。正如马克思所指出的那样，"最肥沃的土壤最适于资本主义生产方式的生长。资本主义生产方式以人对自然的支配为前提。过于富饶的自然'使人离不开自然的手，就象小孩子离不开引带一样'。它不能使人自身的发展成为一种自然必然性。资本的祖国不是草木繁茂的热带，而是温带。不是土壤的绝对肥力，而是它的差异性和它的自然产品的多样性，形成社会分工的自然基础，并且通过人所处的自然环境的变化，促使他们自己的需要、能力、劳动资料和劳动方式趋于多样化。社会地控制自然力以便经济地加以利用，用人力兴建大规模的工程以便占有或驯服自然力，——这种必要性在产业史上起着最有决定性的作

---

① ［美］蕾切尔·卡森：《寂静的春天》，第 X 页。

用。"① 取我所需、弃我所恶、为我所用、被我所控这俨然是资本主义生产方式人类对待自然的真实写照。在人与自然的这场博弈中，处于劣势的自然是斗争的牺牲品，这种牺牲恰恰正是以大气恶化、水体污染、土地沙化、资源匮乏、多样性减少等各种具体形式表现出来。生态危机在不同利益主体追求利润最大化的过程中尽显出来。

第二节　对资本主义摆脱生态危机方法的批判

以上分析表明生态危机是资本主义制度本身所无法避免的。随着这一矛盾的不断深化，它严重威胁着人们的生活、健康乃至生命，所以即便是追求利润最大化，作为资本主义国家也必须要解决这一矛盾。从不同历史时期来看，资本主义为摆脱生态危机寻求的方法主要有生态帝国主义和生态现代化两种。生态帝国主义从 16 世纪开始，在 20 世纪中叶以前是资本主义摆脱生态危机的主要方法。但在第三世界人民广泛地反殖民地斗争和争取民主主义的斗争中，这一手段已不再能为发达国家所普遍使用。自 20 世纪 80 年代以来兴起的生态现代化是目前资本主义国家治理环境问题所普遍采用的一种方法。

一、生态帝国主义只会加剧生态危机

(一) 生态帝国主义概述

发达国家转嫁本国生态危机所普遍采用的一种方法是生态帝国主义 (ecological imperialism)，要对其进行充分理解并正确认识其本质，还应从对帝国主义的阐释开始。帝国主义通常是指一个国家对其他国家、民族或地区的政治、经济、文化等各方面进行直接或间接的控制或管辖。这一术语主要适用于西方 (包括日本) 在 19 世纪和 20 世纪通过资本输出、金融统治、分割世界、殖民扩张等手段对亚洲、非洲和拉丁美洲等国家的政治经济统治。最早对帝国主义性质进行理论界定的是英国资产阶级经济学家约翰·阿特金森·霍布森 (John Atkinson Hobson)，他在《帝国主义》一书中认为应该从政治经济学的角度去揭示帝国主义形成的物质动因。而对帝国主义性质进行

---

① ［德］卡尔·马克思：《资本论》（第 3 卷），第 562 页。

系统研究和深入揭示的当属列宁。他根据资本主义在 19 世纪后半叶的变化情况在《帝国主义是资本主义的最高阶段》一文中明确指出，帝国主义"是发展到垄断组织和金融资本的统治已经确立、资本输出具有突出意义、国际托拉斯开始瓜分世界、一些最大的资本主义国家已把世界全部领土瓜分完毕这一阶段的资本主义。"[①] 第二国际的理论专家卡尔·考茨基（Karl Kautsky）在对帝国主义进行研究的时候，又把帝国主义与殖民主义进行了区分和说明，他认为两者既相区别又相联系。他在《帝国主义》一文中指出："帝国主义是高度发展的工业资本主义的产物……工业资本主义民族力图征服和吞并愈来愈多的农业区域。"[②] "通过殖民政策，即把农业地区归并于工业国家，作为他们的直接殖民地或者附属国，并把这些地区作为销售市场、原料产地和输出资本的投放场所而加以垄断。"[③] 他在《民族国家、帝国主义国家和国家联盟》中明确指出："殖民政策本身，恰恰从其最重要的现象来看，不是以帝国主义为根源的。"[④] 他既把殖民主义看作是帝国主义之前已经表现出来的对落后地区的侵略方式，又把殖民主义看作是帝国主义在瓜分世界过程中所使用的一种手段。"帝国主义仅与自身所处时代的殖民主义相关联，殖民主义是帝国主义时代特征下的一个环节和因素，作为帝国主义的一种特殊政策而存在，而不再是原始侵略性质的殖民主义。"[⑤] 从存在时间上来看，殖民主义是伴随着资本主义生产方式在追求利润最大化、不断自我扩张中始终存在的历史现象，而帝国主义是资本主义的垄断阶段，是资本主义某个阶段才出现的历史现象。从两者的相互关系上看，殖民主义的产生与持续为资本主义发展到垄断阶段即帝国主义阶段提供了必不可少的物质条件，是前提与基础；而帝国主义则是殖民主义持续的必然产物。从方式方法上看，帝国主义在实现过程中离不开殖民主义这一具体手段。

福斯特在《帝国主义和帝国》一文中把帝国主义分为几个不同的阶段。他认为，资本主义在 19 世纪末 20 世纪初正式进入帝国主义时代，在 20 世

---

① 《列宁全集》（第 27 卷），人民出版社 1990 年版，第 401 页。
② ［德］考茨基：《帝国主义》，史集译，生活·读书·新知三联书店 1964 年版，第 2 页。
③ ［德］考茨基：《帝国主义》，第 44 页。
④ ［德］考茨基：《民族国家、帝国主义国家和国家联盟》，叶至译，生活·读书·新知三联书店 1973 年版，第 18 页。
⑤ 付明：《考茨基帝国主义与殖民主义概念辨析》，《学术交流》2014 年第 4 期。

纪五六十年代出现了一个更新的帝国主义阶段。"旧欧洲式的扩大民族国家范围的帝国主义或殖民主义已经结束。与此相应，不借助于直接的政治控制而是通过工业力量来达到经济支配和剥削的新殖民主义也寿终正寝了。"①帝国主义由以前赤裸裸地扩张其领土、国际市场等有形地域转变为在世界文明的名义下对全球秩序这一抽象规则的主宰和控制。在这一过程中帝国主义会采取经济的、政治的、文化的、生态的等各种不同手段或方式。

就生态帝国主义这一学术术语来说，它最早出现在美国历史学家阿尔弗雷德·W·克罗斯比（Alfred W. Crosby）1986 年所著的《生态帝国主义：欧洲生物扩张 900—1900》。书中描写了欧洲殖民者在海外殖民扩张中有意无意地将欧洲的动物、植物、病菌带到附属国后给当地造成的生态灾难。书中描述到，"白人的老鼠赶走了土老鼠，欧洲的苍蝇赶走了我们的苍蝇，红花草杀死了我们的蕨类植物……欧洲人在温带地区取代原住民，与其说是军事征服问题，毋宁说是生物学问题。"② 不过克罗斯比在书中所提到的生态帝国主义这一术语仅仅是从生态学的角度来阐释生物入侵的问题，并没有从政治或经济的角度与帝国主义这一特定的历史现象联系起来，也没有涉及发达国家为了自身的生态环境而对发展中国家进行生态掠夺或转嫁污染等方面的事实。美国地理学家约翰斯顿在其 1989 年的著作《环境难题：自然、经济和国家》一书中，则对生态帝国主义这一术语赋予了帝国主义方面的意涵。他指出新的土地和资源可以提供更高的生产潜力，通过剥削它们可以获得更多利润。正是"在资本主义制度控制下人类'作用于'自然的方式是大量土地退化原因和由此造成的令人惊愕的人类后果。"③

实际上，在殖民主义或帝国主义的过程中，一直有着对原材料等自然资源的剥夺，但当时的这种掠夺主要是为了获得低价原材料从而获得更多利润为目的，并不是有意识地为了保护发达国家的生态环境或节约其不可再生资源。应该说，这也是生态帝国主义的一种表现。在大规模的西方环境中，不仅仅生态学者、环境主义学家对环境保护开始大声疾呼，广大的民众也开始萌生了环境意识。在这种社会化大环境中，作为发达国家的统治阶级也开始

---

① 参见 John Bellamy Foster, "Imperialism and 'Empire'", *Monthly Review*, Vol. 53, No. 7, 2001, p. 1。

② ［美］阿尔弗雷德·W·克罗斯比：《生态扩张主义：欧洲生物扩张 900—1900》，许友民译，辽宁教育出版社 2001 年版，第 2 页。

③ 参见 R. J. Johnston, *Environmental Problems: Nature, Economy and State*, p. 95。

有了对自己国家环境保护的意识。因而，为了保护本国的生态环境或珍贵的资源，开始有意识地对发展中国家实施资源掠夺、污染转移等"空间修补"方法来拯救自己。所以，生态帝国主义从出现到现在，应该包括两个阶段。

早期的生态帝国主义虽然并不是以保护本国环境为目的，但因其具有生态暴力、强制或掠夺的性质给被掠夺地的生态环境造成了灾难，虽不具有动机，但却有实质性结果。比如欧洲殖民者对于北美、西方殖民者对于广大发展中国家的殖民掠夺或开发。早期的生态帝国主义基本上都是以直接掠夺为主，所谓直接掠夺是指发达国家要么直接掠夺发展中国家肥沃的土地、干净的水源和有限的自然资源，要么将一些高污染、高耗能、劳动密集型企业直接建在发展中国家，甚至把垃圾场也建在这些国家。今天一些发达国家绿树成荫、花香鸟语的生态城市是通过生态掠夺或是用不公正的社会规则打造出来的。比如，奥康纳指出，加利福尼亚的生态乌托邦之城戴维斯（Davis）就是美国白人主流社会拒斥工厂、工人阶级、黑人和其他被压迫少数民族才使其社会化地干净。

目前的生态帝国主义是发达国家以保护本国生态环境或有限资源而对发展中国家或地球公共区域实施的占有或控制行为。这种生态帝国主义基本上都是以间接方式即"结构性暴力"为主，也就是通过特定政治、经济或国际政策间接地产生的暴力。生态帝国主义在今天表现得更加多元和复杂，如福斯特指出以美国为首的西方社会不惜动用一切手段谋求对世界石油储备的控制权，目的就在于能使帝国主义这台发动机有着源源不竭的动力源泉，因此不惜造成自然资源枯竭，也要最大限度地开采石油以保证资本利益集团的统治。这种控制行为并不仅仅体现在对资源的掠夺，还体现在"政策议题设定、理论话语阐释、经济技术路径供给等层面的国际生态霸权性或排斥性话语、制度与力量。"[1] 从当今世界的现实情况来看，发达国家仍然牢牢控制着生态话语权，"从西方尤其是美国当局在1992年联合国环境与发展会议（地球高峰会议）之前的预备性谈判中阻断、抵制和阻碍下述提议的措施中得到明确说明。"[2] 从美国和加拿大毫无避讳地公开退出《京都议定书》，拒绝承担减排二氧化碳国际义务的事实中再次得到明确的说明。"'生态帝国

---

[1]　郇庆治：《"碳政治"的生态帝国主义逻辑批判及其超越》，《中国社会科学》2016年第3期。

[2]　［英］戴维·佩珀：《生态社会主义：从深生态学到社会正义》，第109页。

主义'并非只是一种孤立的话语体系，也不仅仅是一种实体化的制度构架，更不只是一种观念性的力量，而是它们之间复杂的有机性化合重组。"①

佩珀认为，在资本主义国家作为一个整体不断外在化环境成本的时候，就会导致环境侵略即生态帝国主义，它延续着帝国主义的本质，为了能够保证主要帝国主义国家的利益，就要不断制造着核心与边缘的差异，边缘地区的空间范围越广阔、自然资源越丰富，越有利于核心地区的繁荣与发达。正如佩珀所言，西欧和美国的整体富裕程度，是以十亿人生活在绝对贫困之中为代价的，"第二、第三世界中通过接受资本主义而加入这一神奇富裕竞赛的人口越多，可以肯定的是，持续经济繁荣的总体水平和环境质量就越下降。"② 佩珀借用皮特·格伦纳韦（Peter Greenaway）的比喻淋漓尽致地说明了这一帝国主义式赤裸裸的生态剥削。发达资本主义国家之所以拥有富丽堂皇的"精美外观"是把肮脏不堪和令人恶心的"后房与厨房"转移到第三世界国家才实现的。

（二）生态帝国主义加剧全球生态危机

生态帝国主义是发达资本主义国家为了摆脱本国生态危机寻求的方法，但是这条路不仅忽略了生态系统的整体性，还忽略了人与自然的共生性，其最终结果不单没有从根本上解决本国的环境问题，还给世界人民带来了无尽的生态灾难，加剧了全球生态危机。

前文已详细论述指出要从根本上解决生态危机必须变革资本主义这一制度。但从发达资本主义国家的角度来说，它们不可能变革这一制度，所以要解决这一制度造成的生态危机就把重点放在了生态环境本身，通过转嫁生态危机来保护自身的利益，但这从根本上忽略了生态系统的整体性。"生态系统"这个术语由英国生态学家亚瑟·坦斯利（Arthur Tansley）首次在文献中使用，后来又由美国生态学家 R. 林德曼（R. L. Lindeman）进一步发展，以揭示生物与环境之间的整体性。但是在追逐利润的过程中，以英美为首的资本主义国家早就将其抛入脑后，根本关注不到这种生物与环境之间的整体性。生态系统是动物、植物、微生物等构成的生物体群落和由空气、水源、土壤等非生物组成的环境相互作用形成的统一整体。生物与环境之间通过营

---

① 郇庆治：《"碳政治"的生态帝国主义逻辑批判及其超越》。
② ［英］戴维·佩珀：《生态社会主义：从深生态学到社会正义》，第110页。

养循环和能量流动相互影响、相互制约，处于一种相对稳定的动态平衡之中。生态系统中的任何一个环节出现异常，都会直接或间接影响整个生态系统，致使生态系统处在失衡状态，但生态系统本身也具有一定的修复能力，如若超过生态系统自身的修复能力就会引发资源匮乏、大气污染、多样性减少、物种灭绝等一系列问题。在人类产生以前，生态系统就客观地存在着，"多数自然生成的生态系统通常处在自平衡态，但由于人类的介入，带来潜在的突变影响，常常将它们转变为产生态系统。"① 特别是在资本主义社会中，为了实现经济利益片面追求某种物质和能量的单向流动，破坏了生态系统自身的平衡性，给生态系统造成了极大的破坏。

生态帝国主义还忽视了人与自然的共生性。整个资本主义所处的时代，人们一直以自然的主人自居，崇尚对自然的统治。资产阶级在将自然完全客体化的过程之中获得了他们想要的金钱、权力和地位，彻底陶醉在对世界征服的喜悦之中。资产阶级追求经济利益的短视完全看不到人与自然所具有的辩证关系，漠视人与自然的共生性，将自己的利益完全置于自然之上。自然界是人类赖以生存的物质基础，殊不知当自然界出现问题的时候，人类的生存同样会受到威胁。

在对资本主义的批判和生态危机根源的揭示上，福斯特可谓是最犀利的。他认为生态帝国主义不应仅是一个生态范畴，更应是一个经济、政治范畴。他在《生态帝国主义：资本主义的祸根》一文中概括了它的几个明显特征："掠夺其他一些国家的资源，并改变各个国家与民族所依赖的整个生态系统；与资源开采和转移相关的大量人口与劳动力的流动；利用社会生态的脆弱性来强化帝国主义的控制；以扩大中心和边缘之间鸿沟的方式倾倒生态废物；总之，制造出一个表征资本主义与环境关系的全球'新陈代谢断裂'，同时也限制了资本主义的发展。"② 资本主义制度下造成的当今世界生态问题，需要根据资本自由流动的法则在全球视野下进行分析。因为地球生态系统本是一个相互作用的整体，但世界却被人为分割成为相互独立的主权国家。而这些主权国家则由于发展程度、版图空间、所采取的制度等因素在

---

① 参见 R. J. Johnston, *Environmental Problems: Nature, Economy and State*, p. 89。

② 参见 John Bellamy Foster, "Ecological Imperialism: The Curse of Capitalism", *Socialist Register*, 2004, p. 187。

世界上的地位也不相同，有的处于领导支配地位，有的处于被支配地位。通常发达国家为了保证其领先地位，不断地通过各种方法剥削压迫其他国家。资本主义生产方式造成的生态危机是不可避免的，生态问题不可能得根本到解决。生态帝国主义建立在不可持续的增长之上不仅造成发展中国家的生态恶化，还导致了全球生态危机，危害着整个地球生态系统。在这方面最显著的例子就是大量排放二氧化碳造成的温室效应。因二氧化碳造成的全球变暖导致海平面不断上升，南太平洋的小岛国图瓦卢（Tuvalu）就因海平面的上升被迫离乡背井举国搬迁至新西兰，成为"环境难民"。也许发达国家的资产阶级们还正在窃窃欢笑认为成为环境难民的不是"我们"而是"他们"，难道如果在生态危机不断严重的情况下，整个地球上的人们都得成为环境难民时，还有"我们"与"他们"的区别吗？

　　生态帝国主义意味着最糟糕的生态破坏形式——掠夺资源、倾倒废弃物、破坏可持续的地球关系——所有这些都落在发达国家制造的不平等世界体系的边缘国家即发展中国家。在面对一次次的危机时，资本主义的做法是更深入地进入第二、第三世界以寻求市场和廉价的劳动力与原料来源。这种关系在过去几个世纪里一直没有发生变化，在19世纪末期的海鸟粪和硝酸盐战争以及20世纪晚期至21世纪早期的石油战争中可以得到证明。20世纪后期至21世纪的资本正在遭遇的生态障碍，无法像之前一样通过地理扩张和掠夺的空间修复手段克服。生态帝国主义通过边缘国家更彻底的生态退化来保证核心地区的经济增长是不可持续的，由此造成的生态矛盾范围将不断扩大，最终危及整个生物圈。福斯特认为，只有解决了生物圈层面上生态关系的断裂以及帝国主义造成的不平等的全球结构关系的革命性社会方案，才能为这些矛盾的解决提供真正的希望。世界比以往任何时候都需要马克思所要求的：通过自由联合的生产者使人与自然的新陈代谢合理组织起来。应该被驱逐的根本祸害是资本主义本身。

二、生态现代化不过是"绿色迷梦"

（一）生态现代化概述

　　生态现代化（ökologische modernisierung）一词最早诞生在20世纪80年代的德国。1982年，德国社会学家马丁・耶内克（Martin Jänicke）在一次辩论中首次使用了这一词汇。同年德国环境学家约瑟夫・胡伯（Joseph Huber）在其著作《生态学失去清白》（*Die verlorene Unschuld der Öekologie*）中以书面语形式明确使用了这一词汇。荷兰学者格特·斯帕加仑（Gert Spaargaren）和莫尔于 1992 年共同在《社会与自然资源》上发表了《社会学、环境与现代性：作为一种社会变革理论的生态现代化》（"Sociology，Environment，and Modernity：Ecological Modernization as A Theory of Social Change"），首次将"生态现代化"（ecological modernization）一词引入英文文献。随后欧美诸多学者如马滕·哈杰尔（Maarten A. Hajer）、阿尔伯特·威尔（Albert Weale）、格特·斯帕加仑（Gert Spaargaren）、莫里·科恩（Maurie J. Cohen）、约翰·巴里（John Barry）、皮特·克里斯托弗（Peter Christoff）、德赖泽克、莫尔等从不同角度对生态现代化进行了研究，归纳起来大致可以将其归为三个阶段。

第一阶段是从 20 世纪 70 年代到 80 年代中期的萌芽阶段，这一时期将研究方向定位于国家层面上，以强调技术手段改革为重点。认为通过技术革新并发挥市场的主体作用，便可以解决工业社会造成的环境问题。同时认为政府在环境问题上有不可推卸的责任，对官僚政府也进行了批判。第二阶段是从 20 世纪 80 年代后期到 90 年代中期的转型阶段，这一时期把研究方向聚焦于地区层面上，较少强调科学技术的核心作用，以平衡市场与政府的作用为重点。这一阶段的研究主要放在对欧盟或经合组织中不同国家的比较方面，并开始对制度和文化层面进行关注。第三阶段是从 20 世纪 90 年代中期以来的扩展阶段，这一时期把研究范围扩展至全球。更多关注的是全球视野下的环境管治、环境政策革新的扩散以及非欧洲国家的生态现代化进程。研究领域也涉及消费方面的生态转型、社会公正的探索及生态现代化理论自身的局限性。

总体而言，面对工业社会出现的生态危机这一结构性难题，"生态现代化试图适应 20 世纪 70 年代环境主义的批判与 80 年代放松管制的新自由主义的气候。"[1] 认为资本主义的经济增长和环境保护之间并不存在矛盾，通过技术进步、政策制定等手段可以实现资本主义政治经济的重构，把经济和环境之间的"零和博弈"转变为"正和博弈"，从而在根本上解决生态危

---

[1] 参见 David Pepper，"Sustainable Development and Ecological Modernization：A Radical Homocentric Perspective"，p. 3.

机，实现资本主义"真正的"可持续发展。具体来说，可以从以下五个方面对生态现代化进行理解。

第一，生态现代化的理论前提：资本主义制度可以自我完善。工业社会出现的经济滞胀、环境退化等各种问题，并不是资本主义制度本身的问题，资本主义制度有着强大的生命力，通过自身完善，这只又丑又饿的工业毛虫可以变成一只美丽的生态蝴蝶。生态现代化坚信，用生态化的方法解决工业化的问题，实现可持续的现代化，一个全新的绿色资本主义正在发生。解决这些问题"只能通过经济组织方式的调整，而不是建构一个完全不同的政治经济体制。"①

第二，生态现代化的理论假设：经济与环境的"正和博弈"性质。生态现代化认为作为博弈双方的经济发展和环境保护之间不存在矛盾，相反两者应是合作且相互促进的。环境保护不是经济发展的负担，而是未来进一步发展的潜在资源。因为在经济利益和竞争优势中形成的生物多样性会进一步促进环境保护，而环境保护作为潜在资源又进一步促进了资本积累，从而促进整个资本主义社会利益的增长。生态现代化可以"化解经济发展和负责任的环境管理之间的冲突，将有可能同时实现这两个目标。"②

第三，生态现代化的关键因素：市场及经济主体。市场是资本主义制度持续获利的物质载体，生态现代化理论把市场的作用看作是关键性因素，希望通过建立完善的市场机制来创建一个经济利益与环境保护的正和博弈。因此更多地使用以市场为基础的工具来调动经济行为主体的积极性，让企业、生产者、消费者、金融机构等可以在获取利润的情况下参与到生态现代化进程之中。"革新竞争的市场逻辑以及全球性环境需要的市场潜力，是生态现代化的重要推动力。"③

第四，生态现代化的实现路径：科技创新及技术预防。西方生态现代化理论把现代科学技术作为生态改革的核心动力。绿色资本主义得以实现的方

① 参见 Maarten A. Hajer, *The Politics of Environmental Discourse*, *Ecological Modernisation and the Policy Process*, Oxford: Clarendon Press, 1995, p. 25。

② 参见 Maurie J. Cohen, "Risk Society and Ecological Modernisation: Alternative Visions for Post-Industrial Nations", *Futures*, Vol. 29, No. 2, 1997, p. 105。

③ ［德］马丁・耶内克、克劳斯・雅各布：《全球视野下的环境管治：生态与政治现代化的新方法》，李慧明等译，山东大学出版社 2012 年版，第 9 页。

法在于科学技术地不断创新和环境污染的技术预防，只有先进的科学技术才能解决工业社会中出现的诸多环境问题。更为先进的环保技术不仅可以将产品和生产过程重新定位在生态友好的范围内，还能够将那些不能满足严格生态要求的大型技术系统进行选择性收缩。"工业系统结构设计故障引发的生态问题，可以通过技术系统重组生态社会的基本制度来克服……科学技术是生态化经济的主要制度。"①

第五，生态现代化的实践保障：强势政府与环境法律。与其说生态现代化是一种理论，不如说它是一种政治话语。生态现代化发展迅猛更多的是因为它与政治经济要素相统一、与政府规划协调相一致，有相关环境法律法规相支持。生态现代化"需要政治承诺，这种承诺指向富于远见的长期而不是心胸狭隘的短期，指向经济与环境进程的整体性分析而不是对特殊的环境滥用的零散聚焦。"② 生态现代化倡导从看重实施效果到反应性预防；从集中到分散；从封闭式到参与式的政策制定，这些生态革新举措无一例外的需要强势政府的支持。德国、荷兰等国生态改革的事实不难说明强大的政府和严厉的环境法律起着至关重要的作用。

生态现代化虽然没有统一的含义和完备的理论体系，但它却迅速俘获了政治家和政策制定者的心扉，得到了资本主义世界的广泛认同。1987年世界环境与发展委员会发布的报告《我们共同的未来》在全世界范围内倡导可持续发展，这使得作为其中一种实践方式的生态现代化得到资本主义世界的普遍关注，同时也得到了经济合作与发展组织的广泛认同。欧盟第五个环境行动计划（1992—2000年）将生态现代化作为欧盟国家实现其可持续发展的具体模式在成员国内大力推广。生态现代化被寄予厚望，它将用利于生态发展的多种方法重构资本主义世界体系的政治经济以期解决在工业资本主义早期阶段出现的粗放经营和环境污染。

（二）资本主义的生态现代化是"绿色迷梦"

生态现代化在欧洲扎根后，得到了许多社会学家和环境学家的大力支持

---

① 参见 Arthur P. J. Mol, "Ecological Modernisation and Institutional Reflexivity: Environmental Reform in the Late Modern Age", *Environmental Politics*, Vol. 5, No. 2, 1996, p. 302。

② ［德］约翰·德赖泽克：《地球政治学：环境话语》，蔺雪春等译，山东大学出版社2012年版，第168页。

和推崇。美国学者理查德·史密斯（Richard J. Smith）认为，在资本主义制度持续的全球市场化前提下，生态现代化这一新的话语具有现代化、理性化和国际化的特征。挪威学者威廉姆·拉莫夫蒂（William M. Lafferty）认为，在面对全球经济力量时，生态现代化为一个"新兴的全球公民社会"提供了新的机会。摩尔认为，生态现代化理论是一个有价值的起点，它沿着生态标准分析了当代自反性重组和生产力的改革。而哈杰尔更是把生态现代化看成是新制度程序管理环境问题的组织原则，是环境政策制定领域最可靠的方法。但以佩珀为代表的生态社会主义学者并不同意生态现代化学者们的观点，通过对生态现代化理论和实践情况的研究，佩珀从马克思主义角度、可持续发展角度和现实角度三个方面对生态现代化进行了深入的批判。

首先，佩珀批判了生态现代化的资本主义本性。资本主义的本性在于逐利和剥削，从表面上来看生态现代化虽然也致力于经济发展和环境保护，但从本质上来说，这种经济发展和环境保护仅仅是为了资本主义的持续获利。从理论层面来看，生态现代化的出发点是资本主义制度的自我完善，旨在用现代化的手段改变工业社会造成的环境污染问题，从而实现资本主义世界经济发展与生态环境的双赢。不管是用事先预防代替事后治理，还是用源头管控取代末端治理，其最终目的是希望资本主义这一制度能够长期地发展下去。从实践角度来看，参与生态现代化的工商业并不是真心希望生态环境能够从根本上得到改变，而是因为有利可图。对工商业来说，减少污染意味着更有效的生产、更强的市场竞争力，出售绿色商品和服务意味着更多的利润。这都说明了生态现代化的趋利本性。

佩珀还揭示了生态现代化剥削发展中国家的事实。发达资本主义国家现阶段良好的生态环境是通过把环境成本转嫁给发展中国家来实现的。一方面把发展中国家作为其原料产地，掠夺发展中国家的有限资源。例如北美、欧洲人均木材消耗量分别是世界平均水平的6—7和2—3倍，而与此同时是非洲和南美洲森林资源的大量减少，不难想象欧洲繁茂针叶阔叶林的背后是非洲热带雨林的绝迹。另一方面，把发展中国家作为倾倒废物的垃圾场，甚至是把大量有毒废物通过贸易的伪装形式运到发展中国家。20世纪90年代中期以来不断看到大量关于从西方国家向印度排放有毒废物的报道。"发达国家每年都在向第三世界运送数百万吨的废料……4000吨来自意大利的含聚氧联二苯的化学废料在尼日利亚被发现，毒液从锈蚀不堪的圆桶中溢出，污染了当地的土地和地下水。"① 可见生态现代化并不具有所谓的全球性和整体性，它仅仅是属于发达资本主义国家的。正如佩珀所言："资本主义国家已取得的一些环境改善是以牺牲发展中国家和新兴工业化国家的利益为代价的。"②

其次，佩珀批判了生态现代化的非可持续性。这种非可持续性既体现在生态现代化理论的自身局限性，也体现在实施这一进程造成的不良影响。由世界环境与发展委员会提出的可持续发展更注重发展中国家的发展。同时委员会也指出不同国家由于经济和社会制度不同，生态环境条件迥异，因此每个国家应制定出各自的具体政策。生态现代化正是欧盟为自己量身制定的可持续发展政策，它的目的是保证发达国家及地区的经济持续增长，维护的也是少部分富人的利益。这与可持续发展的理论基点和最终目标都不一样。可持续发展的理论基点是人本主义的，它注重协调生态环境和经济发展的矛盾，从长远的角度维护人类的利益，这当然既包括富人的利益也包括穷人的利益。可持续发展是为了满足目前和将来人类的需要和欲望。"持续的发展要求满足全体人民的基本需要和给全体人民机会以满足他们要求较好生活的愿望。"③

生态现代化的进程受欧洲单一市场的制约和影响，无法改变"边缘"地区和"核心"地区的差距。欧洲单一市场旨在实现欧盟内部人员、商品、服务和资本无边界地自由流动，这为资本流向利润率较高的核心地区进一步创造了便利。而对于边缘地区来说，经济发展和环境保护之间的矛盾就显得尤其突出。佩珀特别研究了以爱尔兰为代表的欧洲边缘地区，爱尔兰在20世纪90年代将生态现代化融入其经济、社会及环境政策之中，在创造"凯尔特虎"经济奇迹的同时，却隐藏着双重矛盾。一方面爱尔兰的官方政策遵循生态现代化原则，将环境置于"中心舞台"并将其纳入每个层面的决策之中，不允许经济和社会发展危及环境质量。但现实却大相径庭，"政府

① ［美］约翰·贝拉米·福斯特：《生态危机与资本主义》，第56—57页。
② 参见 David Pepper, "Sustainable Development and Ecological Modernization: A Radical Homocentric Perspective" p. 3.
③ 世界环境与发展委员会：《我们共同的未来》，第20页。

仍然奉行经济优先权原则，这一原则使环境必须屈从于经济的发展。"① 另一方面爱尔兰的生态现代化进程仍然秉承传统经济智慧，认为边缘地区的问题只能通过融入经济核心地区才能得到解决，爱尔兰通过建立外向型经济取得了快速发展，但这种缺乏自主性的外向经济模式越来越依附于核心地区。因此佩珀指出，快速的经济增长并不等于经济可持续的发展，"发达经济体中贫富之间日益扩大的鸿沟标志着资本主义越来越不能满足可持续发展的社会正义方面。"②

最后，佩珀揭示了生态现代化的乌托邦性。生态现代化的乌托邦性表现在它的前提和假设方面。因为该理论坚持资本主义制度本身是可持续的，所以坚决主张要根除生态危机并不需要对资本主义制度进行否定，只需要在制度框架内通过技术革新进行必要的政治、经济改革即可。然而资本追逐利润的本性决定了资本主义制度的不可持续性。作为个体资本的企业为了实现利润最大化把环境成本外在化给社会，让社会作为整体来支付个体资本的环境成本。而作为整体资本的社会同样追寻"内在化收益、外在化成本"这一原则。社会整体资本把环境成本外在化的手段是通过环境成本的时间和空间转移来实现的。环境成本时间转移的后果是今天的一代消费着明天一代的资源，资本主义制度快速地吞噬掉维持它的自然基础；而环境成本空间转移的后果是发达国家剥削发展中国家的资源，资本主义制度正演变为生态帝国主义。这都说明了资本主义制度的不可持续性。要在不可持续的前提下实现所谓的可持续发展必须忽略这一制度内在的和衍生的诸多矛盾，如忽略资本主义集聚财富及掠夺自然资源的本性；忽略资本主义经济发展要求主导环境政策的事实；忽略边缘地区发展经济的要求与保护环境之间的博弈。正如佩珀所言："因为生态现代化话语忽略了更显著且广泛的矛盾，这个话语本身变得乌托邦和不切实际。"③

乌托邦性还体现在生态现代化学者认为可以实现从弱到强、从"技术

---

① 参见 David Pepper，"The Integration of Environmental Sustainability Considerations into EU Development Policy：A Case Study of the LEADER Initiative in the West of Ireland"，pp. 177 – 178。
② 参见 David Pepper，"Sustainable Development and Ecological Modernization：A Radical Homocentric Perspective"，p. 5。
③ 参见 David Pepper，"Ecological Modernization or the 'Ideal Model' of Sustainable Development? Questions Prompted at Europe's Periphery"，p. 16。

组合主义生态现代化"到"反思性生态现代化"的自动转变。强的或反思性的生态现代化被认为成是工业社会的出口,是唯一通向发展和可持续的道路。从生态难题的技术解决到资本主义社会制度结构和经济系统的广泛变革;从政策制定的精英垄断统治到开放民主的市民参与;从环境关注的资本主义向度到可持续发展的全球维度,生态现代化的这些转变被认为成是水到渠成、自然而然的事情。然而,"目前应用于欧盟弱的生态现代化无法实现有意义的环境改革,因为短期经济因素仍然占据主导地位。就淡化经济力量来说生态现代化理论本身是乌托邦的,就寄希望于转变为强的生态现代化来说是不切实际。"①

第三节　变革资本主义制度是根除生态危机的真正出路

随着生态危机程度不断加深,在危及到资本主义社会自身的时候,同样会产生治理生态危机的诉求。对于治理生态危机的方法,西方环境运动中虽然持不同主张的派别众多,但就治理生态危机的政治手段而言则可以分为改良主义和激进主义两大派别。改良主义涉及应对社会制度、经济危机等问题的政治主张,在这里是指对生态危机的治理手段。无论是从理论还是从实践来看,环境改良主义在西方社会都是一种主流思想。

一、对改良主义的批判

虽然改良主义和激进主义都有着治理生态危机的共同诉求,但所采取的具体方法手段却迥然不同。改良主义力图通过技术、市场、道德、价值观等不同手段对现存资本主义制度进行渐进的、点滴的改良与修补以解决生态问题。激进主义则主张必须要迅速地从根本上变革资本主义制度才能解决生态危机。佩珀区分了改良主义和激进主义,他指出改良主义等于接受现存的经济体系和社会制度,但是必须调整;激进主义在于想回到社会的根基,并用某种方式十分迅速地根本改变社会。佩珀认为区分环境主义中的不同派别并揭示它们的政治属性对环境主义的发展是十分有必要的。他在《资本主

---

① 参见 David Pepper, "Ecological Modernization or the 'Ideal Model' of Sustainable Development? Questions Prompted at Europe's Periphery", p. 16。

义 自然 社会主义》杂志上发表的《英国的政治哲学与环境主义》揭示
了环境主义中存在的七个主要派别，这对厘清环境主义中存在的不同派别以
及对它们进行认识是极有帮助的。例如佩珀按照它们治理生态危机的政治手
段对它们进行了归类，主张采取激进方法的有传统保守主义和革命社会主
义；主张采取改良主义方法的有市场自由主义、福利自由主义和民主社会主
义；主流绿色分子往往是将激进的目标和改良主义的方法相结合；而绿色无
政府主义和生态女权主义则在目标和手段上均主张激进。同时佩珀也指出，
从意识形态上来看，市场自由主义和福利自由主义都属于技术中心主义，民
主社会主义则部分地属于无政府主义，而主流绿色分子则属于生态中心主
义。无论是从派别数量还是从绝对人数上来看，改良主义都是环境主义的大
多数，对环境主义影响极大。但是改良主义无非是根据对生态危机根源不同
的、片面的理解进行"头痛医头、脚痛医脚"的治理方式，在资本主义这
个大的框架下，技术、市场、道德等都不能从根本上解决问题。正如佩珀所
指出的，"绿色政治在其规划性要素方面，即在它如何建议改变与组织社会
方面，通常只是对一些非常陈腐的和基本的政治问题的陈旧解决方案进行了
翻新。"[1]

　　市场自由主义也就是新保守主义，或者也被称为19世纪自由市场自由
主义。这一派别认为资本主义能够不断调整自身从而解决生态问题，它们崇
尚对市场与技术的综合应用。对于已经出现的生态问题通过对自由市场的调
控，再加上先进的科学技术方法便可以解决污染问题。市场自由主义的逻辑
在于市场作为这只"看不见的手"在个人追逐自我利益的过程中，它可以
给予社会更多的环境保护。原因是任何形式的干预和管理都是对自由的限
制，而遵循价值规律的市场不会限制社会、个人追逐利益的自由，因此是对
环境的保护。如此的逻辑真是让人匪夷所思。市场自由主义还大张旗鼓地宣
扬资本主义的利益和环境质量在现实中并不存在对立的二分法。而对于资源
短缺问题，市场自由主义同样持乐观态度。他们认为自然资源短缺会带来商
品或服务价格的提高，而这却是一个好机会，高利润会刺激企业家或科技人
员通过科学技术发明创造出替代品来解决，人们可以从"无害的烟雾剂、
生物降解塑料、催化转换器等等发明中赚钱"。佩珀指出，自由市场主义实

---

[1]　[英] 戴维·佩珀：《生态社会主义：从深生态学到社会正义》，第6页。

质上是把 1979 年以来新保守主义政府的自由主义意识形态应用于环境保护，"清洁昨天的环境、可持续今天的环境、保护明天的环境是道德责任，但道德必须沿着资本主义制度这条道路。"①

福利自由主义也相信资本主义，但并不认为它能限制对人们和环境的有害影响，因此需要对其管理。这一派别强调个人的作用和至关重要性，认为议会是人们保护环境和自我利益的主要场所。佩珀认为福利自由主义者往往是自相矛盾的，因为他们一方面坚持不加区分的经济增长是可取的，所以肯定私有制及市场经济；另一方面又信奉功利主义原则，注重更广范围内的社会和公共利益，所以对社会及自然的多样性又要加以保护。在资本主义制度内福利自由主义的双重目标是相对立的。但福利自由主义者坚持认为"适合公共利益的开明的自我利益"将解决这一难题。所以在治理环境过程中，本着从大多数人的最大利益和幸福出发，通过"制定法律、对不可循环工业或污染征税、提高城市环境质量的福利供应、环境教育"② 等在自由市场中的合法干预手段来实现个人自我利益的增加，才是福利自由主义者真正的目的所在。只有符合此目的的法律规则、技术、环境与经济管理才被认为是理性的、可取的。

民主的社会主义因其鼓励生产资料的共同所有制而具有社会主义性质。它反对资本主义那种为了片面追求利润而组织生产的方式，主张应为了社会和环境需要、改善城市环境而生产，但在这一过程当中也允许获得利润。同时民主的社会主义对工业主义的资本主义方式非常不满意，主张对资本主义严格控制。佩珀认为对民主的社会主义进行界定比较困难，因为它一方面包含着社会主义中的分权主义传统，从这点上看，它的意识形态可归入无政府主义。"然而它也信奉需要多元主义民主和议会的力量才能实现社会的变革，在资本主义被消灭以前，仍然存在一个阶段需要由国家来'管理资本主义'以取得预期的社会与生态目标。"③ 从这点上看，民主的社会主义也不完全否定国家，甚至认为国家作为地方自治和分散化的社会的推动者，同样可以发挥很大作用。

---

① 参见 David Pepper, "Political Philosophy and Environmentalism in Britain", *Capitalism Nature Socialism*, Vol. 4, No. 3, 1993, p. 46。

② 参见 David Pepper, "Political Philosophy and Environmentalism in Britain", p. 47。

③ 参见 David Pepper, "Political Philosophy and Environmentalism in Britain", p. 48。

　　主流绿色分子在环境主义中备受瞩目，不仅因为其人数众多，更在于有"地球之友""绿色和平"这样著名的环境团体，各国绿党等政治组织以及像舒马赫、乔纳森·波里特（Jonathon Porritt）等著名作家和活动家。"多数主流绿色分子支持生活风格和价值观变革的方法，并结合压力团体基于多元主义民主制的自由主义假定的政治主张。"① 主流绿色分子声称自己是"面向正前方的"或"超越传统政治的"，在原则上是既非左也非右的。表面上来看，他们总是在福利自由主义与民主社会主义之间左右徘徊，这从以下几方面可以体现出来。第一，主流绿色分子认为社会改革应该从个体开始，强调个人的重要性以及个人调整价值观念、生活方式和消费习惯的必要性。但他们也不排斥诸如结束工业化社会等社会经济结构的改变。第二，主流绿色分子不完全拒绝资本主义，甚至对资本主义的某种版本予以高度肯定。舒马赫在其代表著《小的是美好的》一书中认为小规模的资本主义才是解决目前生态问题的途径，这一结论在 20 世纪 70 年代得到了绿色分子的信奉和追捧。但绿色分子们也把社会需要和环境质量看作是高于利润动机的准则。第三，主流绿色分子认为国家在促进个体责任的发展方面具有积极作用，这一点将绿色分子与无政府主义明显区别开来；他们所笃信的自然规律和生态原则又使他们与社会主义者相区别。第四，主流绿色分子主张自然应是社会法则的源泉，社会公正也不应仅仅局限在人类社会，民主也要能够扩展到所有的自然物种上。因此，从主流绿色分子所倡导的意识形态的基础即民主和个人自由来看，他们并不是"一种新的、独立的政治意识形态"，而应归入传统政治的范畴。同时佩珀也指出："从对自然的理想化、对社会变革政治的否定与对个体变革的支持中，其内在的保守主义是很明显的。"② 所有主流绿色分子对深生态学和新时代主义都有某种程度的偏好，他们所接受的神秘主义、非理性主义以及对工业主义和政治的拒绝，都使得主流绿色分子显现出反动的、保守性的倾向。再者，"绿色政治的幼稚特别体现在个人层次上，它被顽固地过度强调观念的力量所综合，这种观念即价值、态度变化、教育启蒙。"③ 并且绿色分子坚称，这些观念才是推动历史和经济的力量。

---

① 参见 David Pepper, "Political Philosophy and Environmentalism in Britain", p. 50。
② 参见 David Pepper, "Political Philosophy and Environmentalism in Britain", p. 52。
③ 参见 David Pepper, "Eco-socialism: From Deep Ecology to Social Justice", p. 141。

本末倒置的唯心主义世界观使得绿色分子在处理生态危机时把注意力全部集中在个人意识层面，忽略了引发意识产生的物质动因。

这些改良主义者虽然主张各有不同，可从根本上来说都维护资本主义这一社会制度。但生态危机却是由资本主义制度内生的，所以在治理生态危机的过程中改良主义方法最终是不可能成功的。高兹批评了改良主义，他认为改良主义通过不同手段干预经济活动，目的在于改善资本主义的生活条件，并不触及其结构性变化，是不可能消除生态危机的。因此他提倡社会革命，认为只有通过变革资本主义制度才能从根本上解决生态危机，生态运动在某种意义上就是斗争。佩珀在对不同派别的改良主义进行了分析以后，也明确指出了绿色分子们的阶级立场，"绿色分子代表的是谁的阶级利益呢？许多社会主义者已经用这种或那种方式阐明，他们保护资产阶级的利益。……绿色运动的一部分已经通过不是挑战我们社会的物质基础而是变成其中的一个重要部分而成为反革命的。"[1]

二、必须变革资本主义制度

既然改良主义的这条道路是走不通的，那么消除生态危机唯一的可能就在于变革资本主义制度。而作为这种制度来讲，它是人类社会一定发展阶段社会形态的具体表现。社会形态是一定阶段生产力基础上的经济基础和上层建筑的统一体。它虽是涉及经济、政治和意识形态多因素的综合体，是三者具体的、历史的统一，但经济形态在社会形态中居于基础地位，生产资料所有制关系具有决定性的意义。社会形态往往以一定的社会制度表现出来，社会制度也能够集中体现社会形态的性质。资本主义制度是人类社会发展过程中的一个具体社会形态。它以生产资料私有制为基础，以商品经济为特征，由资产阶级掌握国家政权的社会形态。这种以私有制为基础的社会制度，由于不同经济集团利益的根本区别，势必存在着不平等和对抗。而资本主义制度在以不平等为基础的社会中成长，同时又发展了那种不平等。这种不平等最初表现为国家内部不同阶级之间的不平等，由于生产资料占有的不平等，一部分人占有生产资料，而大部分人没有生产资料。继而导致了不同阶级之间一系列的不平等，如经济收入、社会地位、教育医疗等公共资源的享有、

---

① ［英］戴维·佩珀：《生态社会主义：从深生态学到社会正义》，第169—170 页。

生活环境等等。随着这种"不安分的制度"越出国家的界限逐步国际化的过程，这种不平等又表现为国家与国家之间的不平等。资本主义制度不断制造着中心与边缘的差距，发达国家凭借其自身优势控制着不发达国家的经济命脉。"'不发达'国家为了生计越来越依赖于'发达'国家的政治和经济联系，……不发达产生于并且是资本主义的一个重要特征，它是将财富在国家内和国家间，从边缘向中心地区转移的一种方式。世界范围的'自由'贸易促进了这种过剩财富的积累并加剧了地区间差距。"①

就对抗而言，"资产阶级的生产关系是社会生产过程的最后一个对抗形式，这里所说的对抗，不是指个人的对抗，而是指从个人的社会生活条件中生长出来的对抗。"② 这种对抗既表现在人与人之间的对抗，也表现在人与自然之间的对抗，而这两种对抗往往又相互交错在一起。就生态危机而言，从表面上看涉及的是人与自然之间的对抗，但也反映着人与人的对抗。马克思在《政治经济学批判（1857—1859 年手稿)》中指出："与这个社会阶段相比，以前的一切社会阶段都只表现为人类的地方性发展和对自然的崇拜。只有在资本主义制度下自然界才不过是人的对象，不过是有用物；它不再被认为是自为的力量；而对自然界的独立规律的理论的认识本身不过表现为狡猾，其目的是使自然界（不管是作为消费品，还是作为生产资料）服务于人的需要。……资本破坏这一切并使之不断革命化，摧毁一切阻碍发展生产力、扩大需要、使生产多样化、利用和交换自然力量和精神力量的限制。"③马克思的这段话清晰地表明了在资本主义生产方式中存在的人与自然的对抗。"在这样一种社会中，政治上的无权和处于不利地位的人们在经济上日益地被边缘化，并且实现利润增长的环境成本也越来越大。但是，由于这些问题根植于资本主义政治和经济的现存根源，不存在从根本上加以分析与解决的希望，社会不公正和环境退化这两个祸害即使人们以及认识到它们的存在，也仍将继续扩大。"④ 社会不公正和环境退化其实就是人与人对抗、人与自然对抗的体现形成。所以资本主义制度不可能从根本上解决这些不平等与对抗。

---

① ［英］戴维·佩珀：《生态社会主义：从深生态学到社会正义》，第 29 页。
② 《马克思恩格斯选集》（第 2 卷），第 3 页。
③ 《马克思恩格斯选集》（第 2 卷），第 716 页。
④ ［英］戴维·佩珀：《生态社会主义：从深生态学到社会正义》，第 2 页。

即便是迫于国际压力不得不应对生态问题时，资本主义国家也表现出极大的虚伪性和自私性。1992 年的地球高峰会议就已初露端倪，2001、2011年美国和加拿大公开退出《京都议定书》，2017 年美国又退出《巴黎协定》。这一次次事件清楚地表明西方资本主义背后的强大既得利益无意彻底改变其目标和方法，以帮助创造一个无害环境或社会公正的全球社会。面对日益严重的全球生态危机，如果没有一种绿色社会主义替代资本主义，一切都无从谈起。

三、生态社会主义是根除生态危机的红色希望

在明确了资本主义制度不可能真正解决生态危机这一事实以后，佩珀开始思考到底如何从根本上根除生态危机以及用什么样的方法来实现。通过对西方环境运动中的不同派别进行分析和揭示其属性后，佩珀得到一个答案："既然现实主义的社会民主主义、民主社会主义和绿色改良主义都未能构成对现状的一个严重威胁，更激进的社会主义者和绿色分子重新主张人类社会真正需要的是更根本性的生态社会主义政治。"① 所以他认为只有生态社会主义才是目前这种资本主义制度的严重威胁，才能为根除生态危机提供希望。而这个十分诱人外绿内红的"大西瓜"在灰色或绿色土壤里由于缺乏马克思主义的养料是无法真正结出的。正如佩珀所说，"我同意那些通过理性、科学、工业和社会公正达到人类进步的总体目标必须注入一种生态的意蕴。这不可能在资本主义条件下发生，但我也怀疑它能够在一种自给自足的（例如分散化的）、生物区域发展的模式中出现。"② 那么，佩珀极力主张的生态社会主义社会到底可以为根除生态危机提供什么样的希望呢？"可持续的、生态健康的资本主义发展是一个措词矛盾……资本主义是增长取向的——依靠生产过程中对自然的剥削，包括对人类的剥夺实现的实际价值的增加。……这种增长动力对于环境或社会公正的结果来说是不可妥协的。"③

第一，生态社会主义旗帜鲜明地反对资本主义制度为明确揭示生态危机的真正根源提供了希望。在工业化的过程中，西方个别地区自 16 世纪便开

---

① ［英］戴维·佩珀：《生态社会主义：从深生态学到社会正义》，第 3 页。
② ［英］戴维·佩珀：《生态社会主义：从深生态学到社会正义》，第 8 页。
③ ［英］戴维·佩珀：《生态社会主义：从深生态学到社会正义》，第 267 页。

始出现了环境问题，19世纪愈演愈烈便成为一个普遍的社会问题，到20世纪更是出现了令人震惊的"八大公害"事件。然而追逐利润的神经似乎蒙蔽了人们的双眼让人们的思维是如此迟钝，在环境问题出现几个世纪以后才开始普遍思考环境问题的根源是什么。相对于普遍大众来说，些许先知先觉的思想家对环境问题的探索和呐喊似乎还不能唤醒人们迟钝的神经。直到生态危机显现出来的惊人的破坏能力侵蚀人们的身体健康和生命时，迟钝的神经才因被刺痛而惊醒。虽有先知先觉的思想家对环境问题的关注和对人们的警示，但要发现生态危机的根源谈何容易。几代生态社会主义学者不断努力探索，才发现生态危机的真正根源是资本主义生产方式，而这种生产方式赖以存在的社会形态就是资本主义制度。生态社会主义的突出贡献首先就在于旗帜鲜明地反对正如马克思所说的"每个毛孔都滴着血和肮脏的东西"的资本主义制度。这不仅明确地阐释了生态危机的根源，把矛头直指资本主义制度，还厘清了人们长期以来对生态危机根源认识的困惑，更号召广大的民众来反对这种制度以维护自身享有美好环境的权利。佩珀的生态社会主义思想是建立在唯物主义基础之上的，这就决定了他在思考生态危机的解决途径时，更多地也是从社会存在去思考问题，将批判的矛头犀利地指向了资本主义制度。

第二，生态社会主义主张的生产资料的共同所有为消除自然异化提供了希望。以利润最大化、资本扩张为目的资本主义生产是非常不安分的，它需要不断扩大生产规模来实现这一目的，而这只有通过剥削劳动、剥削自然来实现。在这一生产过程中，造成了劳动和自然的异化。绿色分子同样也关心自然的异化，因为它带来了一系列的生态问题，但是绿色分子却把自然异化的原因归结于个体意识。佩珀认为这种唯心主义的异化观是不正确的，而马克思唯物主义的异化观才能说明异化产生的真正原因并从物质层面找到解决的方法。"相比之下，在马克思主义看来，……异化的原因是物质性的：在资本主义社会，异化明确地产生于资本主义的生产关系和生产过程。"① 在资本主义的生产关系中，以获得商品价值而非使用价值的生产使得自然不断被异化，而且这种异化的力量是来自于"我和我的社会"，既然异化是在资本主义这样一个特定的历史时期被社会性地产生，那么它们也能在另一个特

---

① ［英］戴维・佩珀：《生态社会主义：从深生态学到社会正义》，第99页。

定历史时期被社会性地改变。能够改变自然异化的力量同样内在于"我和我的共同体"之中，"通过生产资料共同所有制实现的重新占有对我们与自然关系的集体控制，异化可以被克服。"① 这意味着，当生产资料的共同所有代替生产资料私有的时候，作为人类与自然关系中介的生产就会被社会性地改变，因为这时人类同自然的关系超越了在私有制条件下的那种个人盲目控制、占有、剥削自然，而是集体地支配自然。这种"支配"是指人类集体地、有意识地控制他们与自然的关系，这是一种管理关系而不是破坏。佩珀认为正如格伦德曼所宣称的那样，"支配"不仅不会引起生态问题，恰恰相反是解决它们的起点。

第三，生态社会主义注重的社会—自然辩证关系为消除人与自然的二元对立提供了希望。在资本主义社会，无论是其生产关系或生产过程，还是在人们的思维方式中，自然界与人类都是一直对立的。虽然马克思为人与自然的辩证关系著书立说，但并未能改变人们根深蒂固的思维观念。因为这种观念早在文艺复兴时期同神学统治斗争的时候就开始显现，在 17 世纪上半期勒内·笛卡尔（Rene Descartes）的心物二元论中得到了理论的初现，在弗朗西斯·培根（Francis Bacon）"科学知识就是相对于自然的力量"这一信条中得到了深化。整个资本主义发展史就是不断制造人与自然对立的过程，"自然界是外在于或分离于我们的，……自然界就像是一台机器。"② 这种把自然当作机器的认识充分表明了人类把自己作为主体、把自然作为客体，将人类从自然当中分离出来的二元对立关系，是主客二分的体现。"在资本主义制度下，不像以往的生产方式，改变自然是为了获得交换价值和使用价值，因而，自然往往以商品的形式被客体化。"③ 佩珀特别强调了社会与自然的统一，他认为马克思的社会—自然辩证法对生态中心主义和技术中心主义都是有利的。因为它们二者都割裂了人与自然的辩证关系，人为造成了人类与自然的二元对立。他指出："在现实中，马克思的社会—自然辩证法看上去是有机的（把社会和自然看成一个有机体）和一元论的（物质和精神的现象可根据一个共同的现实基础来分析）。"④ 马克思的社会—自然辩证法

① ［英］戴维·佩珀：《生态社会主义：从深生态学到社会正义》，第 282 页。
② 参见 David Pepper, *The Roots of Modern Environmentalism*, pp. 117 – 118。
③ ［英］戴维·佩珀：《生态社会主义：从深生态学到社会正义》，第 123 页。
④ ［英］戴维·佩珀：《生态社会主义：从深生态学到社会正义》，第 124 页。

告诉我们自然是社会地产生的，社会也已把它自身融进它的自然中，人类与自然的相互作用在社会中完全显现出来。只有秉承这一辩证法，才能消除人与自然的二元对立。

第四，生态社会主义坚持的社会公正为消除阶级对立、核心与边缘的差异提供了希望。不平等的社会制度是资本得以滋长的温床，而资本增长的同时又进一步加剧这种不平等，而且"它必定继续如此"。这种不平等通过富人与穷人、阶级对立、核心与边缘地区的差距充分地表现出来。2018 年 3 月最新的福布斯富豪排行显示，作为新一任全球首富的杰夫·贝索斯（Jeff Bezos）已拥有 1120 亿美元的财富，用富可敌国来形容贝索斯一点都不为过。2017 年摩洛哥的 GDP 为 1107 亿美元排在全球第 59 位，可见这超千亿美元的个人资产大致相当于世界中上水平国家的收入。全球贫富差距已经到了如此惊人的地步。美国著名历史学家勒芬·斯塔夫罗斯·斯塔夫利阿诺斯（Leften Stavros Stavrianos）通过分析指出，富人越来越富、穷人越来越穷已是不争的事实，全球贫富差距不断扩大，贫富差距已成为这个时代危及人类生存的突出问题。联合国的相关数据报告证实了这一观点：20 世纪 60 年代全球 20% 最富有的人拥有财富占世界的 70%；但现在最富裕的 1% 人口掌控着世界 50% 以上的财富。而与此形成鲜明对比的是占世界总人口四分之三的底层群体总共仅拥有全球财富的 2.4%。剥削、侵略与不公平是内在于资本主义生产方式之中的；而它的对立面社会正义与公平则根本不可能存在于资本主义生产方式内。这些问题根植于资本主义经济、政治和社会之中，所以不存在从根本上加以分析与解决的希望。社会不公正和环境退化好比资本主义制度的邪恶双生子不仅如影随形，还会持续作恶。"毫无疑问，'真正的'社会主义/共产主义生态良性的关键在于它的经济因素，旨在实现社会正义，也应该避免上述的生态矛盾。"① 社会正义不应仅仅是在所有生物享有正义的旗帜下被归入意识形态终结主题的领域。

但佩珀在看到理论带给我们希望的同时，也看到了现实世界中的艰难险阻。就目前来说，现实世界实现向共产主义跨越的生态社会主义战略还是不可能的。佩珀说："直到大多数人确实希望它被创造出来并坚持它的时候，

---

① 参见 David Pepper, "Eco-socialism: From Deep Ecology to Social Justice", p. 127。

一个生态健康的社会主义社会才会到来。"① 那这个"时候"到底是什么时候呢? 佩珀这样解释到, "它的最大催化剂将是资本主义在如下方面的失败: (a) 未能为甚至一个少数团体生产它所许诺的商品; (b) 未能创造出一个足够宽容以包容不满的其余人的物质的和非物质的环境。"② 但对于这个"时候"的到来, 佩珀本人也持谨慎态度, 因为他用"很可能而且令人遗憾的"这样一句话来形容。就佩珀本人来说, 他虽然认为生态社会主义是根除生态危机的希望, 但要实现从理论向现实的跨越依然困难重重。比如, 大型跨国集团为了获得持续利润联合起来对政府施加压力; 生态社会主义在实践中具有浓重的乌托邦色彩; 红绿联盟执政在德国的提前垮台等。但另一方面, 佩珀认为生态社会主义观念和行为的深化与发展至少有利于刺激资本主义的变革, 并减少它在未来带给人们的损失。从这一点来说, 佩珀还是乐观的。

---

① [英] 戴维·佩珀:《生态社会主义: 从深生态学到社会正义》, 第284页。
② [英] 戴维·佩珀:《生态社会主义: 从深生态学到社会正义》, 第284页。

第三章　对生态社会主义基本原则的建构

　　一直以来，佩珀对西方环境运动中的生态中心主义、人与自然的二元对立、稳定或零增长的经济都不十分赞同。他认为通过这些主张和方法并不能实现一个真正的绿色社会，西方环境运动在 20 世纪 80 年代后期遇到的低潮也从一个方面说明了这些主张存在的问题。因此，他日益觉得要建构一种生态社会主义理论来指导现实中的环境运动是多么重要。多年自然地理专业知识的积累和实践经验让佩珀对自然环境充满了责任感，而作为一门具体的科学知识，佩珀又越发感到地理专业对人们环境意识培养的有限性和对环境污染治理的无奈，所以他开始钻研马克思主义，希望借助马克思主义的力量来改变这一问题。佩珀发现马克思主义的人与自然辩证法、对资本主义的历史唯物主义分析、变革社会的革命理论以及对社会主义的信奉等正是西方环境运动所缺乏的，而这些却是建构生态社会主义社会所不可或缺的。

　　纵观佩珀 30 年的论著，通过对其生态社会主义核心思想的审慎凝练概括出他生态社会主义的基本原则主要体现在"人类中心主义"、环境友好、经济可持续发展和社会公正四个方面。他坚持从新人类中心主义的角度出发来解决生态问题，并以此为逻辑起点从环境、经济、社会三个方面建构了其生态社会主义思想。佩珀拨正了西方环境运动的指导思想，重塑了人类主体地位，以人类与自然的辩证关系为基础提出了生态社会主义的环境友好原则；阐释了社会与环境成本外在化的原因，以人类长远发展的视角提出了生态社会主义的经济可持续原则；揭露了全球范围内社会不公正的真正根源，以世界人民的根本利益为前提提出了生态社会主义的社会公正原则。

第一节　生态社会主义的本质是"人类中心主义"

20 世纪 90 年代以前生态中心主义在西方环境运动中占据主导地位，为了扭转这一状况佩珀和格伦德曼做了极大的贡献。与格伦德曼不同的是佩珀不仅表明了自己新人类中心主义的立场，还为确立"人类中心主义"摇旗呐喊。要确立"人类中心主义"的地位就要对生态中心主义进行批判。

一、对生态中心主义的批判

为了能够更为深刻地批判以多布森、艾克斯利等为代表的生态中心论者，佩珀认真研究了其主要理论思想。他指出："生态中心主义把人类视为一个全球生态系统的一部分，并且必须服从于生态规律。这些规律以及生态为基础的道德要求限制着人类行动，尤其是通过加强对经济和人口增长的限制。生态中心主义还包含一种对自然基于其内在权力以及现实的'系统'原因的尊敬感。"①

（一）生态中心主义的主要观点

首先，坚持生物平等主义。生物平等主义主张生物圈所有生命形式的平等性，这其实是一个古老的哲学问题，但生态中心主义者却把它引入政治领域并把它作为其核心主张。正如艾克斯利所强调的，优先考虑非人自然或至少把非人自然与人类放在同等地位的"生物道德"是生态中心主义的核心方面。"生命中心平等的直觉是生命圈中的一切都同样拥有生活、繁荣并在更大的自我实现中展现其个体自身和自我实现的权利。"② 生态中心主义坚持认为自近代启蒙运动以来人们肆无忌惮地违背生物道德，不断向自然宣战、不断统治自然，才造成今天这样生态危机的恶果。只有坚持生物圈所有生命形式的平等地位，人类不再扮演高高在上的统治者，而只是变成其中平等的一员，生态危机才可能改变。深生态学、盖亚主义、新时代主义是生态中心主义的主要代表。例如盖亚主义认为地球是一个通过反馈机制对变化作出合适的反应从而维护自身完整的独立生命体。它支持生物道德及伦理，要

---

① ［英］戴维·佩珀：《生态社会主义：从深生态学到社会正义》，第 133 页。
② 参见 Bill Devall, *Deep Ecology*, Laylon and Ulah: Peregrine Smilh Books, 1985, p. 65。

求敬畏自然的内在权利与价值，在神秘化自然的同时把人类普遍看成是巨大且邪恶的破坏者。

其次，坚持自然的内在价值。生态中心主义另一个核心主张是自然具有内在价值。在生态系统当中，自然本身是应具有内在价值和权利要求的，而人类仅仅赋予自然以工具价值这是不正确的，人类更不能为了追求自身利益破坏自然的价值和权利。生态中心主义包含着一个养育自然而不是破坏性统治自然的整体范式，无论自然对人类有用与否，它都要求人类应尊敬与敬畏自然的内在权利与价值。在这方面，罗尔斯顿的内在价值论最为突出。他不仅认为生态伦理固然存在，人们要尊崇自然，并且价值是自然本身所固有的属性，他还总结了自然具有的经济价值、生命支撑价值、消遣价值、科学价值、审美价值等14种价值。"自然的内在价值是只在一些自然情景中所体现出来的价值，不需要以人类作为参照物。因为任何一个主体都不是单独存在的，任何一个客体也不是独立存在的。"[1]

最后，坚持增长的极限。生态中心主义把充斥着浓重马尔萨斯主义和新马尔萨斯主义的《增长的极限》奉为经典。他们认为，自然界中的有限资源是以自然数的趋势增长，而人口则是以指数的曲线增长，这样人口增长的速度会远远快于有限自然资源的增长，所以人类的活动必须遵循自然承载力的法则。绿色分子们大都接受了增长极限构成所有人类活动的前提的观点。"如果在世界人口、工业化、污染、粮食生产和资源消耗方面以现在的趋势继续下去，这个行星上增长的极限有朝一日将在今后一百年中发生。最可能的结果将是人口和工业生产力双方有相当突然的和不可控制的衰退。"[2] 绿色分子们坚持人类是自然环境的密切组成部分，人类同其他物种一样既应谦卑恭顺地遵循生态法则，又应在自然增长极限的约束下组织经济生产和社会生活。

（二）对生态中心主义的批判

坚持"人类中心主义"的前提必须反对生态中心主义，因为生态中心

---

① 　参见 Holmes Rolston, *Philosophy Gone Wild*, Buffalo NY: Prometheus Books, 1986, pp. 110 – 111。

② 　[美] D·梅多斯等：《增长的极限》，于树声译，商务印书馆1984年版，第19—20页。

主义观点"融入了太多的绿色意识形态并且有时公然地反对人类中心主义。"① 佩珀认为生态中心主义对人类来说实际上是不可能实现的。从表面上看生态中心主义完全站在自然的立场来捍卫生态权益，但实质上它对自然和生态平衡问题的探索仍然是一种满足人类需要、愿望及愉悦感的人类行为。"人类'利用'自然的意愿将大量地包含道德、精神和审美的价值——但它们是人类的价值，而不是从具有它自己神秘而不可接近的目的的一种外在的、被崇拜的自然中解放出来的想象的'内在'价值。"② 佩珀明确指出不考虑人类的权利而高谈阔论自然的权利或是单纯强调自然的权利高于人类的权利实质上都是反人类主义的。

首先，生态中心主义将人与自然二元对立。生态中心主义表面上来看将人类和自然统一起来，不再像技术中心主义那样统治自然、剥削自然，而是主张尊崇自然、关切自然，生态中心主义试图建构一幅人与自然和谐相处的美丽田园画卷。但佩珀认为，只要透过生态中心主义人与自然温馨和谐主张的表面，就可以看到生态中心主义者把人与自然相割裂的本质。这种割裂实际上仍是继承了"笛卡尔的二元论"思想，即把人类看作主体、把自然看作客体，只不过用人类对自然的友好态度取代了人类对自然残酷的剥削，但人类主体、自然客体的地位并没有改变，人类还是人类、自然还是自然。自然和人类是根本相区别的，并没有像马克思主义那样真正把自然与人类统一起来，把人类看作自然的一部分。再者人类也只是从人类的标准出发界定自然环境是否美好。比如一条河如果河水清澈见底，那么它就是环境美好的，但如果充满了绿藻，那么它就是环境恶化的。难道按照生态中心主义的原则，绿藻就没有生存的权力了吗？可见这是自相矛盾的，所以佩珀认为生态中心主义的主张本来就存在缺陷。

其次，否定根本性的社会变革。生态中心主义深受无政府主义的影响，反对中央集权，否定国家和政府，主张通过改变个人价值观和生活方式的改良主义方法来治理环境难题。因而他们并不否定资本主义制度，像舒马赫这样的一批学者还对小规模资本主义充满了热情，主张在制度内对资本主义进

① 参见 David Pepper, "Anthropocentrism, Humanism and Eco-Socialism: A Blueprint for the Survival of Ecological Politics", p. 436。
② ［英］戴维·佩珀：《生态社会主义：从深生态学到社会正义》，第133页。

行局部修补和改良。佩珀和其他坚持马克思主义立场的生态社会主义学者们主张,"资本主义经济生产方式以及它的运行所必需的制度与世界观"① 才是现代生态危机的根源所在,因此紧靠对现存资本主义制度"修修补补"的改良主义根本不可能真正消除生态危机。"'绿色倡导者'即生态中心论者应该关注根本的社会变革而远离三百年来作为自由工业资本主义特征的干预主义。"② 在佩珀看来,改良主义或干预主义不仅不能真正消除生态危机,还会把生态社会主义引向一条乌托邦的歧途。因此,认清生态中心主义者们坚持的改良主义阶级本质是必需的。改良主义从根本上来说,是维护资本主义制度和资产阶级利益的,所以改良主义的道路不可能从根本上治愈资本主义制度内在的生态危机。

最后,忽视物质组织基础。生态中心主义因忽视社会变革的物质组织基础而充满着唯心主义色彩。这种唯心主义立场一方面体现在绿色分子们倡导个人价值观的改变,通过改变个人的主观意识即改变对待自然的态度就能够扭转生态恶化的局面。另一方面体现在个人即政治的行动诉求上,这种个人意识变革决定社会变革的固有思维,不仅体现了强烈的历史唯心主义,还体现了个人主义倾向。生态中心主义强调的个人主义行动方式和集体主义是相背离的。佩珀认为对于社会变革,"关键并不在于如何精确地预测这将如何发生,而在于提醒我们不要忽视社会的物质组织变革的重要性。"③ 而生态中心主义恰恰忽视了社会变革的物质组织基础,违背了社会存在决定社会意识的规律,在社会意识决定社会存在的框架下勾画未来社会的绿色乌托邦。

二、正确认识人类中心主义

历史上不同时期、不同阶级、不同学者对人类中心主义的认识是不同的,只有对其进行区分才能更好地认识其实质。人类中心主义起源于西方中世纪的基督教,它继承了希伯莱文化中上帝创造一切的神话,按照上帝的旨意由人类代替神来"托管"自然,因此人类就成了自然的中心。这种观念不断加强,后来便从地球中心论假说的逻辑中推导出另一种观念,即人是宇

---

① [英]戴维·佩珀:《论当代生态社会主义》。
② [英]戴维·佩珀:《生态社会主义:从深生态学到社会正义》,第41页。
③ [英]戴维·佩珀:《生态社会主义:从深生态学到社会正义》,第76页。

宙的中心，人类在空间范围的意义上处于宇宙中心。从现代天文学和物理学的发展来看，这种观点显然是不对的。受近代文艺复兴运动和启蒙运动的影响，"天赋人权"思想不断挑战上帝的地位。人类开始从自身的利益出发来思考和行动。"按照人类的价值观解释或评价宇宙间的所有事物，即在'价值'的意义上，一切从人的利益和价值出发，以人为根本尺度去评价和对待其他所有事物。"① 受其影响再加上近现代对技术理性的信奉和尊崇，人类不断履行并维持着统治自然的"重任"，造成的结果便是人与自然的极度对立。佩珀所倡导的"人类中心主义"不同于历史上的前两种人类中心主义。它基于社会—自然辩证法，以"人类中心性"为突出特点，在将人类利益置于中心地位的前提下，同样兼顾非人类自然的利益。因为它对非人类自然的关心是以人类和自然一元论为起点，由人文主义关切引起并在社会中形成。

（一）人类中心主义的类型

多布森将人类中心主义区分为两种不同的类型，即"强"人类中心主义和"弱"人类中心主义。"强"人类中心主义将非人自然仅仅视为人类目的的手段和工具，将人类与自然二元对立起来并存在着对非人自然工具性使用的非公正的观念。可以说，中世纪的和近代的人类中心主义都属于这一类。这种"强"人类中心主义也被称作旧人类中心主义或传统人类中心主义。近代人类中心主义在资本主义制度这一宏观背景下运行，在此阶段，以"自然资源"私有为标识的个体人类中心主义极为盛行，从启蒙运动中继承的理性主义、主体精神把人树立为世间唯一的目的。因此，人类在此观念中只关心个体的私有利益，私人财产神圣不可侵犯。在私有资本追逐利润最大化的过程中，侵犯自然是合法的并且是有利可图的，按照这种逻辑发展的"强"人类中心主义给自然带来了深重的灾难。另一种多布森所说的"弱"人类中心主义，也被称作新人类中心主义。相对于"强"人类中心主义来说，"弱"人类中心主义捍卫人类的利益，将人类与自然统一起来，同样兼顾了非人自然的利益。正如多布森所说，"弱含义上的人类中心主义是人类生存状态下的一种不可避免的特征。"② 佩珀所倡导的人类中心主义就是

① 金炳华：《哲学大辞典》，上海辞书出版社 2001 年版，第 1176 页。
② ［英］安德鲁·多布森：《绿色政治思想》，郇庆治译，山东大学出版社 2012 年版，第 51 页。

"一种有益于自然的'弱'人类中心主义，而不是一种把非人世界仅仅作为实现目标的手段的、可避免的'强'人类中心主义。"①

（二）新人类中心主义的真实内涵

生态中心论者认为即使是生态社会主义所倡导的人类中心主义仍然是赋予自然以工具价值，这和自然的内在价值论是根本相背离的；即使生态社会主义者主张关切非人世界，但仍然是以人类的偏好和利益为依据。实际上，生态中心主义者不了解"人类中心主义"的真实内涵，仍然是站在人与自然对立的二元论角度上思考人与自然的关系，"把观察主体的身份与被观察的事物相混淆"。为了扭转 20 世纪 90 年代以前生态中心主义在环境运动中的核心地位，促使生态社会主义阵营的价值观转向。佩珀强调，"生态社会主义是人类中心论的（尽管不是在资本主义—技术中心论的意义上说）和人本主义的。它拒绝生物道德和自然神秘化以及这些可能产生的任何反人本主义，尽管它重视人类精神及其部分地由与自然其他方面的非物质相互作用满足的需要。"② 在为其辩护时佩珀坚称，"生态社会主义的人类中心主义是一种长期的集体的人类中心主义，而不是新古典经济学的短期的个人主义的人类中心主义。"③ 他的这两句结论性的总结虽然简短，但却道出了其真实内涵。这意味着，它既不同于技术中心论从个人主义的角度片面维护短期的人类利益，也与那种过分强调自然的内在价值而忽视人类主体利益的生态中心论有根本的区别。

首先，强调人与自然的真正统一。人类中心主义和生态中心主义争论的理论前提是人与自然的关系。传统人类中心主义无论从表面还是实质上都将人与自然完全对立；生态中心主义从表面上看主张人与自然的统一，但实质上是把人类从自然中区分出来的，仍然是人类与自然的对立。这里，传统人类中心主义和生态中心主义都没能跨越"从启蒙运动中继承下来的态度即自然应当用来满足人类的物质利益，以及人类生存不可避免地与一定量的杀戮和自然开发相联系"④ 的藩篱。只有这种新人类中心主义，无论是从表面

---

① ［英］戴维·佩珀：《生态社会主义：从深生态学到社会正义》，第 32 页。
② ［英］戴维·佩珀：《生态社会主义：从深生态学到社会正义》，第 282 页。
③ ［英］戴维·佩珀：《生态社会主义：从深生态学到社会正义》，第 271 页。
④ ［英］戴维·佩珀：《生态社会主义：从深生态学到社会正义》，第 32 页。

还是实质上都将人与自然完全统一，因为它根植于社会——自然辩证法这样一个科学理论之中。但生态中心主义执迷于生物道德和自然的内在价值，不客观地批评新人类中心主义。对此，佩珀不厌其烦地指出，人类中心主义并没有从事像艾克斯利所指控的传统人类中心主义的事情：它没有基于人类与自然界的分离来辩护人类的道德优先性。人类就是自然的一部分，自然也是在人类社会中形成的，人与自然是真正、真实的统一。

其次，强调集体地有意识地控制自然。新人类中心主义和生态中心主义争论的焦点问题是控制自然或适应自然。生态中心主义一直强调人要和其他物种一样无条件地消极被动地适应自然，完全否定了人类的主观能动性。而新人类中心主义强调的控制自然是指"人类对他们与自然关系的集体有意识的控制。这其中隐含着一种管理关系而不是破坏关系。"① 通过集体行动的力量有意识地控制自然并创造人类自己的生态化社会是佩珀一直所主张的。正像格伦德曼所说，"'支配自然'不该对生态问题负责；相反，现存的生态问题证明这种支配的缺失。"② 在这里，佩珀强调了控制自然的两层意涵：一是集体控制；二是有意识地控制。这是针对现实中对自然控制的歪曲理解所提出的。在资本主义制度下，控制自然被个体资本追求经济利益最大化的狭隘理解所扭曲。个体控制自然的目的是为了统治自然、占有自然，而不是为了管理自然、养育自然。个体控制自然会导致控制自然的盲目性、自私性和无意识性，而这正导致了对自然无尽的破坏和一系列的生态问题，但集体地有意识地控制恰恰可以改变这种现状。集体地有意识地控制意味着作为"类"存在物的人们控制自然能力的显著增强，能够正确处理同自然的关系，既不像生产力低下的时代那样消极被动地适应，也不会利用科技利剑把它削得千疮百孔。而是在改造自然的过程中保护自然，在保护自然的过程中又改造自然。真正从可持续的角度在满足人类主体利益和需要的基础上对自然进行理性的管理，处理好人与自然的关系。

（三）人类利益与非人利益的关系

从人类利益的角度对待自然，是生态中心主义者经常诘难人类中心主义的又一方面。生态中心主义把整个自然视为一个有机整体，而人类只是和其

---

① ［英］戴维·佩珀：《生态社会主义：从深生态学到社会正义》，第 270 页。
② 参见 Reiner Grundmann, *Marxism and Ecology*, p. 15。

他物种具有同等地位的一种表现形式而已，所以要求要以自然的整体利益为中心。自然的利益具有优先地位，要从自然的角度去处理人类利益和自然利益的关系，因此当二者发生矛盾或冲突的时候，毫无疑问前者要服从于后者。"人类中心主义"不赞同这种观点并认为人类的利益和自然的利益是一致的而不是对立的。人类的利益是自然利益的新的表达形式，自然的利益就是人的利益在社会中的表达。人类从自己的角度出发关注人类的利益并不应该受到质问、非议和诘难。佩珀认为人类不可能不是"人类中心主义"的，人类只能从人类意识的角度去观察自然并在此基础上处理同自然的关系。但这并不意味着自然没有它自己的利益，在佩珀看来，自然的发展和保护是像人类的利益一样重要的。因为人类对自然的关切不仅是在社会发展中形成的，还是出于对人类自身的关切。再者，生态社会主义所倡导的人类中心主义认为，当二者发生矛盾时，人类的需要总是优于非人类的需要。正如佩珀所明确宣称的那样，"像我主张的一样，……自然的权利（生物平等主义）如果没有人类的权利（社会主义）是没有意义的。"① 在这里，人类的需要和利益不是指个别人的或某些人的，而是相对于作为"类"存在物的人而言，是指人类整体的利益。这种人类的需要和利益是长期的、远视的，不能为了这代人的整体利益而损害未来几代人的整体利益。如果对这两点把握不准，就无法正确理解"人类中心主义"对人与自然关系的深刻内涵。

三、坚持维护人类利益基础上的"人类中心主义"

坚持"人类中心主义"还在于鲜明地表明人类中心主义立场。20世纪90年代以前，生态中心主义引领西方环境运动。生态社会主义也受此影响，一直在生态中心主义的意旨下进行理论建构，并且多数生态社会主义者也都著书立说宣称自己的生态中心主义立场。在这种情况下，一些接受了马克思主义立场的生态社会主义者感到这会使生态社会主义滑向生态主义和唯心主义的深渊。90年代初，格伦德曼在同生态中心主义者的辩论中，首次阐释了马克思"支配自然"的真正含义并提出重返"人类中心主义"的立场。而佩珀则旗帜鲜明地表达了自己的新人类中心主义立场，并告诫生态社会主义者不应该羞怯地回避自己的人类中心主义立场。在佩珀的努力下，生态社

---

① ［英］戴维·佩珀：《生态社会主义：从深生态学到社会正义》，第4页。

会主义回到"人类中心主义"的阵营之中，同样在其感召下，一批学者开始重新研究马克思主义对环境运动的引导作用，并开始捍卫马克思主义。可以说，这是佩珀对生态社会主义的主要贡献。

从 20 世纪 80 年代初到 21 世纪初期，从不惑之年到年逾古稀，佩珀每每著书立说，都要表达自己的"人类中心主义"主张。在《环境主义的根基》之中，他就表明了生态社会主义应吸取马克思主义的积极之处。在《决定论、理想主义和环境主义政治》中，佩珀就注意到自 20 世纪 70 年代以来生态主义受新马尔萨斯主义、救生艇理论、浪漫的反都市主义、乡村逃避主义的影响过重，而忽视了人类自由和人类本身的利益。在《生态社会主义：从深生态学到社会正义》和《人类中心主义、人本主义和生态社会主义》中，佩珀集中表达了自己的人类中心主义立场。在写作《生态社会主义：从深生态学到社会正义》之时，佩珀就明确表示，"本书的目的是概述一种生态社会主义的分析，它将提供在绿色议题上的一种激进的社会公正的和关爱环境的但从根本上来说却是人类中心主义的观点。我认为，绿色运动目前所需要的正是这种观点，而不是它现行的'生物中心主义'的和政治上散漫的方法。"①"本书主要讨论通过其生态主义意识形态表达的生态中心主义关切。它将阐明，这些关切主要应由更加人类中心主义的、激进的、生态社会主义的环境主义来解决，即排除那些应当抛弃的妨碍成为人类中心主义的方面。"② 佩珀第一次明确界定了"人类中心主义"是生态社会主义应有的生态价值观，并进一步强调"生态社会主义本质上是人本主义的，正是绿色政治所需要的。生态退化的根本原因在于人类问题，那只能通过改变人类社会组织来解决，因此要求一种以人类为中心的政治。"③

在进入 21 世纪以后，针对一些生态社会主义者仍然相信生态中心主义的情况，佩珀在《论当代生态社会主义》中仍然强调，"生态社会主义是对环境主义进行社会主义分析和应对的一种激进的、以人类为中心的（而不是生态中心主义的）应用。"④ 在为《生态社会主义：从深生态学到社会正

① ［英］戴维·佩珀：《生态社会主义：从深生态学到社会正义》，一版前言第 1—2 页。
② ［英］戴维·佩珀：《生态社会主义：从深生态学到社会正义》，第 41 页。
③ 参见 David Pepper, "Anthropocentrism, Humanism and Eco-Socialism: A Blueprint for the Survival of Ecological Politics", p. 436.
④ ［英］戴维·佩珀：《论当代生态社会主义》。

义》写的中译本前言中仍然强调了人类与自然的正确关系，"一种真正的社会主义，……需要一种把动物、植物和星球生态系统的其他要素组成的共同体带人一种兄妹关系。"① 可见，"人类中心主义"立场犹如一根红线一样，自始至终贯穿在佩珀的生态社会主义思想之中。也正是佩珀对"人类中心主义"立场如此执着的捍卫，才为生态社会主义的理论建设及环境运动导正了方向。

第二节 生态社会主义强调"环境友好"

生态社会主义从广义的角度强调环境友好，环境并不仅仅局限于自然环境之中，也包括人类的社会环境。正是看到了资本主义生产方式内在地对环境不友好，所以生态社会主义坚持人类、自然与社会三者的统一。为扭转资本主义生产方式剥削自然、统治自然的态度，生态社会主义批判了自启蒙运动以来的技术中心主义，借助于马克思主义自然观致力于重新发现人与自然的真正关系，在社会活动中达到人与自然和谐共生。

一、资本主义"内在地对环境不友好"

佩珀用马克思主义政治经济学原理分析了资本主义的价值增殖过程"内在地对环境不友好"。生产力的不断发展使资本有机构成的提高成为不可逆转的历史趋势，这必然造成可变资本所占比重的降低，直接后果就是资本家获得的剩余价值减少。随着资本主义竞争日益加剧，资本想要实现利润最大化的使命，必然加重对工人的剥削。但由于历史上工人捍卫自身权利的运动和现实中工人维护自身权益的觉醒，又阻碍了资本家赤裸裸地剥削劳动。这就造成了一个逻辑矛盾：一方面资本要靠剥削劳动实现自身增殖；另一方面资本剥削劳动又受到限制与阻碍。在无法通过加剧剥削劳动来获得利润的情况下，只有降低生产成本或扩大消费需求才能实现资本增殖。生产成本如何降低？最直接的方法就是掠夺成本的物质基础即自然界。资本主义发展的早期阶段，资本家肆无忌惮地向自然界掠夺各种资源，自然界则成了工业企业的原料产地和倾倒污物的垃圾场所。面临着保护环境的社会化要求不

① [英] 戴维·佩珀：《生态社会主义：从深生态学到社会正义》，中译本前言第3页。

断加强，对企业来说资源保护、污染控制和循环利用无疑又提高了生产成本。

作为单个资本或企业，维持自身的方法是尽可能地将最大化的利润据为己有，同时尽可能地将环境生产成本推向社会。这并没有以一种可持续的方式来使用生产条件。而作为整个资本或社会来说，要维持资本主义国家这样一个整体利益，也遵循保持生产条件成本低和平均利润率高的宗旨。所以资本主义国家一方面将环境成本转嫁给未来即环境成本的时间转化，这意味着代际间的不平等，因为今天的一代消耗着明天一代的资源。另一方面将环境成本转嫁给发展中国家即环境成本的空间转化，这意味着地区间的不平等，因为发达国家消耗着发展中国家的资源。这就验证了佩珀"可持续发展不仅仅是环境友好，其实质和必不可少的维度是空间与时间上的社会正义和公平"① 的观点。因此可以得出一个结论：作为单个资本的成本外在化倾向和作为整体资本的收益内在化要求是矛盾的，这种矛盾根植于资本主义制度之中，其最终的结果就是资本主义内在地对环境不友好。"可持续的、生态健康的资本主义发展是一个措词矛盾。……资本主义是增长取向的——依靠生产过程中对自然的剥削，包括对人类的剥夺实现的实际价值的增加。因而，它必然是由技术和组织的动力所推动的。……这种增长动力对于环境或社会公正的结果来说是不可妥协的。"②

二、重新审视人与自然的关系

不同生产方式中人对待自然的态度差别很大，前资本主义生产方式消极顺应自然；资本主义生产方式贪婪剥削自然；共产主义生产方式集体地控制自然。区分这些生产方式中人与自然的关系目的在于更为理性地审视人与自然。总起来说，人与自然的关系不外乎两大类，即人与自然的对立或人与自然和谐共生。但指导西方环境运动的两大主要理论技术中心主义与生态中心主义在人与自然关系这一问题上都将二者对立起来。佩珀认为对产生某种理论的历史及文化因素进行探索分析有利于揭示其存在的根源，而对这种理论

① 参见 David Pepper, "Sustainable Development and Ecological Modernization: A Radical Homocentric Perspective", p. 2.

② ［英］戴维·佩珀：《生态社会主义：从深生态学到社会正义》，第 267 页。

所依存的政治意识形态进行阐释则更有利于揭示其本质。

第一，人与自然的对立。

技术中心主义将自然视为一台机器，主张人类应该出于工具目的控制自然，就现行社会遇到的诸多环境问题，技术中心主义者认为只要按照科学的方法，客观且理性地进行处理就可以解决。佩珀指出了技术中心主义的根基在于"将自然当作机械般的、在根本上与人是分离的事物，它一旦被理解，就可以公开地被加以支配和操控。"① 这充分表明了技术中心主义把人类作为主体、把自然作为客体，将人类与自然的关系二元对立起来，是主客二分的体现。这种笛卡尔式的思维认为心与物、主体与客体、人与自然有着不同的质，"自然成为形而上学上与人相分离的客体所构成之物"②。在这一源于古典科学的世界观中，人与自然相分离并超越于不过是一架机器的自然之上。佩珀指出技术中心主义所依存的意识形态是自由主义，其政治主张是改良主义的。他们认为通过技术改良完全可以改变资本主义社会出现的各种生态问题。

生态中心主义看到了技术中心主义支配和控制自然的弊端，将对待自然"帝国主义式"的态度转变为"田园主义式"的态度。生态中心主义的不同派别都否认人具有优先价值、承认自然界的内在价值，将人类视为自然界的一种普通存在形式，认为人与自然界应平等发展。为了深化对生态中心主义的批判，佩珀揭示出了生态中心主义现代根源的多维性与复杂性，生态学、马尔萨斯主义、浪漫主义、空想社会主义和生态经济学等理论在生态中心主义产生过程中都有着不同程度的影响。佩珀认为生态中心主义对环境运动的不良影响更甚于技术中心主义，因为它在意识形态上推崇无政府主义。无政府主义把社会和环境难题主要归于人们之间的等级制和支配关系的增加。他们认为通过接管国家或运用国家无法实现社会变革，因而主张废除国家，提倡地方自治或分权化，并要求建立生态区域制度。基于"个人即政治"的理念，无政府主义者还极力倡导用个人直接的行动应对环境问题。这些与生态社会主义的根本原则都背道而驰。

第二，人与自然和谐统一。

———————

① ［英］戴维·佩珀：《现代环境主义导论》，宋玉波等译，格致出版社2011年版，第143页。
② ［英］戴维·佩珀：《现代环境主义导论》，第164页。

"生态社会主义社会重新发现并强调人与自然的真正关系——既不是分离和优越于后者的关系，像当代资本主义所假定的；也不是完全平等的关系，像生态中心主义所相信的。"① 佩珀认为在这点上马克思的社会—自然辩证法是"有机的和一元论的"。佩珀对马克思的社会—自然辩证法进行了深度阐释并首先指出"人和自然之间没有分离，它们彼此是对方的一部分……人类的行为是自然的，而自然是在社会中产生的。"② 佩珀认为马克思的社会—自然辩证法正确揭示了人、自然和社会的有机统一。一方面人是自然界长期发展的产物，人类的存在、繁衍、发展必须依赖于自然界，人类是自然界的社会存在形式；另一方面，自从有了人类以后，自然界便以人化自然这种新的形式存在。这既不像技术中心主义那样把自然看作一台无生命的机器盲目地操纵，也不像生态中心主义那样将自然超越于人类利益之上无限地尊崇。人和自然是一体的，人寓于自然之中，自然亦寓于人之中，人和自然自存在起须臾不曾分离。

佩珀在阐释人和自然关系一元论的同时，又坚持人类和自然相互改造。他指出"它们在一种循环的、互相影响的关系中不断地相互渗透和相互作用。"③ 一方面，通过人类的实践劳动，人和自然的这种循环往复体现地淋漓尽致。人类把自身的物质力量通过劳动实践作用于自然界，这一实践过程改变了自然的天然存在形式，自然因此获得了它的社会存在形式；而自然在被社会化的同时，它又影响和改变着人类社会对它的认识并进一步地去改变它。结果是人在被自然化的过程中自然也被人化了。另一方面，人和自然的这种相互改造，既体现在物质方面，又体现在非物质方面。通过两者的相互作用，人类不断改造着自然的物质存在方式；自然亦不断改造着人类的"上肢和下肢、头脑和双手"，改造着人们的生产方式和生活方式。通过两者的相互作用，人类获得了智力发展、审美能力和情感需要等主观意识；自然本身也因此具有了人性，成为一件"人类艺术品"。"这种辩证法变得十分清晰，随着世界变得越来越人性化，作为一个社会过程发展的人类意识也是如此。"④ 正如佩珀所言，"所有与自然的关系将在有意识的、共同的和人

---

① ［英］戴维·佩珀：《论当代生态社会主义》。
② ［英］戴维·佩珀：《生态社会主义：从深生态学到社会正义》，第123页。
③ ［英］戴维·佩珀：《生态社会主义：从深生态学到社会正义》，第123页。
④ ［英］戴维·佩珀：《生态社会主义：从深生态学到社会正义》，第127页。

类的控制之下。自然的价值将是'工具性的',但将不采取经济实用主义的方式,……人类'利用'自然的意愿将大量地包含道德、精神和审美的价值——但它们是人类的价值,而不是从具有它自己神秘而不可接近的目的的一种外在的、被崇拜的自然中解放出来的想象的'内在'价值。"①

三、坚持人类—自然一元论基础上的"环境友好"

生态社会主义从根本上反对将人类与自然对立的二元论思想,因为在二元论思维范式下不存在人与自然真正的和谐共生。所以重新释读环境及人与自然的关系是致力于"环境友好"的根本前提。对于"环境"一词的理解,不同学科有不同的侧重之意。从自然地理学的角度来说,更强调环境的自然属性,是指人类生存的空间及其中可以直接或间接影响人类生活和发展的各种因素。按其要素可分为水环境、土壤环境、大气环境、地质环境和生物环境。从心理学的角度来说,更强调环境对人心理的影响作用,是指对人的心理发挥实际影响的生活环境,是一切外部条件的总和,心理环境有内外之分。以学校教育为例,心理内部环境主要指学校内部客观存在的一切条件之和,如校风、同学关系、师生关系、教育设施、师资水平等;心理外部环境是学校以外的社会环境和家庭环境。从社会学的角度来说,更强调环境的人文属性,是指人类创造的物质及非物质成果总和。人文环境能反映出一个国家、民族或地区的历史文化的沉积与传承,对人素质的提高及精神面貌起着潜移默化的作用。就从整个人类生存发展的角度来说,环境既包括自然环境也包括社会环境,它包含对人发生作用的所有过去、现在和将来的全部社会存在。自从有了人类以后,人类与环境就是相互作用的。正如马克思所说:"人创造环境,同样,环境也创造人。"②

佩珀认为生态社会主义也应从这个角度来界定环境,"生态社会主义从广义上界定'环境'和环境议题,以包括大多数人的关切。"③ 这是因为人类和自然界是有机统一的,而社会正是两者统一与转化的桥梁。所以在资本主义生产方式中体现出来的人与自然的矛盾以及人与人的矛盾,除了体现为

---

① [英]戴维·佩珀:《生态社会主义:从深生态学到社会正义》,第132—133页。
② 《马克思恩格斯选集》(第1卷),第172—173页。
③ [英]戴维·佩珀:《生态社会主义:从深生态学到社会正义》,第283页。

水资源污染与短缺、大气污染、森林锐减、土地沙漠化、生物多样性减少、物种灭绝等各种生态环境的破坏，也会体现在社会问题上。佩珀认为像街道暴力、交通问题、内部城市衰败、缺少社会服务、健康和工作安全等这些问题理应包括在环境议题之中。所以劳动者为争取良好生活权利的斗争其实就是一种环境抗议运动。他们为了"健康和安全的斗争是一种在生产地点的为了环境质量的斗争"；为了"争取体面工资的斗争是在再生产（劳动力）的社会领域中为环境而斗争"①。而在所有环境议题中"最重要的是失业和贫穷"。如果说失业更多强调的是发达国家的劳动者，那么贫穷则更多指向发展中国家的劳动人民。正如联合国环境委员会指出的那样，贫穷和环境污染问题是如影随形的，贫穷导致了进一步的环境污染，而环境污染又使贫穷进一步加剧。这虽然并没有触及引起贫穷的制度原因和社会公正的缺失，但却说明了贫穷和环境污染之间的恶性循环。

　　第三世界的穷人既是贫穷的受害者，也是承受环境污染最直接的群体。第三世界的环境问题在很大程度上是由于资本在世界范围内的剥削造成的。环境问题虽然并不是资本主义社会所特有的，但不可否认，环境问题在资本主义生产方式中与其他时期相比"更加严重和具有世界普遍性"。所以佩珀明确指出："基本的社会主义原则——平等、消灭资本主义和贫穷、根据需要分配资源和对我们生活与共同体的民主控制——也是基本的环境原则。真正共产主义的部分定义是，人们不再通过它体验一种环境危机：非人的自然将被改变而不是被破坏，并且，更加使人愉快的环境将被创造而不是被破坏。"②

　　强调环境友好的生态社会主义应通过追求平等、消灭贫困和资本主义制度、根据所有人合理的需要分配资源、民主控制共同体生活来改变这些环境难题。因此，生态社会主义社会可以合理地改变非人自然并创造出使人身心愉悦的环境，人们也不会再感受到这些环境危机。"那里一定有教育、旅游和对社会有用的、令人愉悦的、可以在舒适的工厂和车间内完成的工作，并拥有面向所有共同体的令人愉悦的、丰富和美丽的物质环境。"③ "环境友

① ［英］戴维·佩珀：《生态社会主义：从深生态学到社会正义》，第75页。
② ［英］戴维·佩珀：《生态社会主义：从深生态学到社会正义》，第284页。
③ ［英］戴维·佩珀：《生态社会主义：从深生态学到社会正义》，第283页。

好"的生态社会主义社会追求的是人与自然的和谐统一，这种环境道德要求的是一种新的人与自然的关系，而以获取利润为目的的资本主义生产方式根本无法实现。

第三节　生态社会主义坚持"经济可持续发展"

佩珀认为克服资本主义经济的不可持续性"正是生态社会主义需要解决的巨大难题之一。它必须设计出目前的经济如何能被从根本上转变到社会主义，而没有掉进经常困扰绿色理论家的乌托邦唯心主义的陷进中。"① 为了解决这个"巨大难题"，佩珀一方面从需求和供应的结构性矛盾揭示了资本主义经济的不可持续性；另一方面从绿色经济学家经常回避的细节对生态社会主义的资源、需求、生产、计划等进行重新认识并制定了相应的规划。努力设计出一种"对抗失业、稀缺和一个异常复杂的国际劳动分工的规模经济的纲领"。毫无疑问，生态社会主义的经济问题是佩珀关注最多的一个方面。

一、资本主义经济制度的不可持续性

资本主义制度的不可持续性突出地体现在其经济方面，这种靠剥削维持其增长动力的经济体制注定了离开剥削便不能实现其自身的存在和发展。通过剥削劳动力、剥削自然不断扩大生产来获得剩余价值以提升资本积累的动力，但面临着利润率下降和自然资源匮乏的事实，资本主义经济制度的不可持续性日益暴露和突出。为了解决这一顽疾，资本主义经济给自己开出的处方便是扩大消费，期望通过商品销售"量"的增长来抵消增长动力"质"的下降。但在需求危机和供给危机的结构性矛盾中，资本主义经济制度的不可持续性暴露无遗。佩珀也正是抓住这一点来进行论述的。

（一）需求危机

资产阶级的经济学家否认资本主义经济制度的不可持续性，但佩珀却指出："对资本主义来说，可持续性要包含一个前提即资本主义制度自身必须

---

① ［英］戴维·佩珀：《生态社会主义：从深生态学到社会正义》，第280页。

是可持续的。"① 在资本主义制度中这一前提是无法具备的，因为资本主义的经济可持续性在于要求利润持续增加。从抽象劳动价值理论来说，利润只能来自于对劳动力的剥削，而这必须要在生产过程和流通过程中实现。可要实现利润的持续增加，就必须要不断扩大生产规模并且顺利地把商品销售出去。也就是说，通过不断追加资本扩大生产规模，在循环往复中动态地实现利润扩大。

这一过程顺畅实现要有一个前提性条件即消费不断扩大，但资本追求利润最大化的目的要求对劳动力的剥削达到最大化才能实现。为了实现这一目的，除了在生产过程中剥削劳动力以外，给予劳动力最小化的工资是追求利润最大化的内在要求。虽然最低的工资也包含着一个历史和道德的因素，但低工资是内在于这一经济制度的。并且面对激烈的竞争又不得不提高劳动生产率，当社会劳动生产率普遍提高后，劳动力的单位成本即劳动力价格也会降低。这意味着，资本家支付给工人的工资随着社会劳动生产率的提升呈现相对下降的趋势，这种下降是相对于资本家获得的利润而言。劳动力因此获得的可自由支配的收入便不断减少，劳动力的消费能力理所当然会因此而减弱。相对于少数的资产阶级来说，广大的无产阶级没有购买能力，因此经济增长动力被有限的需求所限制，资本主义的可持续性受到其自身内在逻辑的威胁，这就导致了"需求危机"（佩珀称之为第一个矛盾）。

（二）供给危机

西方的需求危机在20世纪20年代至50年代表现为萧条、战争和凯恩斯主义。为克服需求减少导致的利润下降，个体资本企图通过外在化社会与环境成本来降低自己企业商品的生产成本以最大化地恢复利润，即把这一部分成本推向社会，让社会作为一个整体来承担。但这反过来会导致作为社会的整体资本为处理这一部分成本增加公共支出，便进一步侵蚀了整体资本的利润。而整体资本为克服需求危机带来的经济低迷所采取的措施往往是高福利和高税收政策。高福利意在缓和阶级矛盾，刺激消费；高税收意在提升国家对经济的掌控能力。事实上为了应对需求危机，个体资本与整体资本不断处在一种为争取利润的博弈过程之中。

---

① 参见 David Pepper, "Sustainable Development and Ecological Modernization: A Radical Homocentric Perspective", p. 2。

一方面，在企业与社会内在化或外在化环境成本的矛盾中，最终的结果就是破坏了土地的肥力并引发了一系列的自然环境退化和恶化问题，资本主义制度内在地对环境不友好。另一方面，在最大化剥削劳动力追逐利润的过程中，也直接破坏了劳动力的身心健康，在劳动力异化的状态下，劳动力作为人的尊严、幸福、自由是无法获得的。从长远观点来看，作为生产力基本要素的劳动力和土地都遭到了破坏，即资本主义生产的物质条件受到了破坏，这种破坏导致了生产力的下降和生产的瓶颈状态，因此便形成了"供应危机"（佩珀称之为第二个矛盾）。

由此佩珀指出："需要不断扩大市场的资本主义实际上通过引起过度生产而破坏了其自身的市场。……大约每隔50年或现今更少的时间，过度生产、下降的利润和经济停滞的危机促使资本家从生产中大规模撤退。……资本主义制度不但需要通货膨胀、环境退化等危机存在，而且它们还是这一制度不可避免的结果。"① 因此，资本主义经济制度本身不具有可持续性，按照资本运行的逻辑发展下去不可能走向一个新的生态健全的社会。

二、生态社会主义对经济问题的规划

佩珀认为，"生态社会主义主要而迫切的任务是抓住绿色运动经常回避的棘手问题，抓住绿色社会主义政治经济学的细节。"② 绿色运动经常回避的棘手问题包括诸如资源短缺、自然限制、真实需要与虚假需求、经济是否增长、市场经济与计划经济等一系列问题，通过马克思主义政治经济学的抽象劳动价值理论，可以得到说明和解决。"毫无疑问，'真正'的社会主义与共产主义的生态仁爱性关键在于它的经济学。"③ 所以佩珀认为，从经济问题上对资源、需要、经济理性增长、计划生产等进行分析是十分重要的，这也是他关注的重点。

（一）对资源问题进行再认识

佩珀既反对生态中心主义者普遍奉行的自然资源极限论的观点，也不赞同像本顿等新马克思主义者关于增长限制的看法。佩珀认为在资本主义社会

---

① ［英］戴维・佩珀：《生态社会主义：从深生态学到社会正义》，第96—98页。
② ［英］戴维・佩珀：《生态社会主义：从深生态学到社会正义》，一版前言第3页。
③ ［英］戴维・佩珀：《生态社会主义：从深生态学到社会正义》，第145页。

中出现的资源问题以及与此密切联系在一起的人口过剩等问题，必须用历史的观点加以观察即与特定的生产方式结合在一起。从资本主义生产方式的角度分析资源问题，不难发现马尔萨斯者们赞同的由自然资源短缺和人口规律造成的无法避免的"人口——资源"议题是不成立的。

第一，"资源"真的稀缺吗？

1789 年，马尔萨斯发表了臭名昭著的《人口学原理》。通过对自然资源算术级数增长和人口指数级数增长的对比，他得出了相对于食物等自然资源来说，人口增长永远是超速的，因而必然出现自然资源的短缺和人口的剩余这样一条结论。出于狭隘的阶级利益，他甚至主张通过战争、疾病来控制人口数量以缓解资源的稀缺性。在马尔萨斯主义者看来，人口过剩已经被无法购买食物或没有足够食物吃的特定群体所证明，这是对资源短缺所蕴含的内在理解。生态中心主义者继承了马尔萨斯主义关于自然资源稀缺的观点，认为在社会发展过程中始终存在物质支持系统的"增长极限"，如果不合理化地利用，自然资源在不远的将来就会耗竭。

通过对资本主义政治经济学的分析表明，剩余人口不能够购买食物等商品，不是他们不想购买，而是他们没有足够的可自由支配的收入允许他们购买，实质上是资本家追求利润最大化的目的使其不可能多分一杯羹给劳动者。"对于资本主义本质而言，关键性的是使工资尽可能地低。……他们（指劳动者）不能购买足够多的东西，因而对他们来说，资源是稀缺的。"[①]正是因为这种无力的资本主义生产方式无法创造足够多的工作以增加收入，才使得工人们得不到充分的可自由支配的收入所以不能购买足够的东西，因而对工人们来说资源是稀缺的。再者饥饿也不能完全证明是由于地球无法生产更多食物而造成的自然短缺所引起，很大程度上是由于资本主义制度所带来的分配不均而造成的。因而不能用表面的食物短缺来直接证明人口过剩。

第二，生态社会主义的资源议题。

佩珀等一些生态社会主义学者并不同意这种观点。佩珀认为人口是否过剩、资源是否稀缺必须用历史分析的方法具体认识。我们谈论的并不是一种普遍的人口规律，而是受社会关系制约的资本主义社会中特定的人口规律。"在社会能够改变和管理它的环境的地方，可以维持的人口数量更多地由社

---

① ［英］戴维·佩珀：《生态社会主义：从深生态学到社会正义》，第 113 页。

会关系决定。"① 资源是指可以利用的自然物质，只有联系一个社会发展的技术阶段，才可以界定资源的范畴，现实中确实存在自然资源对人类发展的相对限制，并且这种"自然限制构成人类改造力量的边界"。但资源是否短缺并不是内在于自然的，而是和利用资源的技术水平及社会生产方式密切相关。"社会经济组织的每一种形式都有着与它自己具体的历史条件包括非人类环境相关的特定方式与动力。因而，对一个既定生产方式的自然限制，并不是对所有生产方式——一种普遍类似的形式的——普遍限制。"②

生态社会主义不存在资源短缺以及人口过剩的问题，这是因为通过对"生存""资源"和"稀缺"的重新界定和书写，人口——资源难题"不再是除了通过改变人口数目之外不可解决的。因为我们可以改变我们思想中的目标和社会组织（来解决'稀缺'的存在），或者我们可以改变我们对自然的技术和文化评价（'资源'），或者我们可以改变关于我们所习惯的东西的观点（'维持生计'）。"③ 这意味着生态社会主义社会一方面可以通过提高对自然物质的技术利用水平；或者改变人们思想中的目标和社会组织；抑或改变人们所习惯的东西，来重新界定"稀缺"的社会文化内涵。另一方面把以获取利润为目的生产方式转变为以满足人们需要为目的的生产方式，"改造生产方式意味着改变许多需求，因而改变供应它们的资源以及必须解决的一系列生态难题。"④ 新的生产方式可以改变供应人们需要的资源状况，从而解决由此引发的一系列生态难题。通过这两方面，生态社会主义将不存在资源短缺和人口过剩。

（二）对需要问题进行重新界定

需要问题同资源问题是密切联系在一起的，同样对于需要问题的界定也应用历史的观点，把它们放在特定经济和社会背景中，而不是仅赋予它们普遍性的观念。另外人们的需要或满足其需要的资源状况也是历史形成的，并且会随着文化的改变或历史变迁而改变。

第一，"需要"真的需要吗？

---

① ［英］戴维·佩珀：《生态社会主义：从深生态学到社会正义》，第112页。
② ［英］戴维·佩珀：《生态社会主义：从深生态学到社会正义》，第283页。
③ ［英］戴维·佩珀：《生态社会主义：从深生态学到社会正义》，第114页。
④ ［英］戴维·佩珀：《生态社会主义：从深生态学到社会正义》，第283页。

　　为了说明需要问题，佩珀特别区别了三个词语：需要（needs）、需求（demands）、想要（wants）。需要应是基于所有人基本物质生活和精神生活的底线而言的，它是人类繁衍生息所必不可少的条件，具有必要性和内生性。相对于需要而言，需求往往是由于外在因素而被人为创造出来的，它是非必要的、外在的；想要是基于个人自身的欲望而产生的，它具有非必要性和内生性。"人们可以很容易地发现，在资本主义社会中，一种需要的观念（因而，实现它的资源可获得性）和生产的社会关系是高度相关的。'需要'通常并不是根据那些社会意义上对所有人有用的东西来表达的，而是根据个体需求或'想要'的汇聚，主要地由那些拥有适当购买力的人来表达。"① 可见在资本主义社会中，需要并不具有一般的、普遍的社会意义。因为它只是根据部分人而不是所有人的需要来表达，它不具有必要性。事实上在资本主义社会，为了避免这种制度自身的需求危机必须要通过多种市场营销手段不断人为制造需求，刺激消费。或者通过消费价值观的渗透来诱使人们产生更多的欲望，主动去购买商品。无论是被制造出来的需求还是出于欲望的想要都不是人们真正意义上的需要，都是不必要的，它只是一种"虚假需要"。它之所以存在是为了满足资本获得利润的内在要求。所以，支持生活的"真实需要"和资本主义社会产生的"虚假需要"之间是有区别的。"地球的资源能够满足所有人的需要，而不是所有人的需求。"②

　　第二，生态社会主义的需要。

　　佩珀认为："实现共产主义的生态社会主义战略可能有所不同。但是，它们所共同的是承认控制而不是绕过资本主义的潜在需要。"③ 在生态社会主义社会，需要是满足所有人合理的物质和精神富裕生活的底线，并且随着生产的发展，人们的需要也会变得更加复杂和丰富。"这是一个在艺术上更丰富的社会，其中，人们吃更加多样化和巧妙精致的食物，使用更加艺术化建构的技术，接受更好地教育，拥有更加多样性的休闲消遣，更多地进行旅游，具有更加实现性的关系等等。"④ 可知生态社会主义的需要强调两个方面：一是面对所有人而不是部分人的真正需要；二是需要具有复杂性和丰富

① ［英］戴维·佩珀：《生态社会主义：从深生态学到社会正义》，第115页。
② ［英］戴维·佩珀：《现代环境主义导论》，第74页。
③ ［英］戴维·佩珀：《生态社会主义：从深生态学到社会正义》，第284页。
④ ［英］戴维·佩珀：《生态社会主义：从深生态学到社会正义》，第268页。

性的动态趋势。

生态社会主义的这种需要何以能实现？一是因为生态社会主义按照真实的需要而不是按利润来分配。按利润分配不仅会导致贫富差距拉大，还会刺激人们物质贪欲和消费需求的不断膨胀，最终会影响经济的可持续性。在消费社会中人为诱导的需求与人们生活中实际需要的必需品是十分不同的。人们将重新界定需要的内涵，它将不再基于"幸福的增加来自生产和占有的增加"这一狭隘的观念。它还将重新界定需要的范畴，生态社会主义社会是按照所有人的实际需要，而不是部分人的虚假需求进行资源的开发和分配。通过理性组织起来的社会性生产和资源的合理分配在不破坏生态环境的前提下，能够充分满足所有人的实际需要。这体现了生态社会主义对于社会公正的内在要求。二是生态社会主义的发展是绿色的、可持续的。绿色可持续发展的社会，既要有满足人们真实需要的物质基础，又要随着人们的需要社会性、历史性地改变，把人们的需要发展到更加复杂的水平。高度发达的生产力、合理组织的社会生产、和谐的人与自然关系都将是人们需要变得复杂而丰富的基础，在生态社会主义社会这有可能需要更少而不是更多的地球承载力。

（三）经济理性增长

20世纪80年代以前，生态社会主义学者如阿格尔、莱斯等都主张经济零增长或稳态经济，这为早期生态社会主义定下了一个反经济增长的框架。佩珀并不赞同他们的观点，他认为经济增长是十分必要的。首先，现代社会已经是一个污染严重的社会，而对污染进行治理以扭转环境退化的态势，基本的物质投入是必不可少的。这不仅需要先进的科学技术，更需要大量的资金支持，没有增长的经济做保障，这一切都是空谈。其次，人们生态意识的培养和形成也需要增长的经济做保障。从学校范围内生态意识教育到社会范围内的环保宣传，哪一个环节都离不开人力、物力和财力。即使是一种"生态——共产主义的乌托邦"都需要生产力的发展。而这必须要在经济增长的前提下，才能逐步实现。小规模的、稳态的经济模式根本无法应对人口的自然增长和全球性的生态危机。不可否认，相对于阿格尔、莱斯等人的经济观来说，这是一个突破也是一个进步。因为它是为符合人口增长实际的唯物主义观点。世界人口增长的速度不断加快，地球人口从10亿到30亿用了160年，而从50亿到70亿仅用了24年。据美国人口资料局预计到2053年地球人口会达到100亿。如果仅仅是稳态的经济模式，怎么能支撑地球上不断增长的人口。

佩珀清醒地意识到，虽然经济增长是必要的，但愚昧的市场自由论点仍是不可取的。所以，"生态社会主义的增长必须是一个理性的、为了每个人的平等利益的有计划的发展。因而，它将是有益于生态的：一个建立在共同体所有制和民主控制基础上的社会，生产完全是为了使用而不是为了销售和获利，旨在提供一个人类在其中能以生态可接受的方式满足他们需要的框架。"① 可见佩珀的基本经济观就是"理性增长"。这种理性增长的经济既要合理地使用资源又要有效地避免污染，为此生产、技术及工业同样应该被理性地对待。佩珀认为"生产和工业本身将不会被拒绝"，但在资本主义制度下生产和工业成为剥削工人的工具，它是反革命的，"它必须被社会主义发展所代替"。在社会主义制度下，生产将建立在自愿劳动的基础上，生产和工业作为经济增长的物质载体则是必需的。技术也一样，当它成为"适应所有自然（包括人类）的而不会对它造成破坏"并且"强化了生产者的能力和控制力"时，技术同样是理性经济增长所必不可少的。

（四）计划经济

面对全球自由市场带来的异化消费和污染加剧的事实，西方一些学者如A. 塞耶（A. Sayer）、R. 沃克（R. Walker）和B. 弗兰克尔（B. Frankel）等主张用市场和计划的混合经济版本来解决问题。他们认为市场和计划单独使用都会带有一定的片面性，比如完全的计划太过专横和刻板，完全的市场又太过自由且浪费资源，而市场和计划的混合经济版本则可以消除二者的弊端，兼顾二者的优势。

但佩珀认为生态社会主义经济的理性增长只能通过计划经济来实现。"理性的生产（包括合理的资源使用和避免污染）不能通过货币或市场或国家所有制，而只能通过计划来实现。计划实际上是社会主义观念的核心，因为社会主义是用来准确地满足人类需要的有用物品的计划的（有意识地协调的）生产。"② 当然，这种计划生产是摒弃了异化劳动建立在自愿劳动基础之上的，用来满足整个社会的需要而不是为了市场交换和攫取利润。在这

① ［英］戴维·佩珀：《生态社会主义：从深生态学到社会正义》，第268页。
② ［英］戴维·佩珀：《生态社会主义：从深生态学到社会正义》，第145页。

种劳动过程中人和人之间的关系是友好合作的，每个人都希望充分发挥各自的才能与别人相处，每个人通过生产出满足他人需要的产品而得到个人价值的升华。同时佩珀也指出生态社会主义的生产应面向当地人，这既可以使许多需要在地方层面上得到满足，也可以减少资源的浪费。但佩珀也意识到这种计划生产不是一项容易的任务，"通过使用现代操作研究、线性计划和逻辑与系统科学，在使用者和供应者之间可以设想一个理性化的、从全球到地方的计划联系网络。"① 但就目前来看，这种计划还是要由"国家"来实现。"在社会主义发展中，通过一个有能力的'国家'或相似的制度实现的计划是重要的：如果没有复杂的管理和社会结构以确保民主参与、民权和经济资源的平等协调，没有国家的、没有货币的小规模的公社或其他非正式的选择性形式是不可能的。"②

三、坚持自我依靠基础上的"经济可持续发展"

通过对生态社会主义经济问题的审视，佩珀认为在坚持自我依靠的基础上致力于"可持续发展"才是生态社会主义经济的应有之意，并且经济可持续发展和社会、自然有机联系在一起。可持续发展应是"以社会正义为核心，本质上是人类中心主义的，但同时兼具对自然的管理和环境友好。"③ 20 世纪 90 年代末佩珀对可持续发展进行了深入的研究，结合生态社会主义对经济发展的诉求，它指出生态社会主义理性增长的经济要建立在生产资料的共同体所有、经济自我依靠、经济民主和经济互惠基础之上。

（一）生产资料的共同体所有

生态社会主义学者对世界生态危机的根源已取得普遍共识，用生产资料的公有制所有取代生产资料的私有制才是根本所在。佩珀认为，生态社会主义社会生产资料公有制应理解为生产资料的共同体所有。在这里需要强调的一点是，佩珀认为生产资料的共同所有是共同体成员所有，而不一定是国家所有。"共同体在这里的概念并不是国家的同义词，因为它是在某种形式上

---

① ［英］戴维·佩珀：《生态社会主义：从深生态学到社会正义》，第 145 页。
② ［英］戴维·佩珀：《生态社会主义：从深生态学到社会正义》，第 283 页。
③ 参见 David Pepper, "Sustainable Development and Ecological Modernization: A Radical Homocentric Perspective", p. 1。

的所谓的社会主义。它取决于权力自主原则直接地方化的自下而上的民主，这是来自地方和区域经济赋权的政治形式。"① 相对于国家或社会来说，共同体是持久的、亲密的、真正的共同生活，共同体本身应该被理解为一种现实的和有机的生命。② 基于"默认一致"的共同体成员以相互间共同的、有约束力的思想信念形成共同体自己的意志并在此基础上共同占有生产资料，这比社会或国家更稳固、更生机勃勃。从微观上来说，生产资料的共同体所有不存在"内"与"外"的区分。这可以从根本上克服资本主义制度中的社会与环境成本外在化问题。对资本主义私人所有制而言，必然存在相对于他人来说的自我内在利益，而为了实现这个自我内在利益的最大化，往往会把应由自我承担的成本推向社会，这就损害了作为整体的外在利益。实现生产资料的共同所有以后，共同体成员基于共同的认知对生产资料共同拥有、共同支配，便不会存在这个为了自我内在利益外在化的问题，外在化问题才会得到解决。从宏观上来说，生产资料的共同所有可以实现从私有向公有的转化，根本上改变社会性质。并且联合起来的共同体成员共同掌握生产资料，既可以合理调节他们与自然的物质变换，又可以提高管理自然的能力，从长远角度来看实现人和自然的和谐统一。

（二）经济自我依靠

经济自我依靠是作为边缘国家或地区抵抗全球经济一体化中依附式发展的前提条件。资本主义制度是当今世界的主要经济体制，这种"不安分的制度"需要永不知足的扩张，需要不断制造边缘以满足核心的经济要求。随着资本全球化进程的深入，越来越多的国家和地区被纳入这一不平等的资本主义世界体系。边缘地区为了自身的生存和所谓的现代化发展，不得不接受核心地区对其经济、政治和社会各方面的控制。为了能摆脱这种控制，真正实现可持续发展，佩珀强调"稳定、自我依靠、合作的本地经济是可持续发展的关键因素"③。这样的本地经济可以增强地方经济的独立性和稳定

---

① 参见 David Pepper, "Sustainable Development and Ecological Modernization: A Radical Homocentric Perspective", p. 6。

② 参见［德］斐迪南·滕尼斯：《共同体与社会—纯粹社会学的基本概念》，林荣远译，商务印书馆1999年版，第51—54页。

③ 参见 David Pepper, "Ecological Modernisation or the 'Ideal Model' of Sustainable Development? Questions Prompted at Europe's Periphery", p. 22。

性，减少对核心地区的依赖，逐步实现从依附式发展向自主式发展的转变。当然，这也不同于生物区域主义主张的那种关起门来完全独立的发展模式。因为本地经济只能满足当地居民对于食物、住房、医疗等基本需要，而对于居民诸如审美、旅游等一些额外需要则要靠经济联盟或地区间的交流合作来实现。

（三）经济民主

如果说经济自我依靠是从不同经济主体的角度对抗资本全球化中的经济控制，那么经济民主就是在某个经济体内部来说实现经济自主，它包括经济的所有权和经济的控制权。经济所有权可以通过生产资料的共有实现，而经济的控制权可以通过经济体内部联合起来的成员决定其经济生活和经济政策来实现。相对于经济所有权来说，经济民主更强调经济的控制权。佩珀认为"通过公民直接参与经济决策最终废除经济权力本身的真正的经济民主"[①]应是生态社会主义的基础，因为只有这样才能使环境因素根据整个社会的判断和思考被内化，而不是根据某些个人利益或集团利益来进行衡量从而被外在化。公民直接参与经济决策既可以体现在涉及生产之类的微观层面上，也可以体现在涉及经济体发展的宏观问题上。比如，"所有'宏观'的经济决策，即有关经济整体运行的所有决策（生产、消费、投资的总体水平，工作及休息时间，技术的使用，等等），都是有公民机构以集体的而不是借助代表的方式作出的。而企业或家庭层面上的'微观'经济决策，则可以由单个生产或消费单位作出。"[②]

（四）经济互惠

在以本地共同体为基础的经济模式中，佩珀特别注意到了共同经济体之间的联系、合作与互助问题。因为本地共同体经济只能满足共同体成员诸如住房、食物、服装等基本的需要。在面对人们的需要日益复杂化和丰富化的事实中，共同体之间的联系、合作、互助是非常必要的，这必然会涉及像商品和服务之类的贸易问题，但它不能是一个以市场为基础的自由贸易体系，

---

① 参见 David Pepper, "Sustainable Development and Ecological Modernization: A Radical Homocentric Perspective", p. 6。

② ［希］塔基斯·福托鲍洛斯：《当代多重危机与包容性民主》，李宏译，山东大学出版社 2012 年版，第 146 页。

因为这样会造成环境质量和物质资源巨大的不平衡。佩珀认为:"地方、区域和超区域的自我可持续的经济必须融入到世界经济互惠的网络之中。"①经济互惠是世界贸易的原则之一,是指两成员在相互贸易中相互给予对方以贸易上的优惠待遇。共同体之间的经济互惠不是仅以获得利润为目的的简单商品交易,而是双方基于满足需要的共同发展。

第四节 生态社会主义追求"社会公正"

佩珀认为,社会公正应是生态社会主义的核心之所在,他追求的社会公正不仅体现在人类社会生活的内部,也体现在人与自然的关系上。但在资本主义制度中,不仅人们的社会生活是不公正的,而且人与自然的关系也是不公正的。这种不公正的社会环境和人与自然的关系是资本得以滋长的温床,早期的资产阶级通过海外掠夺与殖民地剥削实现了资本原始积累,继而又通过阶级压迫、剥削自然及不等价贸易在生产和交换中不断积累财富,并将其重新投资以生产出更多的资本。而资本增长的同时又进一步加剧这种不平等和环境退化,而且它必定继续如此。因此剥削、侵略与不公正是内在于资本主义生产方式之中的;而它的对立面社会正义与公平则根本不可能存在于资本主义生产方式内。这些问题根植于资本主义经济、政治和社会之中,所以不存在从根本上加以分析与解决的希望,并且随着资本在全球范围内蔓延,这种不公正也在全球范围内进一步加剧。

一、全球范围内社会公正日益缺失

当绿色分子对1992年地球高峰会议的贫乏成果感到失望的时候,佩珀就作出了社会正义在全球范围内的日益缺失是所有环境问题中最紧迫的预判。而当美国和加拿大陆续退出《京都议定书》、美国又退出《巴黎协定》的时候,更加证明了这一预判的正确性。具有侵略本性的资本主义制度,不可能把环境成本内在化,也不可能肩负起联合国发展委员会提出的"共同但有区别的责任"。佩珀从三个方面分析了社会公正在全球范围日益缺失的

---

① 参见 David Pepper, "Anthropocentrism, Humanism and Eco-Socialism: A Blueprint for the Survival of Ecological Politics", p. 448。

表现。

（一）发达资本主义国家与第三世界之间

发达资本主义国家与第三世界之间的不公正主要体现在经济贸易和环境资源占有两个方面。首先，从双方的经济贸易关系来看，一直是不平等的。这主要是因为西方发达国家凭借自身经济优势控制世界经济话语权，通过制定一系列不平等的条约、协定对第三世界的贸易进行间接控制，或通过大型的跨国公司直接从第三世界国家获得大量利益。国际货币基金组织、世界银行和关贸总协定，"他们鼓励和迫使第三世界降低它们保护其新兴工业的进口限额和关税并使他们的货币贬值，从而使其出口商品变得便宜和来自西方国家的进口商品变得昂贵，并通过削减福利开支和进口西方的机器与农业化学产品，使农业资本主义化。"① 目的就在于使发达国家加倍努力把前殖民地国家纳入这种不公正的世界贸易体系之中，控制世界贸易的话语权，最重要的就是避免发达国家国内由过度生产造成的经济危机。另外，跨国公司从控制世界贸易中得到了大量利润，它们控制了茶叶、可可、木材、烟草、黄麻、铁矿和铝贸易的80%—90%，但其并不满足。"它们迫使美国政府持进一步向第三世界开发和取消贸易管制——这些非管治化包括只允许最低的污染控制措施。"②

第三世界国家由于经济上受到发达资本主义国家"自由贸易"的制约，再加上技术落后和话语权缺失，其发展不得不依附于发达资本主义国家。这种依附发展模式又进一步扩大了双方的差距，富者愈富、穷者愈穷。联合国开发计划署1995年的人类发展报告显示，世界上约有13亿人口生活在贫困线以下。而2014年的人类发展报告则显示，世界上有近22亿人口容易遭受多维贫困影响，其中包括15亿多维贫困人口。全球有12亿人口（22%）平均每天的生活费用不足1.25美元。如果将收入贫困线提高到每天2.50美元，那么全球收入贫困率将增加50%左右（约27亿人）。正如佩珀所说的那样，西欧和美国的富裕水平是建立在"十亿人生活在绝对贫困中"和令人厌恶的不平等基础上的。更令人感到急迫的是，"受世界银行计划影响的群体还没有表现出充分的阶级意识和组织来对抗这种极度的、经济主义的帝

---

① ［英］戴维·佩珀：《生态社会主义：从深生态学到社会正义》，第119页。
② ［英］戴维·佩珀：《生态社会主义：从深生态学到社会正义》，第119页。

国主义思维。"① 第三世界国家只有充分联合起来，通过团结的力量才能争取自身发展的经济话语权。可喜的是，第三世界的国家和人民正在为这种权力而斗争，乌拉圭回合可被看作是跨国公司帝国对通过立法以解决生态关切的全球要求和第三世界全球经济公正的呼声的回击。

其次，这种不公正还体现在环境资源的占有和利用方面。在挪威前环境部长布伦特兰女士的努力下，世界环境与发展委员会提交给联合国的报告《我们共同的未来》，把发达国家与第三世界的环境公正问题提上了议程。布伦特兰报告揭示出第三世界贫穷导致环境恶化，环境恶化又导致更严重贫困的恶性循环。这种因贫困导致的环境恶化其实是因为资源被发达国家占用的结果，因此消除贫困的斗争本质上也是一种环境斗争，"它反映了日益把第三世界环境关切置于相对于西方生态议题的核心性地位的趋势。"② 资源占有的不公正带来了很多问题，在这点上佩珀十分赞同约翰斯顿提出的"生态帝国主义"的观点。发达资本主义国家通过剥削第三世界国家的土地和各种自然资源，把第三世界作为自己的原材料来源地和废弃物垃圾场，将自己的环境成本转嫁给第三世界国家，从而实现所谓的"生态现代化"。佩珀借用格伦纳韦的比喻淋漓尽致地说明了这一帝国主义式的赤裸裸的生态剥削。发达资本主义国家美轮美奂的"前厅"是把第三世界国家当作肮脏不堪的"后房"才实现的。

（二）核心地区与边缘地区之间

核心与边缘的区别是一个相对范畴。从世界范围来看，发达国家是核心地区；第三世界是边缘地区。从发达国家体系内部来说，亦有核心与边缘的差异，欧洲、北美洲属于核心地区；大洋洲、南美洲属于边缘地区。即便是在同一个洲内，亦有核心与边缘的区别，例如在北美洲，美国就是核心地区，加拿大就是边缘地区。在这里涉及的核心地区与边缘地区之间的不公正主要是指发达国家体系内部来讲，佩珀特别研究了欧洲的核心地区与边缘地区之间存在的不公正。结合经济实力和地理分布两个方面的因素来看，英国、法国、德国等国属于核心地区；爱尔兰、西班牙、希腊等国属于边缘地区。

---

① ［英］戴维·佩珀：《生态社会主义：从深生态学到社会正义》，第122页。
② ［英］戴维·佩珀：《生态社会主义：从深生态学到社会正义》，第30页。

20 世纪末佩珀通过对爱尔兰的研究，指明核心地区的财富和政治力量是对边缘地区的剥削和占有。为了更进一步说明问题，佩珀研究了爱尔兰西部的"LEADER"计划。LEADER 一词并非英语意义上的领导者，它是由法语"Liaisons Entre les Actions de Developpement de l'Economie Rural"几个单词的首字母组成，译为"农村经济发展行动联系计划"，"LEADER 是一个虽小但重要的农村发展计划。它的官方文件宣称经济和环境目标的调和是其发展之路的核心。"① 长期以来爱尔兰的经济落后于欧洲中心地区。从地理因素上来看，这是由于爱尔兰的地理位置远离欧洲大陆，长期以来未能融入到欧洲市场一体化的进程中来；从政策因素上来看，特别是 90 年代以后，它经济发展政策的制定受到欧盟"生态现代化"这一环境发展规划的限制及欧洲大陆一些环境保护团体的制约。例如，LEADER 发展规划必须与欧盟第五个环境行动计划相吻合，这就在政策层面剥夺了爱尔兰的发展权。因为"官方话语排除了经济发展与环境利益相矛盾的任何想法：生态现代化兼容性的假设是不容置疑的。"② 其次就是爱尔兰经济发展的依附性增强。为了吸引外资发展经济，爱尔兰降低税率制定了工业生产专业化的发展策略，以医药、电子、软件业为主导产业。但是这种专业化并没有促进爱尔兰本地经济的发展，反而使其经济进一步依附于出口导向的外商独资企业。事实上，这种基于外资导向的工业其年利润返还比例占到爱尔兰国民生产总值的14.7%。虽然20世纪90年代以后爱尔兰的发展不断创造着"欧洲之虎"的奇迹，但高生产率的创新型现代企业是外商独资的，而低技术、低附加值的小收益企业是本地的，佩珀指出爱尔兰经济的这种二元性非常不安全。

对于不公正的资本主义来说，核心和边缘的存在是必要的，因为只有边缘的存在才能保证核心的利益。"重建和'理性化'发生，并导致多种结果之一的国家内部和国家之间的地理中心和边缘地带的发展。财富和政治力量集中在核心地区，这是来自对边缘地区的占有。"③ 佩珀还指出环境难题在边缘地区和核心地区有很大的区别，在第三世界或较早工业化的英格兰北

① 参见 David Pepper，"The Integration of Environmental Sustainability Considerations into EU Development Policy：A Case Study of the LEADER Initiative in the West of Ireland"，p. 168。
② 参见 David Pepper，"Ecological Modernisation or the 'Ideal Model' of Sustainable Development? Questions Prompted at Europe's Periphery"，p. 8。
③ ［英］戴维·佩珀：《生态社会主义：从深生态学到社会正义》，第98页。

部，它们面临的是基本生存问题及反剥削斗争；而在核心地区，通常与富人们的精神焦虑有关。

（三）富人与穷人之间

富人和穷人之间的不平等是一个从私有制产生以来就存在的历史问题。它不仅表现在经济方面贫富差距的日益扩大，还表现在环境灾难不平等地影响着富人和穷人。首先，从一国内部来说贫富差距在不断增大。"'发达'经济体中贫富之间日益扩大的鸿沟标志着资本主义越来越不能满足可持续发展的社会正义方面，在财富创造中由于资本对'灵活'劳动力的需求创造了下层社会。"① 从世界范围来说贫富差距更为突出。基尼系数（Gini coefficient）是国际上通用的、用以衡量一国或地区居民收入差距的指标。基尼系数介于 0—1 之间，数值越大表示不平等程度越高，通常把 0.4 作为收入分配差距的"警戒线"。美国经济学家布兰科·米兰诺维克（Branko Milanovic）2009 年为世界银行提供的一份研究报告表明：从 1820 年到 2005 年的两百年间，世界平均基尼系数从 0.43 攀升到 0.68，数据表明包括中国在内的拉丁美洲、南美洲、非洲南部等大部分发展中国家的基尼系数较高，在 0.45 到 0.66 之间；而欧洲、大洋洲等发达地区系数较低，在 0.25 到 0.4 之间，美国的基尼系数为 0.45 在发达国家中属于较高的。② 这意味着世界性的贫富差距不断加剧，且发展中国家的穷人正在遭受着日益严重的贫困。

其次，环境灾难不平等地影响着富人和穷人。穷人比富人更容易遭受环境带来的不同灾难。布伦特兰报告指出："在 60 年代，每年有 1850 万人受旱灾的影响，但在 70 年代，增加到了 2440 万人；60 年代每年有 520 万人受水灾的危害，而在 70 年代增加到了 1540 万人。"③ "这些灾害造成的受害者大都是贫穷国家中的穷人。在这些国家，仅能维持生活的农民必须通过开垦边缘性土地而使得他们的土地更容易遭受干旱和洪涝灾害。"④ 对不同地区的人来说环境灾难并不同样严重而且意义也不相同。当英国的环境运动者为

---

① 参见 David Pepper，"Sustainable Development and Ecological Modernization：A Radical Homocentric Perspective"，p. 5。

② 参见 Branko Milanovic，*Global Inequality and the Global Inequality Extraction Ratio：The Story of the Past Two Centuries*，World Bank，2009。

③ 世界环境与发展委员会：《我们共同的未来》，第 35 页。

④ ［英］戴维·佩珀：《生态社会主义：从深生态学到社会正义》，第 30 页。

了健康、安全和体面的工资而游行示威的时候，印度、肯尼亚和墨西哥的穷人们还在为饮用水、食物和居住地这些基本的生活资料而斗争。穷人在不同层次上受到诸如饥饿、失业、疾病等多维因素的影响。佩珀以"失业者蓄水池"为例说明了富人如何反复把失业作为反对最低工资和强力工会的一个有力武器。这种不公正还体现在富人比穷人更容易避免恶劣环境带来的不利影响。在面临环境灾难时，富人凭借有利的物质财富更易于采取应对策略以保证自己能享受到舒适且健康的生存环境。佩珀引用哈里森的观点说明"即使地球塞满人而窒息，一些人仍然可以找到摆脱困境的出路"①。不难看出，这"一些人"就是少数富人，因此免除环境威胁的出路同样需要物质赋予的基础，而富人就是凭借资本主义制度这种赤裸裸地不公正性始终维持着它。

二、坚持自主性基础上的"社会公正"

相对于生态中心主义注重人与自然的平等以及各物种生存的平等权来说，生态社会主义更注重人类社会范围内社会公正缺失的问题。因此，生态社会主义所强调的社会公正首先是要致力于消除人类社会范围内人剥削人、人压迫人的不公正现象。就目前来看，人与人之间的这种不公正并没有因为文明程度的提升而消失，因为它是私有制的产物，并且随着资本主义私有化程度不断加强，这种不公正渗透在世界范围的每一个角落，体现在政治领域、经济领域、文化领域等社会生活的每一个方面。所以，社会不公正才是要解决的首要问题。当然社会公正也需要考虑消除人类剥削自然的现象，应致力于人类、自然和社会的重新统一。除了在经济领域实行根本的变革外，佩珀还从以下几方面进行了说明。

（一）强调自主性

从全球视野来说，为避免发达国家和发展中国家的不公正，国家的自主性是必不可少的。虽然大多数生态社会主义者从长期的考虑主张消除国家，但佩珀认为现阶段国家仍然是十分必要的。"生态社会主义朝向民主化的推

---

① ［英］戴维·佩珀：《生态社会主义：从深生态学到社会正义》，第160页。

力是国家而不是布克金社会生态学企图消除国家的计划。"① 这是因为要实现一个生态友好、社会公正、全球性的、商品与资源的平等生产和分配，要克服发达国家和发展中国家目前在获取和使用资源方面的不公正，仅凭松散的、自发的直接民主和成千上万的自治公社、合作社是根本无法想象的。所以，"生态社会主义必须坚持通过一个有能力的'国家'或类似制度来实现社会主义发展的中央计划。"② 但从生态社会主义的最终发展向度来看，国家的自主性要向共同体的自主性过度。佩珀认为本地共同体是基本的社会单位，它不仅可以承担本共同体成员的生活责任，还可以有效根除因地区间经济依赖而造成的不平等。本地共同体一方面可以协调生产、减低能耗，从而满足其成员对食物、住房和能源的基本需要；另一方面通过经济自主、自力更生，从而降低对全球经济一体化的依赖程度。因此避免了不等价贸易、话语权缺失等不公正的现象。

（二）自下而上的参与式民主

佩珀认为要解决这种不公正必须从现有体制外而不是体制内寻找途径。因为现存的不管是资本主义国家还是社会主义国家的民主，都不是一种真正意义上的民主，它仍然是少数人对多数人的一种控制。"为了消除资本主义制度的积累和工资奴役以实现公正与平等，生态社会主义必须对真正的自下而上的参与式民主恪守承诺。"③ 这种民主以权力分散为原则，是一种重在参与、自下而上的权力自主，它同希腊学者福托鲍洛斯的包容性民主非常类似，因为都强调了"政治权力由全体公民平等地分享"。权力分散是与权力集中相对的。权力分散是指在权力的空间划分上要促进平等、效率、福利和安全，避免因权力集中而带来的剥削与压迫、保守与专制。自下而上的民主与希腊城邦的公民民主和现行的寡头政治或精英民主都不同，因为它强调每一个体平等的政治权利，这样更能体现出民主应有的广泛性。参与式的民主强调的是个体的参与度，共同体的各种重要决策应由成员大会共同通过而不

---

① 参见 David Pepper，"Anthropocentrism，Humanism and Eco-Socialism：A Blueprint for the Survival of Ecological Politics"，p. 449。

② 参见 David Pepper，"Anthropocentrism，Humanism and Eco-Socialism：A Blueprint for the Survival of Ecological Politics"，p. 448。

③ 参见 David Pepper，"Anthropocentrism，Humanism and Eco-Socialism：A Blueprint for the Survival of Ecological Politics"，p. 448。

是由权力代表来表决通过。权力代表也应由成员代表大会以抽签或轮换的方式来产生，以增强公正性。

（三）分配的公正

分配的不公正既是社会正义缺失的体现，又加速了社会正义的缺失。由精英控制的经济制度标榜通过"渗透理论"可以实现下层人民的富裕，因为穷人的生活绝对比一百年前要好很多。但分配的公正更多涉及的是政治问题，全球贫困人口的绝对数量在不断增长，并且"收入的分配而不是水平最大程度地决定着人们的健康、寿命以及对他们生活的控制程度。"[1] 可见，分配的公正并不是一个可以通过经济生活中所谓的先富带后富就可以解决的。"当发达资本主义国家拒绝把它们自己的消费者生活方式放到议事日程上时，第三世界国家坦率而有理由地拒绝作出短期的经济牺牲来保护他们的热带雨林。因此，社会的和重新分配的公正成为实现生态中心论者所希望的那种与自然关系类型的核心性问题。"[2] 在解决分配问题上，佩珀认为基于资本多寡的分配和基于机会平等的分配都是不合理的、不公正的。基于资本多寡的分配更是建立在私有制的剥削和压迫之上，是首先要被否定的。基于机会的平等并未考虑个体先天条件的差异，也是不可取的。不可否认，人们在出生时所遗传的智商、体能、情商以及所处家庭背景、社会背景等就先天地不平等，所以并不可能真正平等地获得机会。由于人们能力的内在差别，这将产生在财富分配上的差别。所以，基于"个人需要而不是个人能力的"物质生产力和分配系统必须建立起来。

---

① ［英］戴维·佩珀：《生态社会主义：从深生态学到社会正义》，第32页。
② ［英］戴维·佩珀：《生态社会主义：从深生态学到社会正义》，第298页。

第四章　实践应用中的生态社会主义

　　佩珀与其他生态社会主义者的明显区别不仅表现在他对实现生态社会主义的理论研究，还表现在他对生态社会主义实践方式的长期关注，更体现在他深入共同体社区进行的实践调研。他认为生态社会主义实践的具体活动往往缺乏与社会主义基本原则建立真实的联系，这是导致现实中激进联盟和红绿网络停滞不前的主要原因。所以为了能够用社会主义的基本原则指导绿色运动并完成这一过程，他明确表示想为"这一过程——一个并非只有学术重要性的过程——作出贡献"。在佩珀看来，立足于马克思主义的生态社会主义的重要目的就在于促进"实践应用"。这种"实践应用"可以促使激进的社会变革不断地发生并且总有可能出现，可以帮助诸如工会、选择性生产等具体实践方式深入展开，可以推进现实中红绿联盟的实施进程。

第一节　革命性社会变革是实现生态社会的前提

　　作为20世纪90年代生态社会主义阵营中比较激进的代表，佩珀一直主张用唯物主义的方法实现资本主义世界体系的革命性社会变革，从而根除生态危机。他认为："马克思解释社会如何演变的方法从根本上说是唯物主义的。"① 这种历史唯物主义主张社会存在决定社会意识，社会意识反作用于社会存在。"人们依据新的观念和意识行事，它们就能改变世界。但是，人们愿意依照它们行事的程度将受到它们在多大程度上与人们正在做的事情相

---

① ［英］戴维·佩珀：《生态社会主义：从深生态学到社会正义》，第79页。

一致的程度的限制（这些新观念在多大程度上被视为'共同认识'的一种可以接受的扩展）。"① 佩珀注意到虽然社会主义的变革在理论上可行，但在实践中会受到诸多限制。所以现实中革命性的社会变革何以可能？这是佩珀在建构生态社会主义理论时必须要思考和面对的一个现实难题。

一、革命性社会变革何以可能

通过对传统政治和绿色政治争论中涉及的一系列社会基本问题的比较辨析，佩珀清楚地表明了自己的观点。

第一，采用"旧"政治而拒斥"新"政治。对西方环境主义运动中最具影响力的主流绿色分子来说，绝大部分都接受生态主义和无政府主义的观点，主张用改良主义的方法去治理生态危机。佩珀认为这对环境运动是十分不利甚至是有害的。因为绿色分子标榜自己是独立的意识形态，是求助于后现代主义的"新"政治，他们认为通过"消除贫穷、平等主义和市场干预"可以拒绝"旧"政治中的核心关切以建立一个健康的、生态可持续的资本主义社会。但佩珀认为绿色分子们的后现代主张只是丰富了卡伦巴赫式的生态乌托邦理论，而真正想实现一个生态良性的社会主义社会必须求助于现代主义的"旧"政治，即通过采用"旧"政治而拒斥"新"政治才有可能实现。

在这里隐含着一个问题，就是生态主义者（绿色分子）和生态社会主义者对"新""旧"政治的理解。所谓的"新"政治是从绿色分子的角度来说，他们认为自己讲的后现代主义是相对于现代主义的新政治，或者也可以说是绿色政治；而生态社会主义者们是求助于现代主义的旧政治，也就是传统政治。但佩珀认为："尽管生态主义始于与传统政治不同的前提与关切，但当它开始说明为了获得生态矫正结果我们必须做什么时，就必须涉及传统的政治问题。"② 这是因为生态主义关切的虽然是通过改变个体的价值观念和生活方式来达到对生态问题的改善，但是如何实现社会中每一个个体的改变却并不只是一个像舒马赫认为的那样的教育问题，而是要涉及政治问题，是必须借助于政治力量来完成的。生态危机是世界共同面对的结构性难

---

① ［英］戴维·佩珀：《生态社会主义：从深生态学到社会正义》，第15页。

② ［英］戴维·佩珀：《生态社会主义：从深生态学到社会正义》，第37页。

题，仅仅凭借改良主义的和风细雨不足以撼动这个结构性难题的根基，因此必须通过激进的社会变革。然而，"通过抗拒人们的观念或他们的经济组织来实现激进的社会变革，也意味着抗拒那些从现有制度安排中获益的人们的政治力量。这种力量是如此巨大，以致只能通过人们以传统政治方式采取的行动才能抗拒。这些传统政治方式包括议会政治、超议会压力团体行动或者更可能的革命——撤出劳动力或夺取生产工具。"① 可见在佩珀看来，要实现革命性的社会变革，传统政治方式是必需的。

第二，采用集体主义批判个体行为。绿色分子们一直奉行"个人的就是政治的"，认为个人的思想和行为在一定程度上都会产生影响政治的效果。在这个口号的感召下，绿色分子们崇尚个体的修养和改变，崇尚田园牧歌式的生活方式。"个人主义方法寄希望于一个个人不断改变其价值观和生活方式的进程，认为这将导致一个新的集体社会。这种概念立足于一种本质上是自由主义的社会观。"② 但在实践中，"个人即政治的"的口号被理解为个体在社会变革中起关键性作用，这种关键性的作用可以导致通向一个生态良性的绿色社会。因而，个人主义反对革命、政党、议会等集体活动。它不相信群众革命，认为这里必然包含着暴力、斗争、压迫和血腥，而这些本应该正是革命所致力于克服的东西，但革命本身却又不得不借助于它们。所以革命本身就是自相矛盾和根本不可能的。个人主义同样也不相信政党政治，认为无论是什么样的政党在追求政治权力时必然产生诸如特权、贪污、受贿等腐败行为，政治家在这种腐败的环境中也不可能不被腐化，而且不同政党之间的博弈总是不得不使他们的观念相互妥协。

第三，解决冲突而不是协商一致。绿色分子们承认社会中存在着冲突，但在面对冲突的时候，他们往往赞成多元主义者们的观点即通过协商达成一致的协议，而不是从根本上去解决这些冲突。目前资本主义发达国家中，社会人群正日益显现出一种正态分布趋势，即中产阶级在社会中所占的比例最高，最富有者和最贫穷者是社会的少数，而且基本上是对称分布。这种正态分布被多元主义者认为最能体现民主和社会正义。社会是由不同阶层的多元群体构成，所有人在社会这个大系统内其实都是相互关联的，"当一个群体

---

① ［英］戴维·佩珀：《生态社会主义：从深生态学到社会正义》，第16页。

② ［英］戴维·佩珀：《生态社会主义：从深生态学到社会正义》，第17页。

被过度疏远或处于不利地位时，这个系统将会调整：不是通过革命性的冲突，而是通过诉诸法律或通过政府对压力团体作出回应或公司对消费者压力作出反应等来减轻公众的不满。因此，通过改变与演进，一个新的共识形成而系统也保持了稳定。"① 这意味着在多元主义者看来冲突通过"理性争论和游说"便可以得到解决，并且社会结构也可以保持不变，激进的社会变革是没有必要的。佩珀指出英国的司法制度其实就是建立在这种思想之上的，"当双方发生争执时，一个满意的解决方案未必意味着'天然的公正'，而是每一方都能从中得到他们想要的某些东西的一个结果。"②

但冲突模式的支持者们则坚持认为，任何激进的社会变革过程中都会存在着冲突的必然性，而且是绝对不可避免的。任何一个想改变现存社会模式或社会制度的群体或阶级都要挑战那些拥有权力而又不想放弃它的群体或阶级，在这个斗争过程中产生的冲突不可能通过协商解决。不可否认的是资本主义社会仍然可以用是否拥有生产资料或出卖劳动力来划分最基本的社会群体，也就是资产阶级和无产阶级这两大对立的阶级。"马克思主义的冲突模式是一个重要的冲突模式。它认为，尽管社会可能会以不同的方式建构成为阶级或团体，但在资本主义向社会主义转变的过程中，两个阶级最为重要。……社会变革产生于这些群体之间内在的和持久的斗争。"③ 况且资本主义也不是多元主义认为的那样所谓的民主国家，而是一个精英主义的社会。精英主义的社会实际上是由竞争性的利益团体组成的，这对于那些特定的、有着不公平的优势团体是存在偏爱的……马克思主义的观点把这种精英主义的分析又推进了一步，使它适应与一个建立在物质经济利益基础上的冲突模式。一个特定的团体就是一种能够操纵制度并使制度对他们有利的这一事实，被认为尤其是建立在那个团体的经济权力的基础上。因此佩珀指出："环境抗议团体诉诸于建立一个用来平衡与协调冲突利益的、被假定是中立的权威，这是很幼稚的。"④

---

① ［英］戴维·佩珀：《生态社会主义：从深生态学到社会正义》，第22页。
② ［英］戴维·佩珀：《生态社会主义：从深生态学到社会正义》，第22页。
③ ［英］戴维·佩珀：《生态社会主义：从深生态学到社会正义》，第21页。
④ ［英］戴维·佩珀：《生态社会主义：从深生态学到社会正义》，第23页。

二、激进社会变革遭遇的现实阻碍

(一) 缺乏工人阶级意识

不可否认，自 19 世纪末开始生产的机械化、自动化、科技化程度不断提高，工人阶级窘迫的工作状况和生活状况较之前有了明显的改善。现代工人阶级普遍拥有中档汽车、半独立住房和带薪年假。同时，随着科学技术的普遍使用，管理阶层人数所占比例不断提高，技术工人也逐渐取代了产业工人，成为工人阶级的主体。"一个从生产过程中脱离出来的中产阶级和一个高工资的体力劳动阶级的出现，实际上已经复杂化了马克思主义的图景。"①匈牙利著名哲学家和革命家格奥尔格·卢卡奇（Georg Lukács）对这种变化的社会状况做了深入的分析，他提出了与马克思异化思想本质上一致的"物化"理论，并进一步从扬弃物化的途径说明目前无产阶级并不"渴望总体性"的生成，也就是自觉的阶级意识的普遍缺失。而这种自觉的阶级意识对无产阶级革命是至关重要的。"对无产阶级来说，越是要迫切地理解自身的历史革命，无产阶级的阶级意识也就越强烈、越直接地决定它的每一行动。因为只要盲目起作用的力量还未达到它自我消灭的目标，这种力量就会'自动地'推进到这一目标。……换言之，当资本主义最终的经济危机发展时，革命的命运（以及人类的命运）将取决于无产阶级意识形态的成熟，即取决于无产阶级的阶级意识。"②

卢卡奇最为担忧的是 20 世纪工人阶级这种自觉的阶级意识的普遍缺失。一方面，伴随着管理阶层的扩大和产业工人自身数量的减少，产生一个有自觉阶级意识的工人阶级的物质基础已经不复存在。另一方面，虽然只有无产阶级具有"统一的主体与客体"的社会地位，但是无产阶级并不与生俱来地具有这种地位自觉，而这一自觉的过程并不是简单的、短暂的和轻而易举的，而是复杂的、漫长的和任重道远的。正是由于这种阶级意识的缺失，"无产阶级开始依据资产阶级的世界观来理解事件，在政治中对个体的崇拜开始取代对集体的崇拜。这破坏了工人阶级的自我意识和它自身的利益。"③

---

① ［英］戴维·佩珀:《生态社会主义：从深生态学到社会正义》，第 150 页。
② ［匈］卢卡奇:《历史和阶级意识》，王伟光等译，华夏出版社 1989 年版，第 70 页。
③ ［英］戴维·佩珀:《生态社会主义：从深生态学到社会正义》，第 151 页。

所以现代工人阶级习惯于自己被异化的事实，把阶级政治看作是一个"已疲倦的神话"，并明显地拒绝社会主义。因此新马克思主义认为，新冲突地带的焦点不在物质条件上而集中在思想之中：主要的政治难题已从经济领域转到文化领域。其他一些新马克思主义者，如安东尼奥·葛兰西（Antonio Gramsci）、赫伯特·马尔库塞（Herbert Marcuse）、尤尔根·哈贝马斯（Jürgen Habermas）等也普遍赞同这种观点。

高兹也提出了类似的观点。他认为，对马克思来说发展无产阶级意识的主要行动者即技术工人，从量上来看已随着"自动化、计算机化和泰勒主义"的到来而减少了。从质上来看由于创造性劳动的减少，劳动者已成为"机器"，根本意识不到其革命潜能更无能力改变世界体制。在目前的生产方式框架之中，权力不再存在于一个可辨认的群体，而是存在于制度本身，因此想找到权力所在并控制它是不可能的，所以基层工人的力量也无法发挥出来。革命不可能像从前一样，通过无产阶级取代资产阶级的暴力革命来完成，而要通过"借助一种选择性关系网络（即自主的领域）的发展从而能够超越和取代（这种结构）的集体实践来实现。"① 佩珀认为高兹是"用无政府主义代替社会主义的分析方法"，这对绿色运动来说极为不利。"他用个体主体——尽管是集合的——代替了阶级的集体主体，得出结论说集体意识是不可能的。只有在个体的意识和自主中，人们才会发现他们自己：工人阶级作为一个群体，不能掌握资本生产的组织和劳动制度，因而不能跨越它。实际上，这是古典自由主义理论的一种复活。"②

（二）对工人运动的否定

传统马克思主义与新马克思主义对工人运动及阶级斗争的态度相距甚远。前者认为阶级斗争是阶级社会发展的直接动力，工人运动是革命的中介，而由工人先锋队领导的暴力革命则是通向社会主义或共产主义的必经之路。"阶级斗争是将人性从资本主义的枷锁中解放出来的核心。他们等待一个新时代的到来，那时无产阶级已同时形成一种资本主义制度下社会关系现

---

① 参见 Andre Gorz, *Farewell to the Working Classes: an Essay on Post-Industrial Socialism*, London: Pluto, 1982, p. 63。
② ［英］戴维·佩珀：《生态社会主义：从深生态学到社会正义》，第151页。

实的革命性意识，并决定采取联合的政治行动来创造一个新的无产阶级社会。"① 列宁正是将这种传统革命观由理论变为现实的第一人，在列宁的领导下，俄国通过工人暴力革命夺取了政治领导权，实现了社会性质的变革。在十月革命胜利成果的感召下，许多欧洲国家的工人阶级都开展了武装夺权运动。

特别是第二次世界大战以后，随着科学技术的普遍应用，工人阶级的生活状况得到明显改善，工人运动一度非常低迷。"比如，英国职工队伍的组织率，70 年代为51%，而到了 80 年代则下降为36%。法国总工会的会员人数，80 年代末只有 60 年代的 1/4。美国工会会员在全部劳动力中所占的比例，1950 年为 1/3，到 1984 年已下降为 15% 了。"② 因此新马克思主义认为暴力革命并不适合高达发达的资本主义工业国家，对工人运动和暴力革命持否定的态度。新马克思主义者认为在 19 世纪后半期和 20 世纪社会状况发生了很大的变化，异化或物化是 20 世纪人们面临的最可怕的事实，并且这种物化意识已经渗透到社会生活的方方面面，在很大程度上消解了工人阶级的阶级意识，即便是武装夺取了国家的政治领导权，也不可能改变资产阶级对整个社会的文化控制，因此斗争的重点也要从传统的经济和政治领域转到目前的文化领域。通过培养工人阶级自觉的阶级意识重新夺回文化领导权，在文化和意识形态领域获得合法地位和领导权，才是西方无产阶级的主要任务。

比如意大利共产党总书记葛兰西，在被捕入狱后对东西方国家的革命成败、社会结构、工人运动进行了分析。他认为，东西方国家"市民社会"发展程度的巨大差异决定了东西方的革命路线应是完全不同的。葛兰西的市民社会概念不同于黑格尔和马克思，他的市民社会不再是单纯经济意义上的新兴资产阶级，而且也成为政治及文化上的阶级。"对国家的基本认识离不开对市民社会的认识（因为人们可以说国家 = 政治社会 + 市民社会，即强制力量保障的霸权）。"③ 比如在市民社会发展程度极低的东方社会，国家就是一切，其唯一职能就是政治强力统治，即暴力和强权。所以通过无产阶级的暴力打破旧的国家机器和强力统治，从根本上改变现有的社会结构是可能

---

① ［英］戴维·佩珀：《生态社会主义：从深生态学到社会正义》，第 148 页。
② 奚广庆、王谨：《西方新社会运动初探》，中国人民大学出版社 1993 年版，第 3 页。
③ ［意］安东尼奥·葛兰西：《狱中札记》，曹雷雨等译，中国社会科学出版社 2000 年版，第 218 页。

的，十月革命的胜利恰恰说明了这一点。而"在西方，国家与市民社会关系得当，国家一旦动摇，稳定的市民社会结构立即就会显露。国家不过是外在的壕沟，其背后是强大的堡垒和工事。"① 西方市民社会已演变为更复杂的结构，可以抵御直接经济因素入侵带来的灾祸性后果，即便通过暴力革命摧毁了国家的政治权力，作为"堡垒和工事"的市民社会依然可以控制文化上的领导权，因此，暴力革命观在西方发达社会是无能为力的。在新马克思主义的影响下，特别是在 20 世纪 60 年代以后，放弃暴力革命观、否定工人运动已得到普遍认可，"对葛兰西和新马克思主义者（以及许多绿色分子）来说，无产阶级对抗国家的任何'运动战'，必须滞后于一个长期而缓慢的、改良主义的'立场战'来实现一个大众知识与道德的革命。"② 工人运动也因此被进一步边缘化。

面对这一现状，佩珀指出作为集体性生产者，我们有很大的能力去建设绿色、公正的社会。"工人运动一定是社会变革中的一个关键力量。它将重新发现了自己在这方面的潜力，并且重新恢复作为一种环境运动的特征，而这已在比如工会主义、乌托邦社会主义和回归土地运动中得到历史性证实。"③ 中国社会科学院世界历史所刘军研究员通过对美国和加拿大自 20 世纪 60 年代以来工会运动的研究指出："当代工会不仅与各类新社会运动有着密切关系，而且直接领导和参与很多社会运动，它们仍是推进社会发展与变革的最有力的社会组织。"④ 这进一步证明了佩珀观点的正确性。

（三）对工人阶级是社会变革代理人的否定

传统马克思主义认为社会变革的唯一代理人是工人阶级，而社会变革则主要应集中在政治领域，促使社会变革的最有效方法就是政治上的暴力革命，通过暴力武装夺取政权。事实上，这是对马克思革命观的误读和谬解，马克思指出："对实践的唯物主义者即共产主义者来说，全部问题都在于使现存世界革命化，实际地反对并改变现存的事物。"⑤ 可见马克思所说的革命是一种促使现存世界改变的活动，它可以发生在经济领域、政治领域和文

---

① ［意］安东尼奥·葛兰西：《狱中札记》，第 194 页。
② ［英］戴维·佩珀：《生态社会主义：从深生态学到社会正义》，第 152 页。
③ ［英］戴维·佩珀：《生态社会主义：从深生态学到社会正义》，第 284 页。
④ 刘军：《北美视角下的工会运动与新社会运动》，《浙江学刊》2014 年第 6 期。
⑤ 《马克思恩格斯选集》（第 1 卷），第 155 页。

化意识领域等一切人类活动触及的领域。政治革命是革命的一种重要形式，但绝不是唯一形式。即使在政治革命中，暴力革命也只是其中一种运用手段，也绝不是唯一的手段。而传统马克思主义是将马克思的革命观仅仅局限在了政治领域和暴力革命，这明显是狭隘地理解马克思的革命观。许多新马克思主义者在否定传统马克思主义的基础上，开始从不同的角度对马克思主义进行解读。但基本上都否定了马克思的暴力革命观和工人阶级代理人的观点。他们认为无产阶级即工人阶级不再是解放的传送者，而暴力革命也不可能真正实现工人阶级和整个人类的解放。新马克思主义者根据自己对马克思主义的理解和对社会状况的考量纷纷提出不同的观点。这其中最具有代表性的就是马尔库塞和高兹。

马尔库塞是西方法兰克福学派的重要代表之一，曾被参加 20 世纪 60 年代后期大规模造反运动的学生们拥戴为"精神领袖"。他对西方社会的革命及革命代理人有着同马克思相距甚远的理解。马尔库塞认为，西方发达的技术在满足人们物质需求、改善人们生活状况的同时也消解着工人阶级的革命性与超越性，使工人阶级成为失去了否定性的"单向度的人"。虽然工人阶级作为一个阶级仍客观存在，但他们已经从否定资本主义的先进力量转变为肯定资本主义的保守力量，失去了自身否定性的工人阶级在现实性上就没有能力成为革命的领导阶级了。"在（发达工业社会里）大多数工人阶级的身上，我们看到的是不革命的，甚至是反革命的意识占着统治地位。"① 因此，马尔库塞否定了工人阶级革命代理人的身份，但也指出这并不意味着工人阶级永远失去变革社会的可能性。因为社会永远是在生成的，在这一过程中，如果工人阶级再一次获得了个体意识和个人解放，则又会变成革命的中介。

既然工人阶级不再是社会革命的主体，那么谁又能承担这一历史重任呢？马尔库塞认为知识分子、青年学生和少数革命者是革命真正希望之所在。因为知识分子个体意识的独立性未被技术理性所消解；青年学生也未被资本主义制度的世俗化所同化，他们有可能保持个体意识的独立与完善，是"革命的催化剂"。同时，马尔库塞认为受剥削、压迫最深的社会底层的人群是革命的一个主要力量，并且这部分人的范围很广泛，"在保守的大众基础之下，有一些亚阶层，如被遗弃的和被排除在外者、被剥削被迫害的其他

---

① ［美］H. 马尔库塞：《工业社会和新左派》，任立译，商务印书馆 1982 年版，第 84 页。

种族和有色人种、失业者和不能就业者，他们全都是在民主过程之外存在的；他们的生活最直接最现实地要求结束不可容忍的条件和制度。因此，即使他们的意识不是革命的，他们的敌对行为也是革命的。"① 马尔库塞认为这些"亚阶层"是发达工业国家革命时发挥作用的"希望的酵母"。佩珀认为马尔库塞致力于"社会变革的一个过剩群体代替无产阶级""关于个体意识和生活风格是革命代理人"的观点，"在 20 世纪 80 年代和 90 年代的英国———一个保守政府在大规模失业的背景下第三次当选之后，看上去是站不住脚的。"②

马尔库塞的观点在高兹的理论中得以彰显并完善，高兹明确提出了"新工人阶级"取代传统工人阶级和"非工人非阶级"思想，并得到了新左派、绿色运动和西欧工会的拥护和支持。高兹认为 20 世纪发达资本主义的生产体系和社会阶层都发生了很大变化，"新工人阶级"主要指科学技术人员、管理人员以及生产自动化过程的监视者等，他们已成为一个独立的阶级。高兹认为与传统无产阶级相比，新工人阶级具有自己的独立性和自主性。这种个体的自主性是和无产阶级的阶级意识相对立的东西，高兹强调只有明确获得自主性的个人才是社会变革的真正力量。"历史的发展要依赖个体意识，并且无论他们想什么，在他们的运动中都要认识到他本身的力量。"③ 他认为学生和新工人阶级是革命解放的新生力量，但 1968 年"五月风暴"的失败证明了高兹理论的错误性。此后高兹又提出把社会变革的希望寄托在"非工人非阶级"（即佩珀所说的"后工业新无产者的非阶级"）上，认为他们是后工业社会的主导力量。所谓的非工人非阶级"涵盖所有在生产中废除工作被驱逐的人，由于能力不足成为工业智能化（自动化或电脑化）中的半失业人员，也包括今天社会生产中所有的剩余人口，无论是潜在的或真正失业的、永久的或暂时的、兼职的或全职的。这是源自于旧社会在尊严、价值、社会效用和工作意愿上的消解所造成的。"④ 但事实证明，非工人非阶级这一群体根本无法承担起社会变革的重任。

---

① ［美］赫伯特·马尔库塞：《单向度的人》，张峰等译，重庆出版社 1988 年版，第 6 页。
② ［英］戴维·佩珀：《生态社会主义：从深生态学到社会正义》，第 152 页。
③ 参见 Andre Gorz, *Farewell to the Working Class：An Essay on Post-Industrial Socialism*, London：Pluto press，1982，p. 18。
④ 参见 Andre Gorz, *Farewell to the Working Class：An Essay on Post-Industrial Socialism*, p. 68。

此外性别主义、种族主义及无政府主义都将革命的信念置于马克思主义的反题之中。比如，A. 施温特（A. Schmidt）论证了一个具有革命潜能的亚文化：一个与现存制度和附属于它的阶级有明显差异的"选择性社会"，即包括定居公社、研究中心、俱乐部、从事生产和分配的各种类型的公社、工作群体等等。佩珀认为这看起来是一个与后现代主义而不是马克思主义相一致的、对新革命阶级的大致界定。法国社会学者阿莱纳·图伦（Alaine Touraine，又译阿莱纳·图海纳）在此基础上进一步将其宽泛化，图伦试图重构马克思的阶级概念并提出把最大化的"公众"作为正在出现的社会变革的中介以此来指导新社会运动的集体行动。他认为："阶级不再是从生产关系的角度来定义，而纯粹从社会行动方面来界定，它被看作是那些将自己的特定利益认同为历史真实性的人们与寻求重新取得对拒绝给予他们的历史性的控制的人们之间的关系。"① 因而斗争的目标既要指向涵盖官僚制、工会和国家等的"制度"，更要指向文化领域。佩珀认为，图伦的这种观点虽然是沿着马克思主义的思路来研究社会运动，但却在这条道路上越走越远，实际上是一种后马克思主义的分析方式。面对这些各种各样反对工人阶级革命代理人的观点，佩珀坚决予以否定，并明确宣称"在讨论激进的生态社会主义变革中的代理人和行为者时，我坚持认为（世界）无产阶级的持续重要性。"② 工人阶级掌握国家并代表所有人的利益管理社会，最终将进入一个无阶级的、不需要国家的共产主义社会。

（四）对新社会运动的肯定

新社会运动可以追溯到 20 世纪 60 年代。二战后美国的黄金时代渐行渐远，加之越南战争、黑人解放战争等一系列重大事件的影响点燃了美国学生对主流文化的不满，随后这一摆脱传统桎梏的游行示威迅速演变为西方社会的反文化运动。在 70—80 年代，又与其他运动合并成了反对非阶级的权力关系及权威为特征的一系列大众抗议运动。新社会运动的表现形式多种多样，如和平运动、生态运动、妇女权利运动、第三世界反经济帝国主义的斗争、反种族主义运动、少数民族的民族主义运动、学生运动、反核抗议运动、同性恋权利运动、动物权利运动等等都在其中。新社会运动关切的重点

---

① 周凡：《后马克思主义导论》，中央编译出版社 2010 年版，第 62 页。
② ［英］戴维·佩珀：《生态社会主义：从深生态学到社会正义》，一版前言第 3 页。

主要集中在生态、权利、发展和和平等领域，所以尤以"绿色运动、女权运动、民权运动与和平运动"这四种形式最为显著。

新社会运动还具有广泛的社会基础，如生态主义者、女权主义者、和平人士、同性恋者、青年学生等，但主要集中在新的中间阶层和被边缘化的反体制人员这两大类。新社会运动的参与者追求个性自由、身份或价值观认同，强调公民自主性参与，崇尚好的生活质量和新的生活方式。因此新社会运动的主要诉求不再是以经济利益和物质条件为主的生产领域，而是工作和经济以外的生活消费与文化领域。虽然西方新社会运动在学术界并没有统一的概念界定，对究竟"新"在何处也没有一致的看法，但可以肯定的一点是新社会运动的主体已经不是传统运动的主导力量即工人阶级。并且新社会运动在西方发展态势迅猛，得到了许多左翼学者的认同，在他们看来，新社会运动已经取代了工人运动成为后工业时代社会运动的主要形式，有人还提出社会主义应与新社会运动联合。在佩珀看来，这是最值得担忧的事情，因为新社会运动被注入了一种明显与马克思主义背离的后现代主义色彩，它推崇的个人主义明显和集体主义不符。

英国学者劳伦斯・威尔德（Lawrence Wilde）认为新社会运动是对现存社会主义的重新审视与深刻挑战，在一定程度上，它已经成功转变了工人运动的优先地位。他对新社会运动进行了分析并对新社会运动的性质、特点等进行了揭示。他认为新社会运动之所以从反现制度的大规模抗议运动中脱颖而出，是因为无论从个人层面还是从全球经济层面，新社会运动的积极分子都表现出对正式或非正式权力的挑战，因此并不需要把新社会运动与社会主义相联系。"他特别批评了左翼运动对'新社会运动'及其提出的新问题的忽视，指出'新社会运动'的关怀几乎没有受到社会主义政党的优先考虑。"① 他还认为，传统的阶级理论已经无法再合理地解释二战后因社会结构改变和新中间阶级的出现而引发的新的社会矛盾和冲突，所以应当求助于新的概念和社会理论。威尔德的观点和态度明显是站了新社会运动的立场上，希望在后工业时期新社会运动能够成为社会运动的主流，可以完全取代工人运动。

高兹则明确向新左派提出了与新社会运动结盟的建议。他指出："德国

---

① 周穗明：《新社会运动"与未来社会——西方左翼理论家论"新社会运动"（二）》，《国外理论动态》1997 年第 18 期。

社会民主党从六七十年代的斗争中产生的改革者通过揭示'新社会运动'、文化变迁等来更新德国社会民主党。一个老牌的工人政党应在不丧失其本性、内聚力、合法性及其成员的情况下，吸取新的课题和行动方式，并锻造与新运动的联系。左派如果不认真从事这一行动，它就没有未来。"① 从这段话中可以看出，高兹极力主张社会主义政党必须要与新社会运动合作，准确地说应该是从新社会运动中吸取"有益之处"。高兹还认为，当新社会运动与"现代工人"和"剩余群体"即与后工业社会的"失业的、半失业的、偶尔被雇佣的工人"联合之际，新社会运动将成为社会变革的承担者。作为具有人本主义倾向的高兹来说，他对新社会运动的高度赞同明显偏离了马克思主义工人运动理论的轨迹。

值得庆幸的是，西方学者并未完全曾现出对新社会运动一边倒的态势，还有像阿兰·斯科特（Alan Scott）、M. 伊格纳蒂夫（M. Ignatietiff）、弗兰克尔、佩珀等这样保持冷静头脑的学者发出的否定声音。斯科特指出，新社会运动构成"一个由那些知道他们自己有共同利益的个体组成的集体。与政党或压力团体不同，他们拥有大众动员或大众动员威胁作为他们主要的社会惩罚手段。……冲突并不总是可以减化为对生产资料控制的斗争。今天的斗争更多地是为了消费更多更好的住房、教育、健康、愉悦和物质商品的斗争，新社会运动承认这一点并强调是一个消费者革命而不是生产者革命。"② 弗兰克尔和赖尔都坚持社会变革中工人运动的中心地位。他们认为："工人阶级的一个新阶层——还没有或者在工会分支中或者在工厂管理委员会处于影响地位——正在走向前台。这种新阶层在促使工会和工党转向左翼的过程中注定发挥决定性的作用。"③ 佩珀则更深入地对新社会运动的反马克思主义立场进行了揭示，"工人运动今天被处于左翼立场的人边缘化了。生态社会主义者似乎被这种潮流吸引，认为'新社会运动'而不是工人运动是革命的中介，并通过呼吁建立新社会运动与工人运动之间的联盟而打算在社会主义根基上作出妥协。然而，这些不时地在红色分子和绿色分子之间的会议上出现的呼吁，也许掩盖了新社会运动在很大程度上根本背离了马克思主

① 周穗明：《新社会运动"与未来社会——西方左翼理论家论"新社会运动"（二）》。
② ［英］戴维·佩珀：《生态社会主义：从深生态学到社会正义》，第153—154 页。
③ ［英］戴维·佩珀：《生态社会主义：从深生态学到社会正义》，第261 页。

义——社会主义观点。……这些运动是唯心主义的和以上层建筑为核心的。它们更多的是与非历史的后物质主义而不是马克思主义的历史唯物主义相关。"①

三、捍卫"旧"政治

面对形形色色彰显后现代政治的理论和多种多样新社会运动的大规模抗议，佩珀明确提出要建立一个环境友好、社会正义的理想社会必须捍卫马克思主义理论，必须使用现代主义的"旧"政治手段，而注入无政府主义的后现代政治是绝对不可能成功迈入这样一种绿色社会的。

（一）批判后现代主义

佩珀称，"现代主义政治——共产主义、资本主义或社会主义——集中于阶级与经济领域中的批评和行为，对这种'传统的'政治的信任正在消失。"② 之所以对传统政治失去信任，主要是因为西方新社会运动带来的广泛影响。首先，体现后现代主义政治的新社会运动强力冲击了工人运动，在工人中间造成了不良的影响。后现代主义政治通常被认为是由后工业时期社会结构的变化和新的社会冲突所引发的，它同现代主义的传统政治相对立，它关注的领域不是传统的经济领域和政治领域，而主要是文化领域。同样它斗争的目的和焦点也不是为了控制或夺取国家官僚机构，而是反对国家本身。后现代主义者们普遍认为国家或政府的公共部门是压抑性的、官僚的、繁琐的、无效的代名词，而私人部门才是积极的、自由的、公正的、有效的体现。因此后现代主义提倡个人主义、反对集体主义；提倡"个人即政治"、反对国家。要求放弃集体行动、放弃暴力革命，通过个人价值观的重塑和生活方式的改变来实现社会的变革。在工人阶级的劳动状况和生活状况得到明显改善的情况下，这种理论在很大程度上消解了工人阶级的革命性，使工人阶级从资本主义的否定力量而逐渐转变为肯定力量。

其次，"后现代主义政治拒绝主导的'中介理论'或隐藏在所有理论背后的普遍真实的假定和'中介陈述'。"③ 正如多布森、哈维所指出的那样，

---

① ［英］戴维·佩珀：《生态社会主义：从深生态学到社会正义》，第153—154页。
② ［英］戴维·佩珀：《生态社会主义：从深生态学到社会正义》，第154页。
③ ［英］戴维·佩珀：《生态社会主义：从深生态学到社会正义》，第155页。

绿色分子及某些左翼分子都是后现代主义的支持者，他们怀疑工人阶级社会变革代理人的身份甚至质疑这一概念的存在。因为后现代主义把政治难题视为相对的，不同的社会群体有不同的社会关切和政治难题，比如女权主义者和生态主义者的社会关切是不同的，同性恋权力者和动物权力者的社会关切也是不同的，所以不能用一种普遍化的政治抱负和统一的政治模式来满足社会不同群体的诉求。后现代主义者认为，马克思主义的中介理论应该适应后现代社会，而不是相反。

最后，后现代主义在理论和现实上是矛盾的。佩珀认为："后现代主义为许多绿色分子提出了一个难题，即他们尽管在政治上是后现代的，却断言需要一个来自'自然秩序'的明确的道德中介理论。"[1] 这种理论上的后现代性和现实要求的现代性矛盾，佩珀认为也只能通过构想一个奇异的世界来解决，"在那里，唯一不被允许的事情将是那些和生态律令不符合的事情。允许但不鼓励人们咒骂他们的孩子，如果他们想的话……你不能基于恰恰合乎道德的某些美丽观念而压抑人。"[2] 这种奇异的社会只能存在于理论当中，根本无法解决现实的矛盾。所以佩珀坚持认为，要想真正解决问题"就要承认今天的'两个或者更多的世界'（那些拥有和控制财富的人的世界与那些不拥有和控制财富的人的世界）并作为客观现实和政治行动的基础。"[3]

（二）阶级理论仍具意义

阶级理论是社会变革理论的核心，它决定了社会变革的具体途径和方式方法。现代主义政治是围绕着阶级理论建构和展开的，不同阶级之间的斗争是阶级社会前进的直接动力。后现代主义中对于新的社会群体的不同诉求、对于新的社会矛盾的解救方法，说到底还是基于二战后特别是后工业时期社会结构和阶级状况的变化，核心是对新出现的中间阶层的属性怎样界定的问题。佩珀明确强调，在现阶段"阶级是有意义的"。

首先，虽然伴随着二战后所谓的新中间阶级的出现，但是仍然可以按照是否拥有生产资料来对社会进行划分，即有产阶级和无产阶级。这一点得到

---

[1] ［英］戴维·佩珀：《生态社会主义：从深生态学到社会正义》，第 155 页。
[2] 参见 David Pepper, *Communes and the Green Version*: *Counterculture*, *Lifestyle and the New Age*, London: Basingstoke Greenprint, 1991, p. 131。
[3] ［英］戴维·佩珀：《生态社会主义：从深生态学到社会正义》，第 155 页。

了罗伯特·希伯朗（Robert L. Heilbroner，多译为罗伯特·海尔布隆纳）的赞同，"如果无产阶级被界定为没有直接的生产资料所有权，那么它的队伍在 19 世纪（80% 的美国人是自我雇佣的农场主城市工匠）和 20 世纪 70 年代（90% 的人在为资本工作）之间有了巨大的增长。"① 并且针对高兹的"新工人阶级""非阶级"理论，弗兰克尔也提出了质疑。他认为以雇佣劳动为谋生手段的无产阶级以及他们的家庭在西方资本主义中仍然是社会的主体，没有拥有权力及阶级意识的"非阶级"无法推翻资产阶级，况且无产阶级的底层确实存在。对他们来说斗争是同时在物质基础和上层建筑上进行的。其次，环境威胁对于不同阶级的人来说并不是同样严重的。恩格斯早就在《英国工人阶级的状况》中指出，早期产业工人所遭受的工作环境和生活环境的污染问题。一百多年前是这样，一百多年后仍是如此。当有产者在为去地中海享受迷人的阳光还是去夏威夷度假而苦恼的时候，无产者还在为自己社区附件被填埋了污染物而进行游行示威。因为资产阶级足够富裕，他们仍能享受一个舒适的和相对健康的环境。可见，阶级仍是有意义的。最后，对待阶级问题需要有全球视野。佩珀认为："即便马克思主义的阶级政治在西方是过时的，它从全球来看仍是非常切题的。"② 随着资本全球化的深入，东西方资产阶级正联合起来剥削第三世界的人民。正如海尔布隆纳指出的，"问题可能是，绝对贫困是不是无产阶级将要经历的一个阶段。这个问题也许要在落后国家得到检验，在那里，一个新的无产阶级主要是被资本主义的扰乱性进入所创造，在那里，已经有成千上万的人被拖到城镇工厂去享受按照任何标准都属于绝对贫困的生活。"③ 事实上目前第三世界的无产者正在为基本的环境需要比如清洁的淡水、健康的食物和干净的居住地等而进行斗争，正如西方的无产阶级曾经在 19 世纪至 20 世纪斗争的那样。因此，阶级观点并没有像无政府主义者强调的那样已经过时，只要私有制度存在，阶级观点仍是有意义的。佩珀最后清楚地表明了自己的态度，"从一个全球视角看，潜藏的阶级冲突仍潜在地是一种强大的变革力量，而阶级分析也依然重要。"④

---

① 参见 Robert L. Heilbroner, *Marxism*, *For and Against*, London：Norton, 1980, pp. 131 – 132。
② ［英］戴维·佩珀：《生态社会主义：从深生态学到社会正义》，第 158 页。
③ 参见 Robert L. Heilbroner, *Marxism*, *For and Against*, pp. 131 – 132。
④ ［英］戴维·佩珀：《生态社会主义：从深生态学到社会正义》，第 284 页。

第二节　对已有实践方式的探讨

佩珀认为生态社会主义立足于马克思主义的重要原因在于促进实践应用。这些实践应用既有政治经济方面的改革措施，也有社会方面的环境行动。但总起来佩珀强调，"大多数潜在有效的行为是那些强调人们作为生产者的集体力量的行动、那些直接地包含当代成员的共同体（尤其是城镇）和增加民主的行动、那些支持工人运动尤其把目标指向经济生活的行动。"① 然而事实上没有一个案例是让人完全满意并且在理论上是完美的，比如小规模的地方共同体和合作社作为所谓的"新世界秩序"仍然值得怀疑，但佩珀坚持认为"做一件事情总比不作为更可取"，所以这些实践方式都值得生态社会主义者支持和仿效。

一、已有的五种实践方式

综合佩珀多年来对生态社会主义实践方式的研究，具体的实践方式可以分为以下五类，每一种实践方式佩珀都用具体的案例予以说明。

（一）工会

工会（trade unions）是工人阶级保护自身权利自发形成的群众组织，可以说是工人自觉意识和权利意识的体现，在 19 世纪的工人运动中起过重要作用。二战后随着社会结构的变化，产业工人队伍缩减，工会在一定程度上也变得柔弱无力。这并不能否定工会在现阶段的西方环境运动中仍然还在起作用。佩珀认为"工会和劳工运动在环境运动中既可以发挥积极作用又可以发挥消极作用。"② 对于生态社会主义来说，更多的是注重工会的积极作用怎样才能最大化地发挥出来。佩珀以英国和澳大利亚的工会为例进行了说明。虽然 20 世纪 80 年代英国的工会软弱无力，但在保护环境方面仍发挥了积极作用。比如，成功阻止向海洋倾倒核废料；禁止国外有毒废弃物在本国海岸入境和焚烧；保护了英格兰伯明翰的老邮政大楼免遭破坏等。澳大利亚的一系列"绿色禁令"或许是工会运动中最有效的代表。第一个案例是亨

① ［英］戴维·佩珀：《生态社会主义：从深生态学到社会正义》，第 285 页。
② ［英］戴维·佩珀：《生态社会主义：从深生态学到社会正义》，第 286 页。

特高地郊区的妇女在阅读建筑业工人联盟为保护自身权利的声明中受到启发和鼓舞，她们成功保护了该地最后一片灌木植被。此后，在澳大利亚东湖、洛克斯、乌鲁姆鲁等地区的绿色禁令，多是由于工会和当地居民联合发挥了积极作用，从而成功保留了这些地区许多特色建筑。

但工会发挥出来的积极作用是有限的且往往遭到破坏，比如雇主方为了自身的经济利益寻求工人联盟的非规制化以及绿色禁令的终结。这不仅使工会力量受到打击，也使环境运动遭到冲击。佩珀以建筑业的罢工说明工人间缺乏团结是工会作用有限的一个重要原因。当工会成员为了更好的生活条件而罢工时，彼此间应该相互支持。比如，当一个地点成为目标时，属于那个开发商的所有其他地点也成为攻击的目标。但事实上，工会间因缺少这种类似的联系和团结而使一地的工会运动处于孤立状态。另一个原因是工会工作中存在着盲点，特别是无法有效疏导工人对工作焦虑和失业威胁的恐惧。令人担忧的是，"真正结束禁令的是由经济下滑带来的工人相对团结一致的结束：失业似乎总是在最需要工人团结的时候破坏工人团结。"① 出于对自身失业的恐惧，工人开始从自己的切身利益出发考虑问题，这在很大程度上造成了工人之间的间隙与猜忌，破坏了工人间的信任和团结，造成工会力量的衰弱。正如佩珀所言，失业者蓄水池是"反对强力工会的一个武器"。

生态社会主义必须帮助工人克服对工作的焦虑和对失业的恐惧。一些环境主义者正在通过提供非正式工作的前景努力这样做。例如，美国的"为充分就业的环境主义者"组织，号召环境主义者与工会应当联合起来，"通过结束'环境主义者和工会迄今为止独立作战的剥削'，'来同时创造工作，保护能源和自然资源'。"② 并且这一做法在平息美国工会的反环境主义风波中取得了一些成功。但需要强调的一点是，环境主义者与工会的联合应当是一个民主的联盟而不是一个领导支配的联盟。

（二）选择性生产

选择性生产（alternative production）是指按照环境保护的原则，使用有益于生态的选择性技术或有选择地生产产品。这方面最著名的例子是被奉为"左翼圣物"的卢卡斯航空联合集团工会代表委员会（Lucas Aerospace Com-

---

① ［英］戴维·佩珀：《生态社会主义：从深生态学到社会正义》，第287页。
② ［英］戴维·佩珀：《生态社会主义：从深生态学到社会正义》，第288页。

bine Shop Stewards Committee）的选择性生产计划。该公司本是一个为军事工业制造硬件的联合集团，受政府政策和市场规律的共同支配。该公司分析了卢卡斯工人在这种政府——市场双重背景下面对的难题和需要，评估了企业的资源可以满足的总的社会需要，提出了选择性生产计划。"其中一些可以直接被确定为有益于生态的选择性技术，比如太阳能和风力发电机、热能交换器、铁路运输工具、混合汽油——电力轿车和为避免氦浪费使用喷气式发动机的飞艇。"① 在生态产品的背后更重要的是生产过程的生态化，"它（a）将不会浪费能源和原材料；（b）将是劳动密集型的以避免结构性失业；（c）将以非等级制的和非异化的方式组织起来；（d）将包含与产品服务对象的讨论；（e）将打破科学的与人力的、技术性与非技术性工作之间的差别；（f）将发展生产者的技术和自我实现能力。"② 佩珀认为，卢卡斯集团通过将生态原则与环境团体相结合设计了一种新的计划和经济决策形式，它与马克思的"联合起来的生产者，将合理地调节他们和自然之间的物质变换，将它置于他们的共同控制之下，而不让它作为一种盲目的力量来统治自己"③ 的思想十分接近。卢卡斯选择性生产所表明的，正如马克思主义所强调的那样，通常科学和技术并不是激进的，而是他们的组织背景和社会背景可能是激进的。不同的技术本身并不能改变社会结构和生产关系，除非像在卢卡斯的案例中那样，联合起来的工人规定和控制不同的技术使用和生产方法。

正是由于体现了这种以工人阶级的利益来重建工业的革命性要求，卢卡斯的选择性生产计划遭到了英国现存资本主义制度所有部分的拒绝，包括政府管理机构、学术精英、保守的工会主义者和大多数工党成员。佩珀认为这一计划遭受当局拒绝一点也不奇怪，因为它重新界定了财富概念和经济理性；重新宣称工人联合的权力；挑战了工人先锋队思想和不对工人负责的管理权利；揭示了表面中立的技术合理化背后隐藏的价值等等。1976 年卢卡斯的选择性生产计划被广泛宣传之后在社会范围内造成了很大影响，刺激了许多其他计划的发展。例如，20 世纪 80 年代早期由热电站工人和当地居住

---

① ［英］戴维·佩珀：《生态社会主义：从深生态学到社会正义》，第 288 页。
② ［英］戴维·佩珀：《生态社会主义：从深生态学到社会正义》，第 289 页。
③ ［德］卡尔·马克思：《资本论》（第 3 卷），第 928 页。

者联合起来发起的泰恩—威尔计划，该计划通过"实施他们的集体自治反对资本的逻辑"，寻求建立一个积极选择性的、有利于环境的战略来对抗结构性失业。英国伦敦理工大学的选择性工业和技术系统中心，后逐渐转变为大伦敦理事会计划。该项目主要是帮助革新并为满足社会需要提供产品。这些类似的计划也在英国的谢菲尔德、考文垂等城市出现，但随着左翼地方当局的消逝，它们也大都淡出了人们的视野。因为"这些运动激怒了现存的秩序并支持英国保守政府20年来一直持续不断地与之作战的东西。"[①]

（三）选择性社会和经济制度

佩珀认为选择性的社会和经济制度（alternative social and economic arrangements）、无政府主义的绕过战略、乌托邦社会主义色彩的预示性战略都应该得到生态社会主义的支持，毕竟它们中的大多数都致力于集体经济生活。这种集体经济生活更多的是通过合作社或共同体体现出来。所谓共同体是生活于一定区域的人们在共同劳动过程中基于主客观的共同特征或利益而形成的相对稳定的社会组织形式，共同体更多强调的是一定的地理基础。合作社是人们自愿联合起来通过共同拥有和民主控制的企业来满足其经济、社会、文化需求和愿望的自治组织，合作社更多的注重生产联合。共同体注重从社会性上增强成员间的共同意识，从而增强凝聚力；而合作社更多强调的是其生产或消费的经济特性。二者有着诸多共同性，因此佩珀并没有刻意对二者进行区分，有时甚至是混用的。

在这方面引证较多的是作为另一个"左翼圣物"的西班牙北部巴斯克地区的蒙特雷根综合合作社（Mondragon complex of cooperatives）。1956年，巴斯克地区技术学院的毕业生受到英国空想社会主义者罗伯特·欧文（Robert Owen）关于乌托邦社会主义和合作社基本原则的启发，在蒙特雷根镇创立了一个以生产石蜡加热器为主的合作社。该合作社创立时接受了社会主义的原则：第一，直接授权的工人代表大会有权雇佣或解雇经理；第二，成员间工资差别很小；第三，资本不能从系统中提取（利润中的小部分用于支付工资，大部分用于创造更多的企业和工作）；第四，由上至下的三级合作社制度；第五，当合作社超过一定规模时必须分开。

经过六十年多的发展，目前蒙特雷根已成为西班牙第十大公司，业务涉

---

① ［英］戴维·佩珀：《生态社会主义：从深生态学到社会正义》，第291页。

及金融、工业、零售和知识四大领域。从该公司网站上显示的最新资料可以
看到，2018 年它的全球总投资为 4.5 亿欧元，总收入为 1.2 千万欧元、在全
球拥有 268 个合作伙伴、73635 名员工和 15 个研发中心。在这里，必须要说
明的就是蒙特雷根自上而下的合作社制度。一级合作社处于合作社金字塔的
顶端，主要任务是维护整个体系的运行；下属几个并列的二级合作社，分别
负责金融、教育、培训、零售等不同的任务；三级合作社主要提供社会安
全、健康和住房等独立的基础设施。目前蒙特雷根拥有一个成熟完善、相互
联系的合作社全球网络。它的基本原则包括：资本的附属特征，即"平衡
商业和金融利益与社会和环境目标的努力"；共同体和工人对剩余物品的占
用。"发放工资后剩余资金的 10% 捐献给慈善事业，70% 分给个体合作者，
20% 被合作社留用。"①

　　佩珀指出，合作社在理论上的建构与现实中的发展是有差距的。"从理
论上说，合作社是一个社会主义纲领的一部分。它们能够使人们控制他们自
己的工作以及更高的工作满意度和更好的工作条件。人们可以在工厂车间中
释放未被开发的潜能，能创造更高的效率和更好的工业关系，而且可以致力
于社会有益的生产和健康与环境的保持。"② 可现实中很多类似蒙特雷根的
共同体组织正在经历"目标转移"。例如，位于比利牛斯山西端的西班牙巴
斯克共同体（Basque community）现已变成在资本主义经济制度中求生存的
商业团体。成员间工资差别已经从最初的 1:3 增加至目前的 1:7。另一个是
英国的持续建设社会合作社（Cooperative Permanent Building Society），目前
也转变为完全商业取向的"全国性"社团。另外，据英国开放大学调查者
的观点，"合作社在英国的表现提供了很少关于'合作社是全国水平上社会
主义所有制的平台'的证据。"③ 究其原因，部分是由于自 20 世纪 60 年代
以来工人运动普遍处于低潮，不能充分支持合作社；部分是由于在资本主义
政治经济制度中运行的合作社已经异化，通过自我剥削而不是高效合作的管
理来求得生存。它们中的很多是纯粹被组织来"防御性"地回应传统经济
衰退，而不是积极地基于政治的考虑。如弗兰克尔所认为的那样，在资本主

① ［英］戴维·佩珀：《论当代生态社会主义》。
② ［英］戴维·佩珀：《生态社会主义：从深生态学到社会正义》，第 293 页。
③ ［英］戴维·佩珀：《生态社会主义：从深生态学到社会正义》，第 293 页。

义市场机制下，合作社社会主义是难以想象的。"所有受市场机制支配的企业（无论是合作性的或者公共或私人所有的）被迫参与竞争和持续的增长以维持收入、市场份额和生存。只有一种计划经济才能避免由市场机制产生的过度生产、劳动力解雇、追求国际市场和赢利危机的难题……很难想象任何根据合作社之间的简单交易或非市场交换运转的、自给自足的社会主义社会。"①

（四）地方货币或地方就业贸易体制

佩珀认为："在'自由企业'和无货币的社会主义经济之间有一个潜在的'中间阶段'，这就是地方货币。"② 地方货币（local currency）是在特定地理区域的组织中流通的货币，目的在于鼓励当地企业或共同体的消费与发展。地方货币只是国家法定货币的一种补充形式，并不能取代法定货币。据全球补充货币资源中心数据库列出的信息显示，全球约有包括地方货币的三百种补充货币，从分布来看，主要集中在北美和欧洲等发达国家。亚洲、非洲和南美洲等发展中国家分布极少。例如英国的托特尼斯镑（Totnes Pound）绿色银行，托特尼斯镑是在英国德文郡的托特尼斯镇使用的一种地方货币。托特尼斯镇可谓是英国人现代社区自治的环保典范，每一个托特尼斯的成员拥有一个支付商品和服务的支票本，并能以托特尼斯镑收取他们的劳动费用。因而，托特尼斯镑停留在共同体的流通之中，并没有作为国家规模上的经济支付。佩珀认为："实际上，地方货币预防了剩余价值的区域间占有，而后者恰好是如此多环境问题的根基。就此而言，地方货币一定是与生态社会主义相一致的。"③ 但是社会主义者强调的地方货币不能防止区域内的剥削或积累。佩珀指出已经设计的内在定期性货币交换可以消除这一矛盾。他列举了约翰·巴顿（John Button）对于地方货币的七点特征以解释这个问题。"1、该机构维持准货币系统，该单位与普遍的法定货币建立联系；2、会员账户从零开始，没有钱存入或发行；3、网络代理机构仅在成员的授权下从该会员的账户转移到另一个会员的账户；4、没有任何交易的义务；5、会员可以知道另一个会员的余额和营业额；6、余额不收取或支付利息；7、成员服

---

① 参见 Boris Frankel, *The Post Industrial Utopians*, Cambridge：Polity Press, 1987, p. 31。
② ［英］戴维·佩珀：《生态社会主义：从深生态学到社会正义》，第294页。
③ ［英］戴维·佩珀：《生态社会主义：从深生态学到社会正义》，第294页。

务成本基准账户的内部货币用于清偿管理成本。"① 佩珀认为对地方货币的关注还不够，"考虑到它对经济和政治权力从传统的核心工业地区移出的关心，与地方合作社网络相联系的地方货币也许值得工会和工人运动的更多支持。"②

实际上，与地方货币紧密相连的伴生形式是地方就业和贸易体制（local employment and trading systems，简写为 LETS）或地方交换贸易体制（local exchange trading system，亦缩写为 LETS）。LETS 是本地发起的、民主组织的、非营利的共同体企业或组织，主要为共同体提供信息服务并记录成员使用本地货币进行商品和服务的交换情况。1983 年，米歇尔·雷顿（Michael Linton）最早使用 LETS 一词，并在英国创立了第一个 LETS，目的在于作为法定货币的附属形式和有益补充。LETS "为主流货币提供了替代方案，以劳动符号的形式作为在非主流经济中交换的媒介。它们比直接交易更加灵活，可以进行多边贸易。十分典型的是，人们将为共同体中的其他人提供商品和服务，相应地，支付给他们的货币将会是仅在当地有效的货币标识物。由于地方'货币'在相应地区之外不再有效，同时也由于不存在纸币和硬币而只有记录交换的标识物，从而使地方性就业和贸易体制避免了许多与通用货币相关的不利之处。"③ 佩珀认为，正是基于 LETS 所具有的社会共同体方面的属性："在地方共同体中实现网络化联系、发展共同体意识、补偿在其他方面没有付酬的劳动以及帮助低收入人群获得自立和自尊，"④ 生态社会主义者才被它所吸引。

无论是地方货币还是 LETS，都属于小规模组织。佩珀认为生态社会主义的整体经济不能建立在"这些小规模组织安排的基础之上"，但是它却是主流宏观货币的有益附属物。这二者也不是等级化的形式，而是互为补充，地方货币能做到的国家法定货币却不能，反之亦是如此。"本地货币创造的市场类型将会更加富有人性、更少异化，……本地货币市场必须建立在对'消费者'的了解的基础之上。"⑤ 虽然传统经济发展理论对此持否定态度，

①　参见 John Button, *A Dictionary of Green Ideas*, London: Routledge, 1988, pp. 255 – 256。
②　［英］戴维·佩珀：《生态社会主义：从深生态学到社会正义》，第 294 页。
③　［英］戴维·佩珀：《论当代生态社会主义》。
④　［英］戴维·佩珀：《论当代生态社会主义》。
⑤　［英］戴维·佩珀：《论当代生态社会主义》。

但佩珀认为这些形式增强了人们之间的相互尊重并提高了集体经济生活的质量。

(五) 城市自治社会主义

城市自治社会主义 (municipal socialism) 也被称为地方公有社会主义, 是指利用地方政府推进社会主义目标的各种历史和当代运动, 最早可以追溯到 19 世纪末。它试图影响地方民主并对民主的愿望作出回应; 支持民主社会主义 "规范、控制、补充或消除市场" 的观点; 关注财富的再分配、工作与环境问题; 寻求改变土地所有制的方式。社会主义者和无政府主义者对城市自治社会主义基本上持否定态度。列宁从社会主义的角度对城市自治社会主义进行了批判, "因为他们幻想社会和平, 幻想阶级调和, 企图把公众的注意力从整个经济制度和整个国家制度的根本问题转移到地方自治这些细小问题上去。"①

在实际政治生活中, 左翼取向的英国工党十分青睐城市自治社会主义, 其地方委员会通过议会选举获得议席, 对保守党的政治和经济权力集中化方案和反对贫穷者与弱者的结构性暴力提出了具有法律效力的矫正方法。"它们的政策致力于两个与生态社会主义相容的目标: 一是改善城市环境——"自然的" 和建造的、社会的和经济的; 另一个是民主地介入和使当地共同体能够改善他们的城市。"② 在这方面, 最具代表性的是 1985 年由英国工党主导的旨在促进地方和共同体自治管理的大都市当局联合会 (Association of Metropolitan Authorities), 它通过鼓励不同地方政府部门的联合以修葺公园、提高住房条件、开发被废弃的土地、建设娱乐中心、改善居住环境等。大都市当局联合会确实为城市自治做了很大贡献, 比如, 在威克菲尔德和利兹进行城市绿化; 在布拉特福德倡导 "治理丑事物", 美化废弃的城市内部区域; 在伦敦和巴恩斯利保护水草地、休闲中心、乡村公园和自然保护区; 在布特尔修整房屋; 在泰姆萨德建设运动场、修剪园艺和栽种树木; 在曼彻斯特种植了九百万株树木; 在伯明翰划定运河边人行道等等, 这些活动几乎覆盖整个英国。但它也面临着右翼的敌视, 再加上中央政府在财政上的削减, 大都市当局联合会在一些地方的任务非常艰巨。佩珀认为虽然 "城市自治

---

① 《列宁全集》(第 16 卷), 人民出版社 1988 年版, 第 323—324 页。
② [英] 戴维·佩珀:《生态社会主义: 从深生态学到社会正义》, 第 290 页。

社会主义不是革命性的，但它确实接受了一些重要的生态社会主义原则。"① 基于此，生态社会主义者也应该支持或效仿。

二、已有实践方式的特点

当代生态社会主义的进一步发展，不仅体现在理论的建构与完善，更体现在将理论设想付诸实践之中。"它体现在乌托邦生态社会主义以及对资本主义的替代方案的建构尝试中。"② 综合上述生态社会主义的实践样态和替代方式，大致呈现以下几个特点。

（一）多样性

生态社会主义实践方式多样性的特点既体现在它的表现形式，又体现在它的劳动方式之中。正如前文所介绍过的工会、选择性生产、合作社或共同体、地方货币或 LETS 等，这些不同的实践方式在不同地区又具有多种表现。比如合作社或共同体，一方面是"替代性资本主义"的大公司，如西班牙的蒙特雷根综合合作社和英国的斯科特—巴德共同体（Scott-Bader Commonwealth）。斯科特—巴德有限公司于 1921 年由欧内斯特·巴德（Ernest Bader）先生创立，1951 年公司经过"革命性变革"而具有了共和企业的性质。因为拥有独特的所有权和治理结构，斯科特—巴德共同体与其他企业截然不同。巴德首先让与了他对该公司的所有权而使其具有了共和企业性质，然后他与企业成员共同制定了一部公司宪法。它规定了公司的所有权如何分配并对公司的行动自由作出了限制。"当巴德先生和他的同伙们引进这个革命性的改革时，人们都直言不讳地语言说，一个在集体所有制上和自我限制的基础上经营的企业是不可能长久的。"③ 然而斯科特—巴德今天是一家员工人数超过 650 人年且销售额达到 2.27 亿欧元的全球化学品公司，在加拿大、南美和印度等地有其生产基地。它在企业发展、社会目标、政治任务、环境保护、慈善事业等方面践行着"使工业适合人的需要的基本原理"，使斯科特—巴德的成员能够最大程度上感受到"自由、幸福与人的尊严感"，"以经济上的健全发展和对社会的负责任为社会上其他人提供一个

---

① ［英］戴维·佩珀：《生态社会主义：从深生态学到社会正义》，第 292 页。
② ［英］戴维·佩珀：《论当代生态社会主义》。
③ ［英］E. F. 舒马赫：《小的是美好的》，虞鸿钧等译，商务印书馆 1984 年版，第 194 页。

榜样，鼓励他们去变革社会。"①

　　另一方面它们也可以是一些基于共同所有制的非资本主义的小规模企业。佩珀用"农村社会企业"来说明其多样性，比如，"那里存在着拥有乡村商店的共同体合作社，并帮助那些拥有很少资本的人建造住房；有小型工业比如苹果汁制造厂；有像苏格兰劳瑞斯顿庄园（Laurieston Hall）那样的'替代共同体'（在那里，30个成员把他们工作周的一半时间花费在为了共同体的持续活动上）；有道德共同体银行（例如，支持共同体主办的农场和直接从农场向消费者销售的农场主市场）。"② 与实践形式多样化相一致的是劳动类型和劳动目的的多样性，劳动类型一般包括"合作社、自雇、自愿或者自愿低工资劳动"等。这些不同的组织有的只是为了在资本主义制度下求得生存，也有的是为了在一定程度上改变资本主义制度，或者呈现出更多的乌托邦色彩。

（二）地方性

　　地方性是和区域性、世界性相对应的，一般生态社会主义的实践方式多是具有地方性的小规模共同体经济。虽然也有像蒙特雷根和斯科特—巴德这样的跨国、跨地区的大型组织，但毕竟是少数。多数是以地方货币、LETS、农村社会企业等为代表的小规模组织，它们仅在某个特定的地理区域里施行或适用。例如，托特尼斯镑仅在英国的托特尼斯镇使用；利物浦本地镑（Liverpool Local Pound）是一种通过智能手机应用程序访问的数字货币以为利物浦的商家提供折扣；基姆高币（Chiemgauer）也是只在德国巴伐利亚地区基姆湖畔的一个小镇使用的地方货币。"这些替代形式正在一些地方茁壮成长。……它们都存在于西方资本主义国家以及非洲、亚洲和东欧国家中一些正在发展的当地经济中。……这种集体通常是作为生活共同体在区域和当地层次而不是民族国家层次上的表现。"③

　　这一方面是因为小规模组织在实践中易于操作和管理，有利于改善组织内部的经济发展模式；并且多以生活共同体形式出现的小规模组织便于成员们加强联系和增强信任，有利于改善人与人之间的关系。再一方面是由于生

---

① ［英］E. F. 舒马赫：《小的是美好的》，第197页。
② ［英］戴维·佩珀：《论当代生态社会主义》。
③ ［英］戴维·佩珀：《论当代生态社会主义》。

态社会主义在发展初期普遍认为是大规模的工业生产造成了当今世界的生态问题，所以特别偏爱小规模经济、倡导经济零增长，比如舒马赫在《小的是美好》中特别强调了小规模经济的重要性；莱斯也在《自然的控制》中提倡稳态经济，以求得环境的恢复。但世界性并不等于地方性的简单相加，"把小规模的试验应用于较大范围产生的这些难题提醒我们，不能简单化地设想生态乌托邦的世界模式是无数小模式的简单集合。"① 偏爱小规模经济模式有可能使生态社会主义的实践最终滑向生态乌托邦的深渊，这一点也正是佩珀所担心的。"由于关注地方共同体层次上的改革可能被视为对我们不能改变更大的体制的承认，因而已经放弃了这种希望或这是可能的借口——因此，我们把我们自己限制在那些可能或不可能逐渐走向生态社会主义社会的小变化中。"②

（三）不确定性

正因为生态社会主义的实践尝试具体多种多样的形式，因而也增加了其不确定性。这种不确定性一是体现在对其属性难以完全界定，一些新奇的形式很难准确对其进行界定；再者随着实践形式自身的变化，其性质也可能会随之改变。虽然一些生态社会主义者将其视为过渡性形式或是通向绿色社会的某个特定阶段。但佩珀却客观地表示，"它们是各种各样的，并形成了作为资本主义社会中替代空间的一种共同体经济——有时它们可以被清晰地确定为生态社会主义的尝试，有时却很难做到这一点。"③ 比如西班牙的巴斯克自治区在发展以后与成立之时有着明显的变化，成员工资差别从最初的1∶3扩大到1∶7，当地教育机构也只是讲授技术而不再倡导合作的价值和意义。本想改变资本主义制度的共同体却被资本主义制度所同化，变成了追求利润的商业团体。

另外这种不确定性还体现在这些实践形式具有过渡性。许多绿色分子过于乐观地认为，生态社会主义实践的这些替代形式可以构成经济和社会制度的一部分，并且它们也可以在某个时刻实现生态社会主义社会的自动转变。

---

① ［英］戴维·佩珀：《生态乌托邦主义：张力、悖论和矛盾》，张淑兰译，《马克思主义与现实》2006年第2期。
② ［英］戴维·佩珀：《论当代生态社会主义》。
③ ［英］戴维·佩珀：《论当代生态社会主义》。

"然而，这些'过渡形式'仍然面临着困境，即它们所具有的越界潜能可能成为维护现状的一种力量——从根本上说，正像马克思和恩格斯在对乌托邦社会主义进行详细地批评时所指出的那样。"① 佩珀认为，这些过渡形式并不会像绿色分子们所认为的那样顺利实现生态社会主义社会的自动转变。过渡形式所具有的这种"越界性"是一个哲学术语，它定义了跨越不确定边界的现象，首先是可能和不可能之间的边界。正是具有这种"越界性"的属性，会使生态社会主义不同的实践形态有可能是唯物主义的，也有可能是唯心主义的；有可能是现实的，也有可能是乌托邦的；有可能是反对资本主义制度的，也有可能是维护资本主义制度的，总之表现出游走于不同界限的边界上这种摇摆不定的特征。佩珀担心地指出："建立'过渡性'形式和制度在内部连续性和充满活力的推理方面的失败，正是这些形式和制度常常被它们所反对的社会所同化的原因。"②

（四）不平衡性

生态社会主义的实践方式所表现出来的最后一个特征是不平衡性。这种不平衡性首先表现在分布和数量上的不平衡。多数实践形式都分布在欧洲和北美洲的发达国家，其次是大洋洲，而亚洲、非洲和拉丁美洲的广大地区则为数寥寥。即便是有，也是在日本、韩国、新加坡这样较发达的资本主义国家。数量上同样也是如此，绝大多数都集中在发达国家，而发展中国家进行的实践尝试也是屈指可数。以地方货币为例，据全球补充货币资源中心数据库提供的信息显示，亚非拉美的地方货币形式加起来总共有22种，仅占总量的7.3%；而仅美国就有近130种地方货币，约占总量的43%。地方就业和贸易体制（LETS）也是如此，发达国家地区的LETS数量较多，从维基百科对LETS的解释和统计数据来看，英国约有400个LETS，德国也约有300个LETS。

再有就是类型上的不平衡，生态社会主义的实践样态有很多种：工会、选择性生产、选择性社会和经济制度（合作社或共同体）、地方货币、地方就业和贸易体制或地方交易贸易体制（LETS）、城市自治社会主义等。从近

---

① 参见 David Pepper, "On Contemporary Eco-socialism", in *Eco-socialism as Politics Rebuilding the Basis of Our Modern Civilisation*, Qingzhi Huan, Dordrecht: Springer, 2010, p. 33。

② ［英］戴维·佩珀：《生态乌托邦主义：张力、悖论和矛盾》。

年来对生态社会主义实践样态的发展规模和理论关注来看，多集中在地方货币、LETS 这些新的形式，而对工会、合作社或共同体这些传统的形式关注较少。这与二战后西方对工人运动和革命理论的否定以及社会批判的重点从经济领域转到文化领域有很大关系。"我所担忧的是，可能出现对'文化'因素的过度强调以及相应地对经济基础在形成和影响世界事件尤其是在影响环境保持与保护态度中重要性的不公正的忽视。这是应当着重强调的，因为在形成全球现代化和全球生态现代化的进程中，我们有时低估了物质的、经济的、既定利益的重要性。"①

三、对已有实践方式的批判

佩珀对生态社会主义的研究是连续性的，从 20 世纪 80 年代中期到 21 世纪初，持续了 30 年的时间。在这 30 年的时间里，佩珀不仅完成了对生态社会主义理论的建构，更根据生态社会主义的实践变化对其进行了系统性的研究。这不仅体现在他对生态社会主义各种实践方式进行的列举介绍，还体现在对它们所具有的共同原则的揭示，更重要的是他还对目前生态社会主义实践中出现的问题进行了批判与解释，并提出了自己的观点。佩珀的《论当代生态社会主义》一文于 2001 年收录在郇庆治教授用英文编写的《作为政治学的生态社会主义：重建我们现代文明的根基》（*Eco-socialism as Politics：Rebuilding the Basis of Our Modern Civilisation*）一书中。在这篇文章中，佩珀概括了生态社会主义的实践样态所具有的七点原则："更多的区域和地方自治，可以消除来自远方的经济控制的威胁。基于地方需要的地方生产，可以保障地方的工作并通过减少商品的运输产生较少的环境破坏。生产方式的共同体共同所有制。共同体银行和金融支持。生产决定较少受市场力量制约。……生活的安全和质量可以补偿任何生活标准降低。试图实现自立（而不是自足）的努力。"② 从这七点原则可以看出，西方生态社会主义实践方式主要围绕地方共同体自治展开。这便会导致实践过程中为突出地方性而偏爱小规模组织、为勾画理想共同体的蓝图而注入乌托邦因素、为实现自治而远离社会性变革的激进路线。

---

① ［英］戴维·佩珀：《论当代生态社会主义》。
② ［英］戴维·佩珀：《论当代生态社会主义》。

佩珀认为"偏爱小规模公社、更多乌托邦色彩、缺乏现实主义"对生态社会主义的发展是极为不利的。首先,"关注地方共同体层次上的改革可能被视为对我们不能改变更大的体制的承认,因而已经放弃了这种希望或这是可能的借口——因此,我们把我们自己限制在那些可能或不可能逐渐走向生态社会主义社会的小变化中。"① 20 世纪 90 年代以前多数生态社会主义者接受了生态中心论,从早期生态社会主义学者高兹、莱斯、阿格尔,到中期生态社会主义学者本顿、艾克斯利,甚至进入 21 世纪以后仍然有学者如约珥·克沃尔(Joel Kovel)坚持生态中心主义观点。受此观点影响,许多生态社会主义者认为自给自足的工人合作社或共同体在本质上有利于环境,因为它们不以获得利润为目的生产会改变大工业生产对环境的威胁和破坏,并且肩负更多社会责任的共同体也有利于协调社会与环境的相互关系。但佩珀认为这并不能就一定认为小规模就是生态友好的,并且它还有可能退化为一种反工业的或卢梭式的无政府主义。"小规模并不内在于合作社之中,它们也不必然证实民主、包容性或环境关切。正如它们的工人在资本主义环境中努力竞争所表明的那样,它们往往可能变成异化和自我剥削的工具。"② "对把'公社'(而不是一般意义上的共同体)理论作为(绿色)社会主义以及趋向它的社会变革的工具的热情,正如马克思和恩格斯在批评乌托邦社会主义时坚持的那样,需要理智化。"③ 而一种真正环境友好、社会公正、可持续发展的生态社会主义社会,紧靠小规模公社的拼凑是不可能从根本上实现革命性变革的。这里需要指出的是,公社即合作社和共同体是不同的。合作社更强调联邦主义、分权化、参与式民主以及生产或消费的经济特性等;而共同体更注重从社会性上增强成员间的共同利益和凝聚力,强调责任感、共同体意识、社会性等,共同体才是生态社会主义的基础。

其次,"西方环境主义浸染了浓重的乌托邦思想,无论是从激进环境主义还是从改良环境主义应对环境难题的方法上都可以看到这一点。"④ 现实中生态社会主义的实践方式大都是倡导改良主义的,相较于激进环境主义,改良主义受乌托邦的影响更大。为了说明这个问题,佩珀同意早期西方马克

---

① [英]戴维·佩珀:《论当代生态社会主义》。
② [英]戴维·佩珀:《论当代生态社会主义》。
③ [英]戴维·佩珀:《生态社会主义:从深生态学到社会正义》,第 141 页。
④ [英]戴维·佩珀:《生态乌托邦主义:张力、悖论和矛盾》。

思主义者德国哲学家恩斯特·布洛赫（Ernst Bloch）对乌托邦进行的两种意义上区分，即具体的乌托邦（concrete utopia）和抽象的乌托邦（abstract utopia）。具体的乌托邦鼓励社会变革的现存潜力，并强调利用社会的当前矛盾来推动社会根本性的变革，是积极的、暂时的、革命的；抽象的乌托邦通过勾画美好社会的理想蓝图退回到永远不可能存在的幻想世界，是消极的、静止的、反革命的。可见，激进环境主义者受具体的乌托邦思想影响较多，而改良环境主义者受抽象的乌托邦思想侵染较重。生态社会主义中的改良实践无法实现一个真正的绿色社会。为了激发生态社会主义的激进变革，真正实现具体乌托邦的"'越界'潜能，即引导人们跨越当今社会的藩篱更接近一个生态与社会强可持续性的社会"，① 必须创造出适合思想和实践实验的"自由空间"，必须扎根于现实世界人民群众中的实践。并且佩珀还指出，生态乌托邦所具有的悖论和矛盾不应该为了便利而被故意忽视，相反它"应该被公开面对和深入讨论"。

最后，"缺乏现实主义的一个潜在危险是，它可能被同化进主流文化。"② 由于小规模经济的从业者往往拒绝政治并贬低工人阶级变革社会的根本作用，所以这容易促使成员以资本主义制度化的方式来行动和思考，便滋生了一种错误的意识，即"通过他们对理性和'常识'的呼吁，他们正在树立一个许多人都将遵从的榜样；……当这些替代性组织形式发展到严重挑战现存的权力霸权时，这些霸权将会容忍这种挑战。"③ 现存的权力霸权怎会容忍，除非它已被资本主义制度所同化，毕竟这些生态社会主义的实践样态都是在资本主义社会经济制度和文化价值观之下展开的，所以一些不稳固的观念很容易被制度化。另外，这种错误意识还会促使生态社会主义者放弃通过根本变革社会来实现绿色制度，而只是满足于"修修补补式"的改良方法或者仅仅鼓励"创造日益有利于环境的形式"。因此佩珀特别强调，"革命性的生态社会主义理想，如果是建立在不稳固的基础上，就可能会滑向反革命的实用主义和改良主义。"④

---

① 参见 David Pepper，"Tensions and Dilemmas of Ecotopianism"，*Environmental Values*，Vol. 16，No. 3，2007，p. 289。
② ［英］戴维·佩珀：《论当代生态社会主义》。
③ ［英］戴维·佩珀：《论当代生态社会主义》。
④ ［英］戴维·佩珀：《论当代生态社会主义》。

从总体上来看佩珀对生态社会主义的实践仍持乐观态度。一方面,虽然目前的实践案例没有一个能够让人满意,但佩珀强调"做一些事情总比不做更可取"。另一方面,目前的实践手段虽然都是在现存的经济和社会制度内完成的,但佩珀依然强调"通过与现存秩序的斗争将产生一个新的社会主义的综合"。

第三节　红绿联盟是践行生态社会主义的现实方法

自 20 世纪 70 年代以来,环境运动在西方大规模展开以来,就一直存在"红"与"绿"的问题。"红"代表社会主义或马克思主义,"绿"代表生态主义或无政府主义。在环境运动中,"红""绿"双方从 20 世纪 70 年代开始互相抵牾,到 80 年代的互相融合,再到 90 年代以来的互相联盟,走的是一条从否定到合作的道路。佩珀 80 年代初在《现代环境主义根基》中就提出要把马克思主义吸收到环境主义中来,当时这一观点受到"陈腐思想家"的反对而被拒绝考虑。但佩珀鲜明地表达了自己的立场和观点,"我打算公开地表达自己的观点。……我将努力拓展与深化红色立场与绿色立场之间近来就我们面临的生态危机而展开的争论。"[1] 因而佩珀对红绿关系展开了较为系统的研究。从"红""绿"不可避免的争论到"红""绿"联盟的可能性;从"红""绿"联盟停滞的原因分析到给出马克思主义处方,都体现出佩珀作为一个生态社会主义者对环境问题的关注和疾呼。

一、红绿联盟的可能性

虽然"红色的绿色分子和绿色的绿色分子之间存在着许多联系",但由于红色的绿色分子利用马克思主义,而绿色的绿色分子相信无政府主义,所以"二者之间也存在重要的——有可能难以调和的——区别"。但在面临同一个难以克服的生态危机时,"红""绿"却具有联盟的可能性和内在要求。佩珀通过对现实状况的分析指出了三个方面。

第一,资本主义身陷经济危机。20 世纪 90 年代,西方资本主义又一次陷入了经济危机的泥潭之中,而且危机的影响以前所未有的程度扩展到了全

---

① ［英］戴维·佩珀:《生态社会主义:从深生态学到社会正义》,第 1 页。

世界。"资本主义对经济危机的回应是更深入地进入第二、第三世界以寻求市场和廉价的劳动力与原料来源。"① 与此同时，新的、更"自由"的关贸总协定的建立意味着资本主义从泥潭之中的自救方法，是把更多的第二、第三世界的人民拉入这一泥潭之中，从而为资本主义全球经济作出努力。但这样的一个"有着较高水平商品产量和较低水平人类需要满足的、享乐主义消费社会"，无论是社会主义者，还是绿色分子都是拒绝的。这是因为这样一个社会，不仅处于不利地位的人们在政治及经济上日益被边缘化，而且实现经济增长的环境成本也越来越大。

第二，资本主义不愿承担生态危机的责任。资本主义世界既面临着经济危机也遭遇着生态危机，它们用应对经济危机的做法同样去应对生态危机，选择把污染源和污染物转移或排放到第三世界。同时拒不承担应履行的国际环境责任，这在美国体现地尤为突出。这两方面前文对此已进行过论述。所以现实情况是资本主义制度既无法避免经济危机加生态危机的双重魔咒，也不想承担自身给全球造成的生态破坏的责任，如温室效应等。这是促使具有红色倾向的社会主义者和就有绿色倾向的生态主义者联合的诱因。

第三，左翼与绿色运动面对生态危机无能为力。左翼和绿色分子都在为建立一个与目前资本主义完全不同的理想社会而努力并希望产生更大的影响，但现实却事与愿违。一方面"事实情况说明左翼分子20世纪80年代在几乎全世界的混乱状态已经得到广泛描述"；另一方面"向我们承诺用一种'新政治'来代替社会主义和资本主义的绿色分子也在走向衰弱。"② 自80年代以来欧洲环境运动就处于低潮阶段，绿党分子人数骤然下降、绿色非政府组织急剧减少、大规模绿色运动几近消失。

面对"现实主义的社会民主主义、民主社会主义和绿色改良主义"都不能构成对资本主义制度的现实威胁，出于对人类命运和生态环境的共同关心，"左翼和绿色运动有着内在的密切联系"。更激进的社会主义者和绿色分子力荐人类社会真正需要的是更根本性的生态社会主义政治。这意味着佩珀不仅指出红绿联盟的可能性，而且还指明了红绿联盟的方向是生态社会主义社会。

---

① ［英］戴维·佩珀：《生态社会主义：从深生态学到社会正义》，第2页。
② ［英］戴维·佩珀：《生态社会主义：从深生态学到社会正义》，第2页。

二、佩珀对红绿联盟停滞的分析

虽然红绿联盟在理论方面的意向及方向已被明确地确定下来，但现实中探索性的红绿联盟实践却未如人意。"迄今为止，在那些正在进行的试探性的红绿运动'网络'中，还没有非常有力的、有效的、连贯一致的生态社会主义出现。"① 为推进生态社会主义的实践进程，佩珀不仅分析了红绿联盟停滞不前的原因，还进一步给出了治疗红绿联盟停滞的马克思主义处方。

（一）红绿联盟停滞的原因

原因之一："红绿分子希望把生态中心主义推向马克思主义的分析，绿绿分子则通常依然顽固地扎根于无政府主义原则。"② 作为信奉马克思主义的红绿分子来说，坚持认为马克思主义对生态中心主义是有益的，通过集体的方式和激进的社会变革致力于从生态主义到社会主义的转向，即从"深生态学"到"社会公正"的转变。但作为信奉无政府主义的生态中心主义者来说，则坚信无政府主义推崇的个人价值观和生活方式的改变才是应对生态危机的关键所在。况且令人头疼的是，生态中心主义者"顽固地"信奉这种方式，甚至将其化为一种神秘主义。信仰的对立及方式的不同给现实中的红绿联盟带来了诸多的矛盾和抵牾。"红色遮布"能否盖在"绿色公牛"身上，还得需要多个回合的较量。

原因之二："马克思主义者往往以阶级观点看待环境主义本身的兴起——许多生态中心论者被认为是资产阶级的和反革命的。"③ 这说明红色分子对环境团体多少存在公开的敌意。多数情况下红色与绿色分子间的联盟是一种不稳定的联盟，这种联盟是建立在目标或原因分析上的一致，而不一定是在手段上的一致。佩珀认为马克思主义者或准马克思主义者出于阶级观念的原因，对绿色运动缺少包容性，不能有效接纳环境主义。例如，欧洲一些国家的社会民主党在20世纪80年代就明确批判绿色运动并表示拒绝同绿党合作。

原因之三："无政府主义与社会主义的不同明显地体现在'绿色梦想'

---

① ［英］戴维・佩珀：《生态社会主义：从深生态学到社会正义》，第3页。
② ［英］戴维・佩珀：《生态社会主义：从深生态学到社会正义》，第187页。
③ ［英］戴维・佩珀：《生态社会主义：从深生态学到社会正义》，第59页。

与'红色现实'之间的争论中。"① 红绿之争自 20 世纪 70 年代以来一直并未停息，主要发生在激进革命社会主义者和生态主义谱系中的自由主义中间派。从争论的范畴来看，主要集中在三个方面：一是围绕传统政治问题展开，如个人主义或集体主义、改良方法或激进变革、革命代理人问题等；二是围绕三种主要政治经济学展开，即抽象劳动理论、生产成本理论和主观偏好理论；三是围绕乌托邦主义展开。为了更详细深入地研究二者的差异，佩珀共列举了社会主义与无政府主义的 17 点不同。佩珀认为无政府主义者和社会主义者之间的一个主要分歧是他们对社会不公正和环境退化的根本原因的断定。社会主义者将其归因为阶级关系，而无政府主义者则归因于人们之间的权力关系即等级制和支配关系。

基于以上三个方面的原因，虽然红绿联盟已经被提出很长时间，但在实践中却并没有令人兴奋的起色。佩珀认为，无政府主义和社会主义之间虽然有某些共同的要素，但更多的却还是区别。问题在于在红绿联盟的实践过程中，这些区别并没有得到充分的解释和正确的理解。困难的是在无政府主义这个宽泛的框架下包含着很多的类型，分清哪一种无政府主义和社会主义有可能联合的共同要素至关重要。而生态主义者往往有一种普遍信念，那就是认为无政府主义和社会主义是必然联系着的。这一方面让无政府主义思想在绿色政治中大有市场，另一方面严重阻碍了社会主义思想指导绿色政治。佩珀认为："个体主义的和自由意志论的（自由主义的）无政府主义远不是社会主义：无政府共产主义者和无政府工团主义接近社会主义。"②

（二）红绿联盟停滞的马克思主义处方

在对红绿联盟停滞的现状及对无政府主义与社会主义的比较分析之后，佩珀得到一个重要结论：要把红绿运动团结起来，就必须有效地把马克思主义和无政府主义联合起来，"马克思主义观点与无政府主义的进步因素一起，可以使绿色社会主义成为一种不像以前的一些'社会主义'那样过于倾向于极权主义的社会主义形式。"③ 但无政府主义比深生态学、新时代主义更强烈地影响着绿色分子，因此许多绿色分子根本不相信马克思主义和社

① ［英］戴维·佩珀：《生态社会主义：从深生态学到社会正义》，第 257—258 页。
② 参见 David Pepper, *Eco-socialism: From Deep Ecology to Social Justice*, p. 204。
③ ［英］戴维·佩珀：《生态社会主义：从深生态学到社会正义》，第 6 页。

会主义。佩珀认为："这种思维应当扭转，把马克思主义的分析更多地带进生态主义的主流，使其摆脱它的无政府主义的自由方面，转而支持更多的共产主义和工团主义—无政府主义传统。"① 但他也指出这并不意味着完全主张生态主义应当一股脑地吸收马克思主义，因为现实中存在多种对马克思的解释。佩珀无意于对马克思主义的各种类型进行解释，他认为真正有意义的是用马克思主义的观点分析传统政治中的诸多问题可以产生有价值的见解，而这才能"促使生态主义成为更加连贯的、强有力的和有吸引力的意识形态——它最终一定是社会主义形式。"② 那么怎样才能做到这种有效的联合呢？在佩珀看来，要说明这种有效的联合应当首先明确基础问题，也就是说，无政府主义要以马克思主义为基础，完成从无政府主义向马克思主义的转变；与之相吻合的红绿实践也是从生态主义向社会主义转变，即从绿到红的转变而不是相反。并且"对马克思主义观点的某种重视能够使生态主义获得一种内在一致性，这种内在一致性适合于一种向前看而不是向后看的政治。"③

1. 明确马克思主义是联合的基础

佩珀明确指出："通过描述和解释社会主义的各种形式——特别是马克思主义的社会主义——和它们必须依其为基础的无政府主义来推动生态社会主义的政治。"④ 在作为基础的"马克思主义"被确定下来之后，就是对它的理解。

首先，对马克思主义和无政府主义的理解。

不可否认，现实中确实存在对马克思主义理解的多个版本：苏联社会主义者对马克思主义的理解；卢卡奇、葛兰西等开创的西方新马克思主义；法兰克福学派中的社会批判理论对马克思主义的解读；以厄尼斯托·拉克劳（Ernesto Laclau）、图伦等为代表的后马克思主义；还有各国实践同马克思主义相结合的不同类型等。正因为存在着如此众多的马克思主义类型和多种马克思主义者，所以佩珀认为海尔布隆纳对马克思主义"四个基本元素"

① 参见 David Pepper, *Eco-socialism: From Deep Ecology to Social Justice*, pp. 217 – 218。
② ［英］戴维·佩珀：《生态社会主义：从深生态学到社会正义》，第 266 页。
③ ［英］戴维·佩珀：《生态社会主义：从深生态学到社会正义》，第 6 页。
④ ［英］戴维·佩珀：《生态社会主义：从深生态学到社会正义》，第 3 页。

的界定是十分有意义的，这四个基本元素是："作为认识事物本质的辩证方法；作为揭示社会变革的历史唯物主义方法；作为社会分析起点的资本观以及坚持社会主义的信仰。"① 可以说，海尔布隆纳对马克思主义四要素的界定是非常深刻的，以至于佩珀提出可以把是否拥护这四个要素作为判断马克思主义者的标准。在佩珀看来，"马克思主义是一种受到马克思激发但由许多其他学者发展起来的西方知识传统。"② 它主要说明社会如何运作、如何变化。佩珀认为马克思本人重点关注封建主义向资本主义的转变，同时也指出资本主义如何运转并让位于社会主义及真正的共产主义是马克思思想中的一条主线。佩珀拥护马克思主义，他赞同波特兰·罗素（Bertrand Russel）关于"马克思主义分析的各个方面已被证明是有用的"。他也认为希伯朗得出马克思主义对资本主义社会的分析是如此持久且有说服力，以致成为"让人震惊的理论"这一结论是恰当的。因为佩珀坚信，"马克思主义的'科学'真理意味着十分不同的东西。马克思主义意味着真正的真理：社会如何运作的、不同于表面现象的潜在本质。'历史的科学规律'意味着确实在社会的深层结构中发生的事情——比如，被社会经济分析、唯物主义和辩证推理所揭示的事情——而不是仅仅表面地呈现它自己的东西。"③

　　西方早期的无政府主义思想可以追溯到古希腊时期。近代无政府主义一般是指19世纪40年代出现的一系列以反对国家统治、政府权威、提倡个体自由平等为特征的政治哲学，它影响广泛、派系众多。对大多数无政府主义者而言，"无政府"并不代表混乱而是一种由自由人自愿结合形成的互助、和谐社会。佩珀认为无政府主义是一个流动的、矛盾的、持续转变的观念与实践系统。无政府主义者大致支持的社会生活特征可以概括为"个人主义或集体主义、平等主义、自愿主义、联邦主义、分权主义、乡村主义和利他主义或相互帮助"，而他们大致反对的社会特征则是"资本主义、大规模主义、等级制、集权主义、都市主义、专门主义和竞争"。④ 佩珀认为对无政府主义的类型予以说明是必要的，因为并不是每一种无政府主义都像绿色分

① ［美］罗伯特·L·海尔布隆纳：《马克思主义：支持与反对》，马林梅译，东方出版社2014年版，第6—7页。
② ［英］戴维·佩珀：《生态社会主义：从深生态学到社会正义》，第70页。
③ ［英］戴维·佩珀：《生态社会主义：从深生态学到社会正义》，第87—88页。
④ ［英］戴维·佩珀：《生态社会主义：从深生态学到社会正义》，第187页。

子认为的那样必然能和社会主义相联系。无政府主义按照制度化集体性程度的增加大致包括个人主义、互助主义、集体主义、无政府共产主义、无政府—工团主义和无政府和平主义。在这些类型之中，佩珀认为无政府社会主义和无政府—工团主义是与马克思主义的社会主义最为一致的两种表现形式，但无政府共产主义不能妥协实现共产主义目标的方法，相比之下，"工团主义可能更容易接受，因它包含了围绕以集体和生产为中心的方法。……这里存在着许多可以利用的共同基础。"① 所以，佩珀提出"把马克思主义的分析更多地带进生态主义的主流，使其摆脱它的无政府主义的自由方面，转而支持更多的共产主义和无政府—工团主义传统。"② 这说明，佩珀认为并不是所有的无政府主义都可以和马克思主义联合，而只是无政府主义的某个类型才可以联合。

其次，马克思主义对生态中心论有益。

马克思主义之中到底有没有生态思想，一直是红绿争论的一个问题。因为一些绿色分子认为，如果马克思主义之中没有生态思想，那么就不存在二者联合的共同因素。一方面奥康纳、J. 德里格（J. Deleage）以及 J. 马蒂奈兹—阿里尔（J. Martinez-Allier）等都否定马克思的生态思想，但另一方面福斯特、保罗·伯克特（Paul Burkett）和 J. 维兰科特（J. G. Vaillancourt）等也都在努力挖掘马克思的生态思想。其实马克思主义当中到底有没有生态思想并不构成影响红绿联盟的障碍，关键在于马克思主义本身对生态中心论是大有裨益的。

原因之一：马克思主义的分析提醒我们 19 世纪的环境问题并不局限于资本主义世界，而是世界范围内的。它主要是由于"日益与城市化和资本主义工业化（包括农业工业化）相关的经济剥削而产生"，现在在全球范围内仍具实质上的正确性。恩格斯在《英国工人阶级状况》、马克思在《资本论》等著作中都进行过说明，所以早期工人阶级为争取健康安全的工作环境、有保证的工资而进行的工会斗争本质上是一种环境抗议运动。随着现在西方世界工人阶级工作和生活环境的明显改善，所以主流绿色分子往往从这方面的阐释中退缩了。但一种全球化的视野告诉我们，当前第三世界对环境

① 参见 David Pepper, *Eco-socialism: From Deep Ecology to Social Justice*, p. 244。

② 参见 David Pepper, *Eco-socialism: From Deep Ecology to Social Justice*, pp. 217 - 218。

运动目的的解释却证明了这种有效性的持续。"在印度、肯尼亚和墨西哥，环境主义是一种寻求依据对能源、水、食物和居住地等的基本环境要求来界定发展的益处的生活斗争。"①

　　原因之二："马克思主义把世界的状态——包括自然以及我们与它的关系——不是看作静止或固定不变的，而是视为与具体时间与地点中特定社会的具体文化与经济特征相连的。"② 这意味着不仅整个世界是运动变化的，而且这种运动变化是与具体的物质动因相联系的。并且，新的知识和实践总要求"唯物主义必须改变它的形式"，而这和生态主义者们构想的生态乌托邦以及坚持的唯心主义又是相矛盾的。佩珀提出，马克思主义尤其是关于无产阶级在促进社会变革中的关键作用为生态中心论提供了两个十分有用的视角：一是不要忽视社会的物质组织变革的重要性；二是资本主义制度对环境的破坏已达到威胁我们持续存在的程度。而对于为什么没有优先考虑自然，格伦德曼则给出了正确的解释，马克思相对优先考虑的确实是对人类生活和劳动的消耗而不是对非人类的消耗，这并不代表生态中心主义者批评马克思是过度人类中心主义的观点是正确的，因为他们不理解马克思的这种分析其实是对时代最紧迫问题的一个正确反应。③

　　正是因为不理解马克思主义对绿色政治的有用之处，所以绿色政治在它如何变革与组织社会这一重要议题上，仅仅只是对一些基本政治问题的陈腐解决方案进行了简单的翻新而已。佩珀认为，这本身并没有错，但这种翻新需要内在连贯和一致性。而在绿色分子们不同派别的绿色主张上根本找不到这种连贯一致性。因此，"如果不大幅度地加以改变，政治生态学纲领中的描述性和规定性因素就不能在其他政治意识形态（比如社会主义）内部适当生存。……我认为，对马克思主义观点的某种重视能够使生态主义获得一种内在一致性。"④ 正如佩珀在结论中所指出的那样，"主流绿色分子和绿色无政府主义者必须从马克思主义那里接受更多积极的东西。那里有对资本主义的社会分析和社会—自然辩证法的概念：两者都是强有力的、认识深刻的和准确的，然后才是它对社会主义的信奉。而且，它还有一个社会变革中介

---

① ［英］戴维·佩珀：《生态社会主义：从深生态学到社会正义》，第 75 页。
② ［英］戴维·佩珀：《生态社会主义：从深生态学到社会正义》，第 76 页。
③ 参见 Reiner Grundmann, *Marxism and Ecology*, pp. 80 - 82。
④ ［英］戴维·佩珀：《生态社会主义：从深生态学到社会正义》，第 5—6 页。

理论的可能性，绿色理论需要吸收马克思主义的相关方面。"① 马克思主义与无政府主义的进步因素结合，可以使生态社会主义成为一种真正的社会主义形式。

2. 明确联合的具体方法

在解释并明确了马克思主义作为联合的基础以后，佩珀指明了"建议绿色分子通过放弃那些更接近于自由主义及后现代政治的无政府主义方面而更好地与红色分子协调；与此同时，红色分子通过复活那些我在本书描述与评论的社会主义传统而与绿色分子协调"② 的具体联合方法。

其一，绿色分子应放弃的方面。

政治冷淡主义。"主流的和无政府主义的绿色分子都是后现代的，……他们体现了缺乏与资本或劳动的任何密切关系的立场，并坚决拒绝了阶级政治。"③ 绿色分子们标榜自己是既非左也非右、对传统政治毫无兴趣的"新"政治。但佩珀认为在面对诸如原子弹或环境污染这样世界性的威胁时，我们在根本上则是一致的。虽然环境问题是一个世界共同面临的难题，但它却不平等地影响着不同国家、不同阶级的人。正在形成的东、西方资产阶级联合起来剥削第三世界的现实，说明阶级在当今世界范围仍是有意义的。超越阶级的政治冷淡主义是不可能存在的。

个人主义和唯心主义。绿色分子们认为通过教育启蒙可以使个人的价值观、态度和生活方式得到改变，这正是推动历史和经济的力量。绿色政治的幼稚之处因为对此观念的笃信而加重，而它的反动倾向则因为对此观念的大力宣传而强化。"不要担心失业。当足够多的人们趋向于他们的精神宽厚时，这个问题和其他问题将会消失。他们必须不再把贫困看成是一种折磨而是当作一个礼物。在贫困时，你会学到生活中某些最好的东西。……第三世界的人民被剥削，他们对此不能控制，但他们可以控制他们如何感受。"④ 唯心论的个人主义会引发明显的自私和匪夷所思的保守主义，是消极反动的。

---

① ［英］戴维・佩珀：《生态社会主义：从深生态学到社会正义》，第 298 页。
② ［英］戴维・佩珀：《生态社会主义：从深生态学到社会正义》，第 3 页。
③ ［英］戴维・佩珀：《生态社会主义：从深生态学到社会正义》，第 159 页。
④ 参见 David Pepper, *Communes and the Green Version*：*Counterculture*, *Lifestyle and the New Age*, p. 167。

　　技术的非历史主义。无论是依据成本/风险——收益来评价技术，还是把技术危害看作是缺少适当价值观的结果，绿色分子们都没把技术看成是特定社会关系的体现，他们忽视了"技术难题是社会支配、劳动剥削和资本积累的内容和背景"，因而对技术的态度都是非历史的。绿色分子们对待技术的态度是复杂的，深绿派认为技术是"坏"的，浅绿派则认为技术是"好"的，中间派则模棱两可。由技术的滥用而导致的环境问题仅是一个表象，关键是谁掌握和控制技术并且"资本主义的经济和社会结构以及特定的技术如何服务于统治和剥削劳动的中心目标必须被阐述"①。

　　共同体所有制和国家。绿色分子们对社会经济没有明确的界定，谁拥有生产资料对他们来说并不重要。正如艾金斯所说"绿色经济是折衷的"，他们有时赞同社会主义者为需要而生产的观点，有时也有明显的资本主义痕迹，例如绿党就赞同生产资料的所有权和控制权相分离。但社会主义社会则明确要求生产资料的共同所有制和生产者的自由联合。绿色无政府主义者表现出对中央集权化国家控制的反感。对无政府主义者而言，等级制和统治的最高发展是在国家之中，国家作为主要的罪恶应该被消除。但在通往一个生态友好的绿色社会主义社会"国家是必需的中介"。

　　反人类主义。大部分绿色分子都是反人类主义的，深生态学、盖亚主义、新时代主义则尤为明显。在清澈见底的瓦尔登湖里、在生机勃勃的荒野深处、在自平衡的盖亚世界里、在神秘的新纪元时代，我们都明显感受到作者的反人类主义倾向。人类是对地球最神圣方面的侵犯，是地球上最有害的形式，甚至是世界的一种恶魔式的存在。这种厌世主义在盖亚理论之中尤为突出，"重要的是星球的健康，而不是有机体的某些个体物种。这是盖亚和环境运动首先关注的，而不再是人们的健康……盖亚是与更广泛的人类主义世界不和谐的。"② 佩珀认为这种人类毁灭自身后盖亚将继续存在的观念是不能令绝大多数人满意的。

　　其二，红色分子应坚持和复活的方面。

　　"马克思主义观点为绿色分子提供了比仅仅是对资本主义进行透彻的分

---

① ［英］戴维·佩珀：《生态社会主义：从深生态学到社会正义》，第 163 页。
② 参见 James Lovelock, *The Ages of Gaia: a Biography of our Living Earth*, Oxford: Oxford University Press, 1989, p. xvii。

析更多的东西。"① 首先，马克思主义主张人、自然与社会的辩证统一。这种社会—自然辩证法，是人本主义和真正"一元论"的。它是对深绿派的生态中心主义和浅绿派的技术中心主义的同时挑战，因为二者在实践中要么将自然的利益凌驾于人类利益之上，要么为了实现人类的利益而疯狂剥削自然。这都将自然和社会相分离，是"二元论"的。其次，马克思主义支持一种社会变革的历史唯物主义方法。马克思主义解释社会演变的方法从根本上说是唯物主义的，并且历史的变革也通过一个辩证的进程发生。既承认经济组织和物质事件在影响意识和行为中的关键重要性，也不忽视社会化、教育和观念的力量，马克思主义关于社会变革的途径是唯物主义的，它应当贯穿于绿色战略。最后，工人阶级仍是激进社会变革的主要代理人。社会主义的观点认为激进社会变革在理论上是可行的，而且在实践中也总是可能的，并且这一重任只有工人阶级才能完成。虽然20世纪60年代以后，中产阶级的人数不断增多，工人阶级的阶层也有所变化，但并不能承认"新工人阶级"或"剩余人员"就可以代替工人阶级的革命代理人身份。

3. 佩珀对红绿联盟的态度和建议

对于红绿联盟，佩珀认为应持审慎态度。他认为并不是所有的红绿联盟都是值得肯定和应予以支持的。例如 A. 库克（A. Cook）描述的那种"基要主义"和现实主义两个运动间的联合，在佩珀看来这在"政治上以及地形上都是远离目标的"。佩珀认为，马克思主义和无政府主义就好像是红绿联盟中的两条河流，虽然它们有时看起来在同一个方向上行进，并有着惊人的相似。但如果要想实现目标，佩珀则强调要经过不同地域的不同路线。"如果要形成任何有效的红绿联盟，它们观点中的根本性区别应被明确地说出，而不是被掩饰。"② 佩珀列举了红与绿的四个主要区别："红色的河流接受对人类需要的限制和这些需要都能够被满足，而绿色的河流接受对增长的限制；红色的赞成一个修改后的'启蒙结果'和现代主义，而绿色的主要是后现代主义的；红色的是绝对主义的——赞成社会主义的发展，而绿色的是自然绝对主义的和社会相对主义的混合物；红色的对自然和社会的观点是

---

① ［英］戴维·佩珀：《生态社会主义：从深生态学到社会正义》，第4页。
② ［英］戴维·佩珀：《生态社会主义：从深生态学到社会正义》，第295页。

一元论的，而绿色的承认一元论但在实践中是二元论的。"① 在此他认为应对无政府主义类型和绿色无政府主义的不同派别、不同人物的观点进行认识和区分，以便分清可以联合的派别或人物。

客观地讲，佩珀的这种认识是非常正确和值得肯定的，并且也是红绿联盟实践过程之中值得借鉴的。经过分析比较，佩珀指出无政府—工团主义可能更容易接受，因其强调"集体、物质经济基础和工会"，在一定程度上可以看作是社会主义的无政府主义。"我认为，这里存在着许多可以利用的共同基础。"② 但同时，佩珀也表示了他的两个担心。第一是绿色分子害怕自己致力于一系列基本政治问题上的反资本主义立场而会摇摆不定。所以，有效的红绿联盟必须要有条件：一方面必须要把优先考虑"社会公正"作为红绿联盟最根本的共同基础；另一方面双方都要承认阶级分析和阶级斗争的重要作用，并把其生态主义建立在对环境的更广泛界定上。第二个担心是"红绿方案也面临着过分轻易地抛弃一个工人阶级的存在和忽视工人阶级在社会革命变革中的潜在作用的危险：用资产阶级的新社会运动代替无产阶级的重要历史地位"。③

在对马克思主义与无政府主义联合的问题进行深入思考以后，佩珀表明了自己的态度，要以马克思主义为基础，但也并不完全要抛弃无政府主义，在一定程度上还要吸取无政府主义的进步因素。"不会主张必须抛弃无政府主义的观点，我仍强调社会主义的与众不同及其他如何受到马克思主义的影响，并主张生态中心论者的重点应转向后者。"④

三、红绿联盟的现实推进

如果说"红""绿"联盟还停留在理论的层面，那么"红绿联盟"就是现实的存在。20 世纪 80 年代德国绿党就公开打出"生态社会主义"的旗号，澳大利亚共产党也提出了"红绿联盟"的纲领。如果说"红""绿"联盟中的"红"是指马克思主义或社会主义，"绿"是指生态主义或无政府主义，那么"红绿联盟"中的红就是指具有社会主义倾向的社会民主党，

---

① ［英］戴维·佩珀：《生态社会主义：从深生态学到社会正义》，第 295 页。
② ［英］戴维·佩珀：《生态社会主义：从深生态学到社会正义》，第 295 页。
③ ［英］戴维·佩珀：《生态社会主义：从深生态学到社会正义》，第 299 页。
④ ［英］戴维·佩珀：《生态社会主义：从深生态学到社会正义》，第 4—5 页。

绿就是由绿色分子组成的绿党。"绿党是指以生态环境问题为契机，以政治观念、组织结构和活动方式创新为基础，主张全面改造既存的经济社会结构以最终创建人与自然、人与人和谐相处的新社会的新型政党。"① 在这一含义界定中，也不是所有号称绿党的政党都属于这一范畴。符合这一含义的有德国绿党、瑞典绿党、奥地利绿党等这些相对激进或选择性的生态政党，它们也构成了红绿联盟的主要对象。红绿联盟从口号变成现实是伴随着绿党发展而实现的，绿党从无到有、从弱到强、从在野党到执政党（联合执政党）的这一过程体现了摩根斯·彼得森（Morgens Pederson）对"政党生命周期"的研究。彼得森认为小政党的政治生命可以依据其必须先后越过的四道门槛分为四个具体阶段，即宣布门槛（一个团体宣布参加选举）、准许门槛（一个政党为参加选举而必须满足的法律要求）、代表权门槛（一个政党为进入全国议会的最低选票界限）以及相关性门槛（作为执政联盟伙伴的小政党对政府政策的影响）。②

　　世界上第一个全国性的绿党是 1972 年成立的新西兰价值党，在它的成立声明中阐明了生态政治学观点。此后 1973 年英国绿党成立、1978 年法国和比利时绿党成立，1979 年芬兰和卢森堡绿党成立。到 20 世纪 80 年代欧洲各国绿党如雨后春笋般纷纷建立，德国绿党（1980 年）、葡萄牙、瑞典和爱尔兰绿党（1981 年）、奥地利绿党（1982 年）、荷兰、瑞士和丹麦绿党（1983 年）、西班牙绿党（1984 年）、意大利绿党（1986 年）、挪威绿党（1988 年）、希腊绿党（1989 年）相继宣布成立，跨过了所谓的宣布门槛。与此同时，不少欧洲绿党已在全国性大选中获得议席。1981 年比利时绿党的代表被选入全国议会，第二年便参加了四个地方政府中的多数派联盟，此后，芬兰、瑞士、德国（1983 年）、卢森堡（1984 年）、奥地利（1986 年）、意大利（1987 年）、瑞典（1988 年）、爱尔兰、荷兰、希腊（1989 年）也相继进入全国议会，也就是跨过了代表权门槛。可以说 20 世纪 80 年代是欧洲绿党的快速发展期。到 90 年代，不仅欧洲绿党在政治上有了一定的发展，澳大利亚绿党和新西兰绿党也已进入全国性议会，而且发展中国家

① 郇庆治：《欧洲绿党研究》，山东人民出版社 2000 年版，第 26 页。
② 参见 ［德］斐迪南·穆勒—罗密尔等，《欧洲执政绿党》，郇庆治译，山东大学出版社 2012 年版，第 3 页。

的绿党也在迅速兴起，巴西、墨西哥、巴布亚新几内亚的绿党成为发展中国家第一批进入全国议会的绿党。20世纪90年代绿党成为一种世界性的普遍现象。

而作为世界绿党中坚力量的欧洲绿党在20世纪90年代中期以后，已经谋求从议会党向执政党（联合执政党）的转变，1995年芬兰绿党与社会民主党、保守党等五个政党结成"彩虹联盟"组阁成功，标志着这一转变的开始。但这并不能算是严格意义上的红绿联盟，因为在这五个政党之中，既有代表红色的激进左翼党，也有代表黑色的右翼保守党，还有代表绿色的生态党和代表黄色的非左非右的政党。德国是绿色运动的大本营，德国绿党也备受关注并被寄予厚望。这是因为英法两国的绿党从未进入议会，意大利绿党在议会议席的最好成绩也仅有3.3%，西班牙绿党短时间内没有与社民党联合的意向，发展较快的瑞典绿党在1991年曾宣布退出议会。而德国社民党在1983年大选时曾因对环境问题犹豫不决的态度而失利，之后便将环境问题纳入到党的议程之上，逐渐把环境政策纳入到党章之中，不断地实践着红色绿化的过程。因而，德国的红绿联盟受到人们的特别关注是有道理的。1998年由德国社会民主党和联盟/90共同组成的"红绿联盟"在第十四届联邦议院选举中获得胜利并成功组阁，这意味着生态社会主义在历史上第一次获得实践尝试，也标志着"红绿联盟"从口号变成现实。令人振奋的是这一联盟在2002年的第十五届大选成功蝉联，但由于无法有效应对德国一直以来存在的"高福利、高税收、高国债、高失业"现象，无奈于2005年提前宣布大选并解散。可见红绿联盟的道路并不是一帆风顺的。鉴于德国的红绿联盟在世界范围内的巨大影响，这里重点来关注一下其发展进程。

首先，"红绿联盟"体现在地区性层次上。"红绿联盟"并不是一蹴而就的，在其实现之前也经历了15年的酝酿时期。1982年比利时生态党参加了瓦隆地区重要城市列日市（Liège）的地方政府，1985年又参加了瓦隆区域政府，这开创了绿党在地区层次联盟执政的先河，同时也给德国绿党带来了启示。虽然德国绿党自1980年成立以来，一直对和社民党合作持否定态度。但地方绿党组织中却有和社民党合作的现象，其中最突出的就是黑森州（Hesse-Darmstadt），黑森州位于德国中部，是德国的第五大州。1983年到1987年，黑森州的绿党不仅参加了社民党的政府，还获得了环境部长等职务。虽然绿党的全国执委会不赞同这种联合，但黑森州绝大多数绿党成员都支持。绿党和社民党在黑森州的合作为德国的红绿联盟提供了一个地区性范例。通过这种合作绿党不仅可以有更多机会宣传其思想，也可以使其生态主张付诸实践，这促使更多绿党成员接受红绿联盟。一方面，社会民主党不断地进行自身绿色政策的完善并向绿党抛出合作的橄榄枝，这使两党合作有了共同基础；另一方面，绿党也意识到自身实力较弱小，即使越过了代表权门槛也根本不可能单独以执政党的身份获得组阁政府的权力，必须和其他政党联合才能实现自己的环境主张。从而为两党在全国性层次上的联合扫清了来自绿党内部的障碍。1994 年德国第十三届全国大选前红绿联盟已在黑森、北威、莱法、不来梅、勃兰登堡、下萨克斯 6 个州实践着联合执政。德国共有 16 个州，实行红绿联盟的地区在德国州域范围的比例已达 37.5%，这也为实现红绿联盟的全国性层次奠定了基础。

　　其次，"红绿联盟"体现在全国性层次上。在经历了 15 年的议会党经验和红绿联盟的地区性实验以后，由德国社民党和联盟/90 组成的"红绿联盟"在 1998 年的大选中击败了由联盟党和自由民主党组成的"黑黄联盟"，获得了组阁政府的机会并且使"红绿联盟"突破了地区层次，真正提升到全国性层次上，倡导多年的"红绿联盟"口号终于变成现实。在这次大选中，"红绿联盟"共获得了此次大选 47.6% 的选票（其中社民党 40.9%，绿党 6.7%），"不借重红色政党在与资本主义斗争中的长期经验和组织能力，不仰仗社会民主党的政治优势，绿色运动和绿党无力单兵作战取得政治上的成功。只有依靠'红绿联盟'，绿党才取得了享有执政地位这一历史突破。"① 在第十五届大选中，老牌的社民党与联盟党都得到了 38.5% 的选票，两大党打成平手。而联盟党的合作伙伴自民党最终的得票率为 7.4%，绿党在大选期间利用德国北部地区的洪水问题和对伊拉克的反战态度获得北部地区民众的支持，取得历史最好成绩获得了 8.6% 的选票，还实现了红绿联盟的蝉联。

　　如果说选票只是实现红绿联盟的敲门砖，那么联合执政的具体政策则是检验红绿联盟的试金石。绿党一开始在红绿联盟中就处在弱势地位，怎样在联合执政的过程中，保持绿党自身和其政策主张的相对独立性是个重要问题。虽然在大选成功落幕之后不久，社民党和绿党就联盟执政问题便进行了

① 周穗明：《"红绿联盟"生态社会主义的最新进展》，《当代世界》1998 年第 12 期。

电视谈判，但许多绿党成员对这一问题并未做好准备。"一夜之间，沉重的执政责任落在了绿党的肩上，很多成员甚至还没有真正意识到这是可能的。"① 通过谈判，在职务方面绿党仅获得了环境、卫生和外交三个部长职位。在政策方面绿党提出的引入"双重国籍"身份、分阶段消除核能、征收"生态税"等议题取得了一些成功，但也不得不做一些让步。经过一段时间的磨合，"到2000年末，政府的内部决策过程已经稳定了，看起来已不存在可能破坏红绿联盟的议题。"② 但绿党很快发现，联盟政策的落实实际上是非常缓慢而艰难的，尤其是国籍法的改革和分阶段消除核能。联合执政意味着作为弱势的小党需要不断地进行调整以谋求政治适应和政策趋同，这在一定程度上使得绿党丧失了政治身份。

是执政绿党在一定程度上改变了全国政治议程，还是政府参与在更大程度上改变了绿党，这是一个值得探索和研究的问题。绿党执政以后的两年，一份对德国绿党在政党组织、意识形态和公民选票等方面的调查显示，"自1998年起，绿党在所有的全国和州议会选举中都丢失了选票。……绿党看起来已失去了与当前'时代精神'的联系。媒体已开始把绿党描绘成个'一代'工程，对它作为一个重要政治力量的中长期生存表示了担心。……对绿党自身来说，选举结果和媒体评论创造了这样一种气氛：它取得最大政治成功的时候，也就是它历史上政治危机最深重的时候。"③ 虽然红绿联盟2002年以微弱优势再次组阁成功，但提前解散红绿联盟并宣布大选，都已说明红绿联盟的道路远非想象的那么平坦和顺利。并且很多绿色活动分子并不认为全国政府是真正的权力核心，一些绿党分子主张退出全国性的执政联盟，因为政策趋同已使绿党不再是真正意义上的绿党。但是另外一些绿色分子则认为："绿党在政府中（及选举中的表现）可以通过巧妙连接政府内的忠诚合作与明确阐明绿党的政策目标远远超出联盟政府制约下可能实现的相当有限的改革而有所改进。"④ 从这一系列的事实来看，佩珀对红绿联盟的建议是十分中肯的。

① ［德］斐迪南·穆勒—罗密尔等，《欧洲执政绿党》，第82页。
② ［德］斐迪南·穆勒—罗密尔等，《欧洲执政绿党》，第89页。
③ ［德］斐迪南·穆勒—罗密尔等，《欧洲执政绿党》，第101页。
④ ［德］斐迪南·穆勒—罗密尔等，《欧洲执政绿党》，第103页。

第五章 佩珀生态社会主义思想的 评析与启示

研究佩珀的思想一方面在于从理论上对其进行挖掘和完善，形成对其生态社会主义思想的整体性、系统性的认识。另一方面在于对其进行客观的评价，既要发现他的思想对于生态社会主义发展的价值，也要看到其理论自身的局限性，最终目的就在于准确客观地从其理论当中发现建设社会主义生态文明的有益启示。

第一节 佩珀生态社会主义思想的价值体现

佩珀的生态社会主义思想形成于 20 世纪 90 年代，而这个时间是生态社会主义发展的第三个阶段。相对来说佩珀的思想较之前的两个阶段显得更理性化。从整个生态社会主义的发展来看，佩珀的生态社会主义思想有着重要的价值。他强调马克思主义的方法论、"人类中心主义"和革命性社会变革，为生态社会主义从生态性要求向社会主义要求的转向起到了关键性作用；他提出的生态经济的适度增长更符合人类发展的实际要求；他倡导的社会公正具有更广泛的全球向度。因此，佩珀的思想在生态社会主义发展的第三阶段也具有更强的代表性。在对佩珀生态社会主义思想的价值进行分析评价的时候，也应该把它放在整个生态社会主义思想这样一个大的背景下，在同其他生态社会主义学者思想的比较中突显佩珀对生态社会主义发展所做的贡献。

一、运用了马克思主义的方法论

不可否认，将马克思主义引入环境政治领域本身就是一个进步。早在
20 世纪 60 年代，阿尔弗雷德·施密特（Alfred Schmidt）考察了马克思的诸
多著作，他在《马克思的自然概念》中指出了马克思"自然"概念的社会
历史性，这也是马克思自然概念的最突出之处。"他把自然看成最初起就是
和人的活动相关联的。他有关自然的其他一切言论，都是思辨的、认识论的
或自然科学的，都已是以人对自然进行工艺学的、经济的占有之方式总体为
前提的，即以社会的实践为前提的。"① 施密特对马克思自然概念的阐述对
处于萌芽之中的生态社会主义有一定的启示，但他却否定了马克思唯物主义
的本体论性质并对恩格斯的自然辩证法予以否定，这与经典马克思主义大相
径庭。帕森斯在《马克思恩格斯论生态学》中就明确表示了马克思恩格斯
关于社会与自然相互依赖；通过劳动、人与自然相互转变；前资本主义社会
与自然关系；资本主义社会自然与人的异化；共产主义社会自然与人和谐等
思想中都具有生态立场。帕森斯还纠正了人们对马克思"控制"自然的错
误理解，"对于控制问题，马克思主义者必须像马克思恩格斯所做的那样持
续清楚地阐明，他们的生态立场恰好是资本主义的反题：通过关心而不是贪
婪……慷慨而不是占有以及对自然和社会的计划而实现统治。"② 此后，其
他很多学者如维兰特科、福斯特、伯克特也都从不同层面对马克思著作本身
具有的生态思想进行了系统的挖掘和论述。尤其是福斯特在《马克思的生
态学》中通过考察《资本论》等著作，提出的"新陈代谢断裂"理论对生
态社会主义影响很大。"福斯特认为，马克思对生态学的最突出贡献在于其
'新陈代谢断裂'理论。因为正是借助于该理论，马克思不仅将其对资产阶
级政治经济学三个主要内容（直接生产者剩余产品的剥削、资本主义地租
理论，以及马尔萨斯的人口理论）的批判有机地联结在一起，而且还将其
对资本主义的研究深入到了人与自然相互关系领域，从而展开了对资本主义
的生态批判。"③

---

① ［德］A·施米特：《马克思的自然概念》，欧力同译，商务印书馆 1988 年版，第 2—3 页。
② 参见 Howard L. Parsons, *Marx and Engels on Ecology*, London：Greenwood，1977，pp. 14 – 16。
③ 崔永杰：《福斯特对马克思"新陈代谢断裂"理论的生态学重建》，《社会主义研究》2013 年第 2 期。

与这些学者注重对马克思著作本身生态思想挖掘不同的是，佩珀特别强调并运用了马克思主义的方法论。佩珀自己也承认，他研究马克思主义并不是为了重建真实的马克思主义，而是用其方法论去分析传统政治的问题，从而产生对生态主义有价值的见解，以"促使生态主义成为更加连贯、强有力的和有吸引力的意识形态——它最终一定是一种社会主义形式。"① 为此，佩珀着重指出了马克思主义的方法论对生态主义的有益性。他认为："主流绿色分子和绿色无政府主义者必须从马克思主义那里接受更多积极的东西。"② 因为马克思主义中的历史唯物主义分析法可以清晰地说明为什么资本主义生产方式在谋求利润最大化的过程中造成了对自然的剥削和压迫，它才是造成全球化生态问题的罪魁祸首。马克思主义中的人类与自然辩证法可以雄辩地解释人类、自然与社会的统一，只有在此基础上才能实现人与自然的和谐共生。马克思主义的阶级分析法不仅可以为激进社会变革指明方向，为生态社会主义摆脱改良主义提供理论指导，还不致使无产阶级迷失阶级方向。由于环境运动中存在着倡导变革个人价值观和生活方式来变革社会的唯心主义影响，所以佩珀提出用历史唯物主义的方法去分析社会历史变化的原因，指出最终社会变革的落脚点在于物质而不是意识。由于环境运动中存在着技术中心主义和生态中心主义将人类与环境对立的二元论思想，所以佩珀提出用马克思主义人类与自然的辩证统一去分析将人类与自然对立的不同表现，指出人类、自然与社会是历史的、辩证的统一。由于环境运动中存在着否定工人阶级及工人运动的实际状况，所以佩珀指出马克思的阶级分析法在当今社会并没有过时，它仍然是十分有意义的，不能用新社会运动来取代工人运动，在对抗生态危机这一结构性问题上，工人阶级仍然是社会变革的主要动力。

与对马克思生态思想的挖掘和阐释相比，运用马克思主义的方法论去分析生态运动中存在的实际问题则显得更为重要和更有价值。用马克思主义的基本原理、基本观点和基本方法去分析不同时期、不同地区的实际问题，做到理论联系实际这本身就是马克思主义的理论精髓所在。"马克思主要对生态社会主义的重要意义首先不在于其理论本身，而在于其批判精神和观察、

---

① ［英］戴维·佩珀：《生态社会主义：从深生态学到社会正义》，第266页。
② ［英］戴维·佩珀：《生态社会主义：从深生态学到社会正义》，第298页。

分析问题的方法。马克思主要本质上是批判的、革命的，这种革命的、批判精神正是今天一切致力于绿色运动的人，特别是生态社会主义者所必需的。马克思所留给人们的一系列方法更是宝贵的遗产。"① 作为一名出身于资产阶级的知识分子，佩珀能做到自觉运用马克思主义去分析生态问题，这无疑已经是一个进步。不得不承认，佩珀对生态运动中存在问题的揭示以及有针对性的运用马克思主义的方法论对问题的分析是肌擘理分的。

二、突显了"人类中心主义"的生态价值观

虽然生态社会主义自20世纪60年代就开始萌芽，但直到90年代以前都始终在生态主义的框架内前行，生态主义的价值观也影响着生态社会主义。在这种情况下，很多人都转向了生态中心主义。西方环境运动开展以来，不管是聚集在环境主义大旗下的"深绿派""浅绿派"还是"红绿派"，都着力为自己贴上时髦的生态标签，都或多或少地证明自己是生态中心主义的，迫不及待地和人类中心主义撇清关系。佩珀深感生态社会主义侵染了浓重的生态中心主义价值观，但20世纪90年代以前并没有理论学者明确系统论述过生态社会主义的价值观问题。虽然高兹提出社会生产过程应恪守越少越好的"生态理性"，但主要是为了批判越多越好的"经济理性"，他只是把生态理性看作是和经济理性不同的、主导人们行为的思维方式，并未对其内涵进行明确界定和系统阐述。莱斯虽然反对消费主义的价值观，也质疑自然物的内在价值，但他把理论重点放在"生物多样性伦理"的阐释上。阿格尔则对如何消除异化消费这一问题感兴趣。相对于生态主义明确的生态中心主义价值观来说，生态社会主义则明显滞后。

为了树起生态社会主义人类中心主义价值观的大旗，佩珀同格伦德曼一起与本顿、艾克斯利等生态中心主义倾向的学者进行了理论论争。格伦德曼首先解释了马克思的人类中心主义立场，并提出"人类中心主义方法的主要优点是为评价生态问题提供了一个参考点，可以用不同的方式（当前生活的人类个体、社会、人类、未来的世代）界定这个参考点。但不管我们怎样界定它，它为如何判断现存的生态现象建立了一个清晰的标准。……定义自然和生态平衡是人的行为，人是根据人的需要、快乐和愿望来定义生态

---

① 俞吾金、陈学明：《国外马克思主义哲学流派新编·西方马克思主义卷（下册）》，第661页。

平衡的。"① 格伦德曼提出的马克思的人类中心主义这一方法是对生态中心主义的强烈质疑，但格伦德曼并没有将其纳入生态社会主义的价值观之中。与格伦德曼不同的是，佩珀不仅指出了生态中心主义内在的理论缺陷，更从历史唯物主义的角度重新释读了其应有的内涵。生态社会主义的人类中心主义是一种长期的集体的人类中心主义，是以满足人类的基本需求为目的的。它应是人道主义和人本主义的，是对以谋取个人利益为目的的传统或现代人类中心主义的否定。佩珀指出，西方环境运动不应该远离"人类中心主义"而应该接近它，这是因为任何环境运动的内在动力都在于保护人类长期的集体的利益，否则人类利益将丧失其存在的真实意义；再者"人类中心主义"本身是没有问题的，任何物种都会以自身的利益为中心。但问题则在于对于"人类中心主义"的误读和错误应用。所以佩珀在重释了"人类中心主义"的真实内涵之后，先声夺人地明确指出生态社会主义的价值观应是"人类中心主义"的，而非生态中心主义，并多次强调了自己的观点和立场。

和同时代的学者相比，佩珀的"人类中心主义"立场鲜明而坚定。当德国籍印度学者萨卡还在两种立场上摇摆不定的时候，佩珀已表明了坚定的"人类中心主义"价值观立场。虽然萨卡表面上也声称自己是人类中心主义者，他说"无论如何，我们似乎也无法避免人类中心主义"②。但却反对经济增长，提出了"增长极限"范式，这本身就自相矛盾。因为反经济增长是属于生态中心主义的立场，这与人类中心主义是完全对立的。萨卡的思想在人类中心主义和生态中心主义的夹缝中发展起来，导致其观点不停地在二者之间摇摆。被称作"骑墙派"代表人物的福斯特认为，人类中心主义或生态中心主义这两种立场都是错误的。"在他看来，自然界和社会是相互作用和共同发展的。我们不得不承认自然的内在价值并努力地保护它，但是我们也得承认我们不能避免要改变它。福斯特用人类与自然的交互作用和共同进化避开了或者是人类中心主义或者是生态中心主义的非此即彼的选择。"③

佩珀对于生态社会主义理论最突出的贡献应该就是将"人类中心主义"作为其价值观明确确立起来。我国学者对佩珀的人类中心主义观点予以了高

---

① 参见 Reiner Grundmann, *Marxism and Ecology*, p. 20。
② [印] 萨拉·萨卡：《生态社会主义还是生态资本主义》，张淑兰译，山东大学出版社 2012 年版，第 13 页。
③ 陈永森：《略论生态社会主义的共性和个性》，《福建师范大学学报（哲学社会科学版）》2014 年第 4 期。

度评价，俞吾金和陈学明教授指出："佩珀把社会主义与人类中心主义联系起来，一反在绿色运动中常见的生态中心主义主张，充分表现了作为一个生态学的马克思主义者超越一般的环境保护主义者的理论视野和政治立场，这不但在理论上作出了重大建树，而且也有一定的实践意义。"① 王雨辰教授指出佩珀"第一次明确论述了生态社会主义社会应该树立的生态价值观及其内涵，应该说这是他对生态学马克思主义理论的重要贡献。"② 倪瑞华也指出佩珀"对人类中心主义作了深刻的阐述，系统地建构了人类中心主义的生态学马克思主义理论。"③

三、提出了生态社会主义经济的理性增长

佩珀的生态社会主义思想建立在人道主义和人文关怀基础之上。因此，与 20 世纪 80 年代之前的生态社会主义学者不同的是，他更注重人类基本需要的满足。他认为生态社会主义的经济如果建立在零增长的基础上，根本无法满足地球上日渐增多人口的需要。所以，佩珀提出"生态社会主义的增长必须是一个理性的、为了每个人的平等利益的有计划发展。因而，它将是有益于生态的。"④ 这意味着它既不同于资本主义生产方式中不惜一切代价追求高利润、高生产、高消费的经济理性，也不同于初期生态社会主义要求生产的小规模化、经济零增长或稳态经济。这一方面体现了佩珀的经济增长观是理性的、适度的，既要让经济的增长符合生态原则，又要符合人类追求美好生活的物质需要。因此必须抛弃把追求利润最大化作为生产目的的模式，彻底改变高生产、高消费的现状，建立一个按需生产的经济体系。另一方面还体现了经济公正，因为它想要实现每一个人的平等利益。经济的理性增长暗含着经济公正，这种经济公正也是抵抗资本主义经济不公正的一种必然诉求。

毫无疑问，佩珀提出的经济理性增长相对来说更为进步、更为合理。这种进步合理性其一体现在它更为实际。高兹为了揭露因资本主义的过度生产造成的生态危机，在《经济理性批判》中曾提出"更少地生产，更好地生

---

① 俞吾金、陈学明：《国外马克思主义哲学流派新编·西方马克思主义卷（下册）》，第 666 页。
② 王雨辰：《论戴维·佩珀的生态学马克思主义理论》，《江汉论坛》2008 年第 12 期。
③ 倪瑞华：《英国生态学马克思主义研究》，人民出版社 2011 年版，第 75 页。
④ ［英］戴维·佩珀：《生态社会主义：从深生态学到社会正义》，第 268 页。

活"的对策，虽然为思考因资本主义的过度生产给环境带来的破坏提供了启发性的思考，但最终仍不免落入乌托邦社会主义的窠臼。因为在高兹看来，"更少地生产"是人们根据自己的想象来进行生产，生产的产品也只是"耐用、易修理、易生产并且无污染的东西"。这样一方面可以降低人们的劳动时间，使人们有更多的自由时间去进行自由化、多样化的选择，形成新的生存方式；另一方面可以改善人类同自然的关系，自然同人类不再是对立的关系，而是和谐统一的关系，形成人与自然新的和谐关系。通过这两方面关系的改善，人们形成新的生产方式和生活方式便可以过上社会主义的美好生活。高兹的内在逻辑就在于通过"更少地生产"，人们自然而然就可以"更好地生活"。从高兹的观点不难发现，这种更少生产的经济模式还是带有浓重的乌托邦色彩，不具有现实性。因为高兹虚构了更少生产的前提，即在社会主义社会中人们应该提升自己的德性控制自己的欲求以减少生产从而保护生态。这既不符合社会主义社会生产力高度发达的特征，也不符合其解放人性的要求。

另外，莱斯在《满足的极限》一书中对约翰·斯图亚特·穆勒（John Stuart Mill）一百多年前提出的"稳态经济"予以了高度肯定。莱斯认为稳态经济更准确的说是穆勒的理论并不是临时应对当今环境危机的权宜之计，而应是走向理想社会的有效途径。所以莱斯不能容忍对稳态经济的错误解读，他对建立稳态经济会导致独裁主义世界政府的观点进行了批判。莱斯认为这是基于海尔布隆纳对穆勒理论的错误解读为依据的。所以莱斯基于生态学的马克思主义对稳态经济进行了重新解读，并认为它是一种"理想的方案"。因为以此建立起来的稳态经济不仅可以提供"质的改进机会"，还可以"改变表达需求和满足需求的方式"①。虽然在莱斯看来这不会回到过去那种穷乡僻壤为特征的艰苦生活中去，但稳态经济何以能支撑如此快速的人口增长，这是最为现实的问题。根除生态危机不能仅考虑因控制自然、过度生产给环境带来的不利影响，也要考虑全球人口增长特别是发展中国家人口增长这个实际问题。20世纪80年代以来，发展中国家人口增长的速度约为发达国家的四倍，这一比例还在不断攀升。如果是在原有规模上进行重复生产，必定无法满足日益增长的人口需要。生态社会主义不仅需要生产力的发

---

① 参见 William Leiss, *The Limits to Satisfaction*, Montreal：Mc Gill-Queen's University Press, 1988, p. 105。

展，还要使人们的需要不断提高和完善，不能仅仅为了保护环境而使经济发展处于停滞或萎缩状态。如果经济始终处在停滞状态，一方面无法满足广大发展中国家急剧增加的人口的基本需要，甚至连基本的食物和清洁的饮用水都难以保证；另一方面资本家因无法在扩大的规模上获得更多的利润，势必更加反对有违资本本性的环境保护，这会更不利于环境保护。可见这种稳态经济或零增长经济不仅是不现实的，而且也是非理性的。

这种进步合理性其二体现在更符合社会主义以人为本的内在要求。20世纪90年代以前的生态社会主义学者大多受生态主义的影响，极力想从维护自然利益的角度去改变生态问题，带有浓重的生态倾向。从稳态经济向理性增长的转化并不仅仅是一种经济观念的转变，其实质是两种世界观的转化。更多地从人的角度出发去思考生态问题（社会主义视角）与更多地从生态的角度出发去思考人的问题（生态主义视角）是渗透在环境运动中两种截然不同的世界观。生态社会主义也同时受这两种世界观的影响，20世纪80年代末90年代初可以说是二者在这一领域交锋最为激烈的时期。佩珀的生态社会主义经济观为从经济领域实现从生态方向向社会主义方向的转化作出了贡献。社会主义方向的经济观更多体现了人道主义和人文关怀，是对压迫的废除、对人性的解放。这和资本主义压迫人性的剥削制度是根本对立的，这种以人为本是从整个人类的角度出发把人类的生存作为根本真正实现人文关怀，而不是从某些人、某些地区或某些利益集团的角度出发片面维护少数人的利益。因此为了真正实现"为了每个人的平等利益的有计划发展"这一目标，必须有内在的公正。

第二节　佩珀生态社会主义思想的局限性

虽然佩珀的思想是建立在马克思主义基础之上，在整个生态社会主义理论中属于比较完善、理性和激进的，但佩珀对马克思主义的理解是以西方马克思主义为起点。他自己也毫无避讳地宣称并不是要"拯救马克思或重建真实的马克思主义"，并且他所借鉴的马克思主义很可能持一种折衷的态度。正因如此佩珀的生态社会主义思想也存在一定的局限性。比如，他主张马克思主义应和无政府—工团主义联合，对无政府—工团主义给予了过度的肯定。在批判乌托邦的同时，也在努力挖掘生态乌托邦的积极作用，希望它的"越界性"潜能能够发挥出来。

一、对无政府—工团主义片面肯定

对于这个问题的阐释目前看来稍显复杂，主要原因在于对文献认识和翻译过程中存在的一些错误导致了将工团主义（syndicalism）和工联主义（trade unionism）等同起来。所以首先必须说明怎样界定工团主义与工联主义，继而说明二者的不同之处后，才能揭示佩珀对无政府—工团主义的认识和评价是不够客观的。

（一）工团主义与工联主义

在涉及工团主义和工联主义的中文文献中，很多都将二者等同。比如由英国苏塞克斯大学汤姆·博托莫尔（Tom Bottomore）教授主编的《马克思主义思想辞典》，该书把工团主义这一词条解释为"'工团主义'原为法语，即英语工联主义。"① 由英国学者尼古拉斯·布宁（Nicholas Bunnin）和余纪元编著的《西方哲学英汉对照词典》直接将"syndicalism"译为工联主义，但是对其进行了两种意义上的区分，既可以指中性意义上的工联主义，也可以指革命的或战斗的工联主义。② 由加拿大昆特兰理工大学杰夫·沙茨（Jeff Shantz）阐述的"Green Syndicalism"也被译为绿色工联主义。③ 佩珀《生态社会主义：从深生态学到社会正义》一书中多次提到的"syndicalism"同样被译为工联主义。类似的例子还有很多，在这里不一一枚举。这说明在学界将两者等同的现象还是比较普遍的。但就其产生时间、起源国家、基本主张以及经典作家对其进行的批判等多方面来看，本书认为还是有必要将其进行说明和区分的。

1. 工团主义

无政府—工团主义（anarcho-syndicalism）一词由法语词汇而来，最早是由法国无政府主义者蒲鲁东提出的，anarcho 源自法语词 anarchie，译为无政府状态、混乱、无秩序；syndicalism 源自法语词 syndicat，译为工会。从

---

① ［英］汤姆·博托莫尔：《马克思主义思想辞典》，陈叔平等译，河南人民出版社1994年版，第477页。
② 参见［英］尼古拉斯·布宁、余纪元：《西方哲学英汉对照词典》，人民出版社2001年版，第978页。
③ 参见［加］杰夫·沙茨：《绿色工联主义：另一种社会生态学？》，郭志俊译，《马克思主义与现实》2011年第3期。

《韦氏词典》对 syndicalism 的解释来看，它有三个指向：一种革命性的理论，即工人通过直接的手段（例如大罢工）来控制经济和政府；一个由工人拥有和管理的经济组织体系；基于职能而不是领土代表的政府理论。从维基百科的解释来看，syndicalism 有两层含义：既指一个由工人拥有和管理工业的经济组织体系，也可指一种政治运动（实践）和实现这种社会安排的策略。

　　法国是小生产者的故乡，存在着众多孤立的行会组织，工人一直处在分散化状态，直到 1895 年法国才成立总工会。狭隘的行会思想使工人只满足于自发的行动，拒绝科学社会主义思想，不接受马克思主义政党的领导。1871 年至 1905 年期间法国曾存在过六个社会主义政党，但几经分裂、合并造成软弱无力无法领导工会运动的状况，所以法国总工会长期独立于无产阶级政党之外。工团主义正是在这种情况下产生于 19 世纪末的法国。早期的工团主义以乔治斯·索列尔（Georges Sorel）、赫伯特·拉加德尔（Hubert Lagardalle）和费南德·佩卢蒂埃（Fernand Pelloutier）的思想为代表。他们强调生产资料应归工人联合会即工团所掌握，主张通过暴力手段发起总罢工反对资本主义制度，认为社会主义的前途在于工团的领导，否定无产阶级政党对工人阶级和对工人运动的领导。早期的工团主义者为了同工联主义相区别，自称为"革命的工团主义"，主要原因在于工团主义倡导暴力手段，他们简单地把暴力理解为革命。而工联主义是反对暴力手段的。20 世纪初工团主义主要在法国、西班牙、意大利等西南欧罗马语各国广泛传播。这些国家社会化大生产相对落后，而小手工业、小私有制较为发达，工团主义在这些国家很有市场。由于工会内部存在大量小资产阶级，无法抗拒各种机会主义思想的侵蚀，尤其是一些无政府主义者参加了工会，有的还担任了工会的领导职务，他们把无政府主义思想带到工会活动中来，形成了"无政府工团主义"。1906 年法国总工会通过的"亚眠宪章"成为法国无政府工团主义的纲领性文件，它强调工会高于一切。其核心思想是团结一切为消灭雇主和雇佣制度而斗争的有觉悟的工人；工人阶级应加入工会进行经济领域的斗争以提高和改善工人的福利；工会今天是抵抗性的团体，将来是生产和分配的团体；总罢工是经济斗争的唯一形式。①

从主要认识来看，工团主义认为工会（即工团）是团结和领导工人的唯一组织形式，只有工会能够代表工人阶级的利益。认为工会占主导地位，工会高于一切并管理一切。工会是社会改组的基础，通过纯粹的工业组织和斗争来推翻资本主义和国家。认为经济总罢工是摧毁资产阶级统治的基本办法，只要把劳动工具、生产资料及管理权移交给"生产者工团"就可以向社会主义社会过渡。从经济主张来看，工团主义赞成生产资料的集体所有即工会所有，否定生产资料的国家所有，允许小私有制存在。从政治主张来看，工团主义否定政党，否定无产阶级专政，认为工会不应该管政党问题。反对国家、反对政府，幻想以各地工会在经济上的联合即以工团联盟代替国家机构。从斗争手段来看，工团主义提倡暴力手段和战斗精神（包括怠工破坏活动）并认为总罢工是保护工人的有效手段。

2. 工联主义

工联主义中的工联即工会联合，最早可以追溯到19世纪20年代，1824年英国工人获得了自由结社的权利，因此工会在英国普遍成立起来。工会一般按行业组织并规定只有满师的技术工人缴纳会费才能加入。工会通常绝大部分或者全部都是由成年男子劳动的生产部门的组织。"不但雇主对他们非常满意，而且他们对雇主也非常满意。他们形成了工人阶级中的贵族；他们为自己争到了比较舒适的地位。"② 1868年英国各工会在曼彻斯特成立全国性的工人联合会（Trades Union Congress），工联领导人如乔治·豪威尔（George Howell）、乔治·奥哲尔（George Odger）和罗伯特·阿普耳加思（Robert Applegarth）等都是工人阶级中的贵族，他们接受资产阶级自由主义者提出的劳资利益协调一致的观点。他们否定阶级斗争，反对任何暴动，甚至罢工，力求用和平方法通过经济斗争消除纠纷。恪守"做一天公平的工作，得一天公平的工资"的格言。唯一目标是在维护资本主义制度的前提下，改善工人特别是工人贵族的物质利益，属于工人运动中的改良主义思潮。习惯上把这一时期称为"旧工联"，此后工联主义在英国、法国、西班

① 参见楼均信编：《一八七———一九一八年的法国》，楼均信等选译，商务印书馆1989年版，第89—90页。
② 《马克思恩格斯选集》（第1卷），第74页。

牙等多个国家盛行。

20世纪80年代以后，英国国内经济危机频发加之国际霸主地位日益衰弱，英国的工人运动又重新燃起。长期被拒绝于工联之外居住在伦敦东头贫穷渊薮里的广大非熟练工人建立了自己的工联组织，习惯上称为"新工联"。新工联允许非熟练工人参加，主张进行阶级斗争。恩格斯指出了新工联与旧工联的本质不同，新工联的"创始者和领导者都是自觉的社会主义者或直觉的社会主义者，……他们的心田还是一块处女地，丝毫没有沾染上传统的'体面的'资产阶级偏见。"① 恩格斯对新工联给予了很高的评价，"伦敦东头的觉醒仍然是本世纪末最伟大最有成果的事件之一，而我能活到现在，亲眼看到它，实在感到高兴和骄傲。"② 恩格斯在这里用"伦敦东头"代指新工联，指具有社会主义觉悟的工人阶级。新工联曾一度控制了工联，将工人贵族领导从工联中驱逐出去。但在19世纪末，雇主联合工人贵族反扑，工人贵族控制工联后继续散布阶级调和思想，导致工人运动再次衰落。工联主义在工人运动中的统治地位日益动摇。

由于新工联在工联主义中存在的时间比较短暂，所以提到工联主义往往指的是旧工联的主张。总起来讲，工联主义者既受狭隘的行会思想影响，又受资产阶级自由思想的影响，他们认为工人应该自我管理，坚信通过工会的力量争取局部改良可以改善雇佣劳动制度范围内工人的物质利益和法律地位。从政治主张来看，工联主义不要求推翻资产阶级的统治。他们否定阶级斗争，主张阶级调和，宣传资本家和工人的利益是协调一致的。他们反对国家，认为任何赋予工人权力的国家都将赋予其自身权力。从经济主张来看，工联主义要求提高工资、缩短工时、改善劳动条件等，注重工人贵族既得的物质利益，忽视整个工人阶级的长期利益。从斗争手段来看，工联主义主张采取联合的、直接的经济行动进行纯经济领域的斗争，反对工人阶级的政治行动及进行政治领域的斗争。反对罢工，主张通过调解和仲裁解决劳资争端。

3. 工团主义不等于工联主义

从以上对工团主义与工联主义的阐述中，可以看出二者都依托工会作为

① 《马克思恩格斯选集》（第1卷），第78页。
② 《马克思恩格斯选集》（第1卷），第79页。

经济斗争的物质载体，但其不同之处更为明显，不能将二者简单等同起来。（1）就其起源来看，工联主义早于工团主义近半个世纪。工联主义产生于19世纪中叶的英国，在无产阶级革命政党产生之前就已出现；而工团主义产生于19世纪末的法国，主要资本主义国家的无产阶级革命政党已经产生。工联主义一般是在大工业相对较发达的地区传播；而工团主义的市场一般是在小手工业较发达的地区。（2）就其基本主张来看，工联主义接受了自由资产阶级的改良主义思想；工团主义则接受了小资产阶级无政府主义思想。工联主义维护资本主义雇佣制度，反对阶级斗争，主张阶级调和；工团主义反对雇佣制度，主张阶级斗争，但限制在经济领域。（3）就其斗争手段来看，工联主义提倡谈判、协商等和平手段；而工团主义倡导罢工、抵制、示威等暴力手段。工联主义接受议会政治；而工团主义抨击议会政治。（4）就其利益主体来看，工联主义维护工人贵族的利益；工团主义维护工人阶级的利益。（5）就其对马克思主义的态度来看，工联主义拒绝马克思主义；而工团主义则带有矛盾性，它既"趋附马克思主义，同时又对它加以'纠正'"[1]。

就经典作家对两者进行的批判来看，马克思、恩格斯主要对工联主义进行了分析与批判；列宁对工联主义和工团主义都进行过分析与批判。列宁指出："世界上所以要有共产党人，第三国际在各国的拥护者，正是要在各个系统，在生活的各个领域里，把旧的、社会党的、工联主义的、工团主义的议会工作，改造成新的、共产主义的议会工作。"[2] 从列宁的阐述中可以看出，工联主义和工团主义并不相同，如果二者可以相互包含或一致，列宁也不会把二者并列列举出来。同时列宁进一步指出："工人阶级的工联主义政治也就是工人阶级的资产阶级政治。"[3] 而工团主义是"西欧国家工人运动中出现的一种小资产阶级半无政府主义思潮。"[4] 因此工团主义并不等同于工联主义，所以不能把工团主义简单地解释成工会主义或工联主义。

（二）佩珀对无政府—工团主义的认识

从佩珀对无政府主义及无政府—工团主义的分析来看，佩珀并没有把工

---

① 《列宁选集》（第2卷），第8页。
② 《列宁选集》（第4卷），第206页。
③ 《列宁选集》（第1卷），第368页。
④ 《列宁选集》（第2卷），第793—794页。

团主义等同为工联主义。在对默里·布金（Murray Bookchin）的无政府主义批判时，佩珀明确指出它"同样反对工团主义和工联主义"①。但不可否认，佩珀确实对无政府主义存在幻想，同时也过高地评价了无政府—工团主义。

1. 对无政府主义存在幻想

虽然佩珀指出了无政府主义是生态主义的理论基础，并提出绿色分子要更好地放弃无政府主义与红色分子协调。但实际上佩珀对无政府主义仍然存在幻想。这一方面表现在佩珀公开宣称自己对无政府主义的态度；另一方面表现在他对无政府主义类型的分析。佩珀坦言，"我在结论中将不会主张必须抛弃无政府主义的观点"②，"马克思主义观点与无政府主义的进步因素一起，可以是绿色社会主义成为一种不像以前的一些'社会主义'那样过于倾向于极权主义的社会主义形式。"③ 可见，佩珀对"无政府主义的进步因素"是给予厚望的，目的就在于希望实现有效的红绿联盟。但目前的红绿联盟并没有出现"非常有力的、有效的、连贯一致的生态社会主义"，所以佩珀要进一步挖掘"无政府主义的进步因素"和进步的某种无政府主义类型。在佩珀看来，只有如此才能"有效地把社会主义和无政府主义联合起来"，红绿联盟才能真正朝着生态社会主义的方向发展。但由于无政府主义存在太多不同的派别，所以佩珀也指出"把无政府主义当成社会主义的另外一种形式并非总是可能的。"④ 在对其进行区分之后佩珀把希望寄托在了无政府—工团主义身上。

2. 对无政府—工团主义评价过高

佩珀经过对无政府主义的众多类型分析之后，它明确指出："无政府—共产主义和无政府—工团主义是与马克思主义的社会主义最为一致的形式。"⑤ 无政府—共产主义（anarcho-communism）虽然也有共产主义的目标，但它达到目标的方法是马克思主义者所不能接受的。所以相比之下，"工团主义或许是更容易接受的，因为它包含了围绕着集体和生产的方法。我认

① 参见 David Pepper, *Eco-Socialism：From Deep Ecology to Social Justice*, p. 220。
② ［英］戴维·佩珀：《生态社会主义：从深生态学到社会正义》，第4页。
③ ［英］戴维·佩珀：《生态社会主义：从深生态学到社会正义》，第6页。
④ ［英］戴维·佩珀：《生态社会主义：从深生态学到社会正义》，第3页。
⑤ 参见 David Pepper, *Eco-Socialism：From Deep Ecology to Social Justice*, p. 244。

为，这里存在着很多可以利用的共同基础。"① 正因如此，佩珀多次表达了他肯定无政府—工团主义的态度。比如，在论述解决红绿联盟的重重困难时，佩珀指出："当处在像伯恩那样的自由意志论社会主义者和像珀切斯那样的绿色无政府—工团主义者之间思考时，它们的确变得更加可行。"② 在论述未来的绿色社会时，佩珀指出："绿色社会主义将复活工团主义和基尔特社会主义的传统，尤其是工会、卢卡斯风格的运动和以劳动为基础的组织比如社会主义环境和资源协会来对抗资本的权力。"③ 在论述如何解决生态社会主义的巨大难题时，佩珀认为"难题可能需要在工团主义和布尔什维主义之间解决。"

但从对搜集到资料的分析以及列宁对工团主义的批判来看，笔者认为佩珀对无政府—工团主义的肯定并不完全符合事实。佩珀对工团主义的过高评价体现在两个方面。一是高度肯定其社会主义性质。在佩珀看来，"无政府—工团主义是一种社会主义的无政府主义（a socialistic anarchism），强调集体、物质经济基础和工会。"④ 它之所以具有社会主义的性质，一则因为它强调集体性生产；再则因为它承认潜在的阶级分析和阶级斗争也有重要作用。在佩珀看来，无政府—工团主义所体现出来的社会主义性质要明显强于其无政府主义性质。正是由于它的这种社会主义倾向，所以佩珀建议它是可以和马克思主义有效联合构成红绿联盟的一种形式。但这也确实说明佩珀对工团主义的无政府主义性质有所忽略。列宁对工团主义的无政府主义性质进行过深刻的披露，针对工团主义思想20世纪20年代初在苏联工人运动中流行的事实，列宁曾明确指出，欧美现代工人运动中存在着同马克思主义对立的两大流派。"这两个流派就是修正主义（机会主义、改良主义）和无政府主义（无政府工团主义、无政府社会主义），"⑤ 而作为机会主义天然"补充"的无政府—工团主义，"同样是资产阶级的，同样与无产阶级观点即马克思主义观点相敌对的，其特征是同样恬不知耻、自鸣得意地重复沙文主义

---

① 参见 David Pepper, *Eco-Socialism*: *From Deep Ecology to Social Justice*, p. 244。
② 参见 David Pepper, *Eco-Socialism*: *From Deep Ecology to Social Justice*, p. 221。
③ 参见 David Pepper, *Eco-Socialism*: *From Deep Ecology to Social Justice*, p. 229。
④ 参见 David Pepper, *Eco-Socialism*: *From Deep Ecology to Social Justice*, p. 199。
⑤ 《列宁选集》（第2卷），第273页。

口号。"① 这些都清楚地表明了工团主义的无政府主义性质，但在佩珀那里却被过滤掉了。

二是赞同其"革命"手段。佩珀认为绿色分子应该更认真地对待无政府—工团主义对社会变革的方法。在佩珀看来，与绿色分子倡导的个人价值观和生活方式转变的方法相比而言，工团主义变革社会的方法是革命的、积极的、符合社会主义的。但"革命的工团主义"并不是真正意义上的革命，这只是工团主义者为了和工联主义者进行区分的标榜自称。工团主义者认为，相对于工联主义者倡导的谈判、调解等消极斗争手段来说，他们倡导的罢工、抵制、示威、怠工等斗争手段是积极的、是革命的，所以才会有"革命的工团主义"这样一个称谓。列宁指出："在西欧，革命工团主义在许多国家里是机会主义、改良主义和议会迷的直接的和必然的产物。"② 事实上，工团主义虽然肯定阶级斗争，但仅仅把斗争限制在经济领域而否定政治领域的斗争，他们把"总罢工"作为斗争的最高形式，希望通过"总罢工"来实现社会性质的变革。佩珀对无政府—工团主义的态度在很大程度上受了库克的影响，库克认为："革命的工团主义是最接近社会主义的传统形式，因而可能根本不是严格意义上的无政府主义，……'总罢工'的概念对于它是重要的（夺取武装的革命），工人占领工厂和公共设施并建立一个由工会管理的选择性社会。"③ 从这段论述中可以看出，库克对工团主义的理解其一在于工团主义与严格意义上的无政府主义是不同的，或者说不应该属于无政府主义之列；其二在于认为工团主义的斗争方法是革命性的。从佩珀对工团主义的分析来看，很大程度上接受了库克的观点。

二、乌托邦困境

乌托邦（Utopia）最早可以追溯到古希腊柏拉图时期。该词出自希腊语（οὐτόπος），在希腊语中 ο ὐ 为否定前缀，意为没有；τόπος 意为地方，所以乌托邦的本意即为"没有的地方"。近代意义上的乌托邦出自英国人托马斯·莫尔（Thomas More）的名著《乌托邦》，他描述了一个名为"乌托邦"

---

① 《列宁选集》（第2卷），第408页。
② 《列宁全集》（第16卷），第181页。
③ 参见 I. Cook，"Anarchistic Alternatives: An Introduction"，*Contemporary Issues in Geography and Education*，No. 2，1990，pp. 9 - 21。

的神奇岛屿，那里发展着一个田园般"自由、民主、博爱"的社会。因此，乌托邦成为"空想、虚构和神话"的代名词。它既可以指代想象中的理想社会，也可以指美好但无法实现的愿望或规划。列宁指出："政治上的乌托邦就是一种无论现在和将来都决不能实现的愿望，是一种不以社会力量为依托，也不以阶级政治力量的成长和发展为支撑的愿望。"[1] 乌托邦因其非现实性、静态化理想和唯心主义的特点受到马克思主义者的批判。佩珀认为："马克思在两种意义上反对乌托邦主义。第一，乌托邦主义对社会变革采取非现实的路线。第二，乌托邦主义倡导未来社会的一个静止的、理想化的蓝图。"[2] 在这两者中马克思主义又着重批判了第一个方面，即"它主张的实现我们目标的非现实主义的（历史上盲目的）方法。"[3]

（一）难以避免的乌托邦色彩

佩珀批判了绿色分子所具有的浓重乌托邦色彩，一是因为绿色分子倡导的个人主义或改良主义的非现实主义方法，二是因为绿色分子对未来绿色社会静态蓝图的建构。佩珀在建构自己生态社会主义理论的时候，努力摆脱乌托邦的影响。比如，他批判了通过改变个人价值观和生活方式来希冀实现未来绿色社会的改良主义的方法，提出激进社会变革的方法。他提出了可持续发展的"理想模式"，但指出这种理想模式并不是固定的、一成不变的。但在面对生态社会主义巨大的经济难题时，佩珀对经济的设想和规划并没能像他预想的那样，既能够从根本上转变到社会主义又不带有乌托邦唯心主义的经济形式，最终还是掉进了他极力想避免的"乌托邦陷阱"之中。为了克服生态社会主义的巨大难题，佩珀否定了以计划和市场联合的混合经济模式，他认为生态社会主义的经济问题还是应该回到计划经济上来，而不能通过市场或国家所有制来实现。那这种计划经济怎样实现呢？佩珀提出，"通过使用现代化操作研究、线性计划和逻辑与系统科学，在使用者和供应者之间可以设想一个理性化的、从全球到地方的计划联系网络。……这种网络不会产生比今天的'自由市场'生产更浪费的和不合理的后果。"[4] 在佩珀看

---

① 《列宁选集》（第 2 卷），第 297 页。
② ［英］戴维·佩珀：《生态社会主义：从深生态学到社会正义》，第 145 页。
③ ［英］戴维·佩珀：《生态社会主义：从深生态学到社会正义》，第 227 页。
④ ［英］戴维·佩珀：《生态社会主义：从深生态学到社会正义》，第 145 页。

来这种"计划联系网络"是有效解决生态问题的经济方法，但从现实主义的角度来看，这种设想明显是一种带有乌托邦色彩的幻想。其一在于"现代化操作研究、线性计划和逻辑与系统科学"具体怎样制定、规划、操作并没有详细解释，这未免太过笼统而缺乏现实利用性；其二在于即便是这种"计划联系网络"可以建立起来，目前来看在两种社会制度并存的世界中，它是无法实现的。

（二）对待生态乌托邦的矛盾态度

纵观佩珀多年的论著，佩珀对于乌托邦的态度是矛盾的。这体现在他早期和中期的论著主要是对乌托邦主义及生态乌托邦进行批判，而晚期的论著却致力于发现乌托邦中的积极因素。从他对生态乌托邦"越界"潜能的分析和挖掘便可以充分展现出来。佩珀强调绿色无政府主义倡导的"生活在小规模共同体中的受教育的劳动者、克服了个人主义、坚持整体主义和用合作社代替竞争……以及绕过国家"[1]都是乌托邦的。"如此多的生态乌托邦计划——例如高兹、卡伦巴赫和皮尔塞的计划，实际上是自由主义的（因而资本主义的）梦想——强调，个体的创造力是最终的实现目标。他们拒绝集体的社会变革战略。"[2]可见这时佩珀对乌托邦持否定态度，认为生态乌托邦只不过是资本主义的绿色梦想，是不切实际的。

但在他20世纪以后的论文《乌托邦主义和环境主义》以及《生态乌托邦：张力、悖论和矛盾》中，佩珀不仅区分了抽象的和具体的乌托邦，还挖掘了生态乌托邦的越界性潜能及其特点，并极力寻找阻碍越界性的因素。"越界性"本是一个地理学词汇，它指一种海水倒灌入陆地的海侵现象。后引入文学领域指一种超现实主义的文学风格。在哲学领域是指跨越不确定边界的现象。所以佩珀认为，生态乌托邦的越界潜能，能够跨越当今世界的藩篱成功过渡到一个生态与社会真正可持续的新世界。因为"它将为我们认为理所当然的东西提供不同的思考机会，同时还避免把乌托邦看作所有人都应该遵循的蓝图。"[3]因此，这种乌托邦在本质上将是具体的乌托邦，即展

---

① ［英］戴维·佩珀：《生态社会主义：从深生态学到社会正义》，第277页。
② ［英］戴维·佩珀：《生态社会主义：从深生态学到社会正义》，第268页。
③ 参见 David Pepper, "Utopianism and Environmentalism", *Environmental Politics*, Vol. 14, No. 1, 2005, p. 7。

现出不完善性、反思性和暂时性。但是这种潜能却被对现存社会经济动力的理想主义和非现实的评价所限制。为此，佩珀从社会变革、普遍原则与集权话语、现代性与后现代性以及全球与地方的悖论中努力挖掘使这种潜能变为现实的因素。从这方面可以看出，佩珀逐渐开始认同具有积极意义的具体乌托邦，他的认识多少也带有了空想性。他寄希望于这种超越潜能能实现社会形态的根本转变，为此，他把"'生态乌托邦主义'这个术语限定在全球范围的环境运动开展以来一切以环境难题和主题为核心、体现了最近50年社会与环境关切的著作、思想和活动中。"① 这样一来，便夸大了生态乌托邦的外延。

此外，佩珀的生态社会主义理论还有一些不足之处。比如，他主张的生产资料共同所有制存在一些理论缺陷②；他还未能清楚表明生态危机与经济危机之间的逻辑关系③；他对传统社会主义的认识存在片面性④。他主张生态社会主义应建立在人类中心主义的价值观之上，但为了在环境运动中树起人类中心主义的大旗，完全否定了生态中心主义在环境运动中曾起过的进步作用。没有任何一种理论是完美的，虽然佩珀思想中仍有一些不足之处，但瑕不掩瑜，佩珀的生态社会主义思想仍是值得我们吸收借鉴的。

第三节　佩珀生态社会主义思想对我国建设生态文明的启示

从政策层面来说，我国早在20世纪80年代初就意识到保护环境的重要性，1983年把保护环境作为两项基本国策之一，进入新世纪又把节约资源作为基本国策，形成现在的节约资源和保护环境的基本国策。但从实践层面来说，却一直是以经济发展为中心，以GDP的增长作为衡量社会经济发展的标准，忽略了对环境的保护，欠下了巨大的生态账。改革开放以来中国取得的经济成就举世瞩目，但不可否认的是也付出了惨重的生态代价。在这条

---

① ［英］戴维·佩珀：《生态乌托邦主义：张力、悖论和矛盾》。
② 参见关雁春：《生态主义的"红色"批判——佩珀生态社会主义思想研究》，博士学位论文，黑龙江大学哲学与公共管理学院，2011年，第130—131页。
③ 参见李小红：《佩珀的生态学马克思主义思想研究》，博士学位论文，山西大学马克思主义哲学研究所，2012年，第122—123页。
④ 参见王世明：《戴维·佩珀的生态社会主义思想研究》，博士学位论文，武汉大学马克思主义学院，2014年，第132页。

高速发展的工业化道路上，发达国家一两百年显现的环境问题我国在四十年的时间里集中突显出来，呈现"结构型、压缩型、复合型"等特点，老的环境问题尚未解决，新的环境问题又接踵而至。我国现阶段的环境问题已经到了非常严重的地步，威胁着人民的生活和健康。作为世界人口最多的发展中国家，在面临能源资源相对不足、生态环境承载力不强这样一个基本国情下，要建设现代化国家，再走"先污染后治理"或"边污染边治理"的路子是绝对行不通的。必须要根据我国实际探索走出一条环境保护新路，这就是生态文明。

党的十七大首次把生态文明作为全面建设小康社会的新要求提出来，这标志着生态文明这一发展战略在我国正式确立起来。党的十八大第一次把生态文明写进党章，并且对生态文明进行了更为详细的独立阐述。把生态文明纳入"五位一体"总体布局之中，"把生态文明建设放在突出地位，融入经济建设、政治建设、文化建设、社会建设各方面和全过程，努力建设美丽中国，实现中华民族永续发展。"[①] 党的十八大第一次把"美丽中国"作为未来生态文明建设的宏伟目标，从中国特色社会主义总体布局的高度来论述生态文明，表现了政府大力推进生态文明建设的鲜明立场和坚定决心。党的十九大提出了加快生态文明体制改革，建设美丽中国的总要求。十年生态文明建设的经验加深了对人类与自然关系的认识，提出了建构人与自然生命共同体，着力从推进绿色发展、解决突出环境问题、加大生态系统保护力度和改革生态环境监管体制四个方面加快生态文明体制改革。这些都是中国共产党对生态文明作出的最高层级的诠释和解读。

生态文明是一项关系中华民族永续发展的千年大计，功在当代、利在千秋。它是中国共产党集体智慧的结晶，其思想理论来源于我国古代生态思想、马克思主义生态思想和西方现代生态思想，其中马克思主义生态思想是生态文明的主要理论来源。在以马克思主义生态思想为主导思想的同时，也需要以包容互鉴的态度对待西方现代生态思想，取其精华、弃其糟粕。西方是现代环境运动和生态思想的发源地，其流派众多、主张各异，但大体可以分为"浅绿派""深绿派"和"红绿派"。以生态社会主义和生态马克思主

① 胡锦涛：《坚定不移沿着中国特色社会主义道路前进　为全面建成小康社会而奋斗》，《人民日报》2012 年 11 月 9 日。

义为代表的"红绿派"对我国生态文明建设影响较大,研究这一派别的思想对建设生态文明具有一定的启发作用。佩珀作为第三代生态社会主义的代表人物,其思想更具有成熟性,系统研究其思想不仅是从理论角度完善个案研究,更是为了发现其思想中有利于生态文明建设的有益经验,为我们建设生态文明能够提供些许启示。

一、以历史唯物主义为指导处理好人与自然的关系

佩珀不仅对生态主义把历史唯物主义与生态学对立起来,否定历史唯物主义具有生态意蕴的观点进行了批判,还对生态主义将人与自然二元对立的本质进行了揭示。在佩珀看来,历史唯物主义中不仅包含着生态意蕴,而且马克思主义从根本上来说是对生态主义有益的,因为它坚持了彻底的人与自然的一元论。为此,佩珀从两个方面解释了历史唯物主义的生态意蕴。首先,以生产力—生产方式—生产关系为核心的历史唯物主义,本身就体现着人类与自然的物质变换和相互作用的过程。在生产方式中,一方面蕴含着人与人的社会关系,另一方面也蕴含着人与自然的生态关系。这意味着,"如果我们想改变社会以及社会—自然之间的关系,我们就必须寻求不仅在人们的思想中——他们的见解或哲学观即我们的'社会意识形态',而且也在他们的物质与经济生活中的改变。"① 其次,经济基础和上层建筑的矛盾关系也说明要改变生态问题不能像生态主义所倡导的那样仅仅谋求价值观的改变,而必须要改变生产方式即社会的物质经济基础。另外,佩珀还特别研究了马克思的自然观。佩珀从社会与自然的辩证法角度深刻认识了马克思的自然观实质上是人类、社会与自然三者的辩证统一,社会是人类与自然统一的基础。而生态主义正是不能理解这种辩证关系,所以它依旧停留在人类与自然对立的二元论之中。同时,佩珀还指出在这种辩证关系中,自然具有的优先性地位即自然的先在性是不容否认的。另一方面,佩珀还对第一自然与第二自然相互作用的关系进行了分析和论述。"确实,只有像他那样去理解马克思的自然概念的含义,才能真正领会马克思主义对于生态保护,对于生态社会主义的重大意义。"② 正确而深刻地理解人与自然的关系是我们建设社

---

① ［英］戴维・佩珀:《生态社会主义:从深生态学到社会正义》,第80页。
② 俞吾金、陈学明:《国外马克思主义哲学流派新编・西方马克思主义卷(下册)》,第664页。

会主义生态文明的前提和基础。

首先，必须彻底改变人与自然的二元对立。

"生态兴则文明兴，生态衰则文明衰"，古今中外多少事例都证明了这一定律。当人们为谋求自身的私利将自然与人类对立起来时，便会受到自然的惩罚。恩格斯早就告诫人们："我们不要过分陶醉于我们人类对自然界的胜利。对于每一次这样的胜利，自然界都对我们进行报复。"[①] "美索不达米亚、希腊、小亚细亚及其他各地的居民，为了得到耕地，毁灭了森林"[②] 而最终成为不毛之地的事实印证了自然界对人类的报复。在"楼兰古城因屯垦开荒、盲目灌溉，导致孔雀河改道而衰落"[③] 的历史中同样得到印证。历史可以被尘封，但从历史中得到的教训却不能被尘封。如果我们不真正以这些过往的历史引以为戒，不能真正做到人类与自然的统一，那么曾经森林遍布、山清水秀、地宜耕植、水草便畜的黄土高原、渭河流域、太行山脉同样会像古楼兰一样淹没在历史的沙堆之中。一次又一次的惨痛教训已经无数次地说明了一个道理，人与自然不能二元对立，发展经济也不能以牺牲生态环境为代价。

人类付出惨痛代价得到的前车之鉴，社会主义建设必须引以为戒。在建设生态文明时必须从根本上彻底改变人与自然二元对立的关系。这不仅体现在对人类与自然关系的理论认识上，更体现在社会与经济建设和保护生态的实践中。理论认识得再深刻，实践落实不到位仍是无济于事。一边是高喊空气质量保卫战，一边却是高天滚滚粉尘急，这仍然暴露了一种为了人类经济利益而牺牲环境的固化思维模式。虽然生态文明的建设已有十余年，但我国不少地区仍存在破坏生态环境的行为，如陕西延安为建新城将33座山削山填谷，这无疑是在丘陵地貌上进行了一次"大手术"，破坏了原生地形地貌。被誉为"观兽天堂"的新疆卡拉麦里山野生动物自然保护区为给开矿让路，先后六次调整面积减少了三分之一，致使野生动物数量锐减。此外还有杭州千岛湖临湖区违规建筑、秦岭北麓圈地建别墅、腾格里沙漠污染、祁连山保护区破坏性开采等等。这一桩桩、一件件破坏生态环境的行为不仅表

---

① 《马克思恩格斯选集》（第3卷），第998页。
② 《马克思恩格斯选集》（第3卷），第998页。
③ 习近平：《绿水青山就是金山银山——关于大力推进生态文明建设》，《人民日报》2016年5月9日。

明生态文明建设仍然没有完全落到实处，也说明在人们思维领域中对发展经济与保护环境的固化认识仍然没有改变。在固化意识还存在的情况下，要建设生态文明就必须通过最严格的制度、最严密的法治来保护脆弱的生态环境。

习近平总书记强调，"要正确处理好经济发展同生态环境保护的关系，牢固树立保护生态环境就是保护生产力、改善生态环境就是发展生产力的理念，更加自觉地推动绿色发展、循环发展、低碳发展，决不以牺牲环境为代价去换取一时的经济增长。"① "保护生态环境必须依靠制度、依靠法治。只有实行最严格的制度、最严密的法治，才能为生态文明建设提供可靠保障。……我们一定要彻底转变观念，就是再也不能以国内生产总值增长率来论英雄了，一定要把生态环境放在经济社会发展评价体系的突出位置。"②

其次，建构人与自然生命共同体。

社会主义生态文明建设的核心是正确处理人与自然的关系，这要求人们在改造自然的同时，树立积极主动保护自然的意识，不断优化和改善人与自然的关系。自然对人类来说，不仅具有工具价值，还具有文化、历史和生态等多种价值。"佩珀提醒我们注意马克思关于'按照美的规律塑造自然'的论述，他认为马克思的这一论断充分体现出马克思出于审美的动机对自然环境的总体关心。"③ 人类不能只重视自然的工具价值，一味地占有和攫取。对自然界不能只讲索取不讲投入、只讲利用不讲建设。人类与自然是相互依存、相互联系的整体，我们要像保护眼睛一样保护生态环境，像对待生命一样对待生态环境。"人类必须尊重自然、顺应自然、保护自然。人类只有遵循自然规律才能有效防止在开发利用自然上走弯路，人类对大自然的伤害最终会伤及人类自身，这是无法抗拒的规律。"④ 这正体现了马克思所说的人是自然界的一部分。自然界是人类社会产生、存在和发展的基础与前提，人类虽然可以通过社会实践活动有目的地利用和改造自然。但人类归根结底都

---

① 习近平：《坚持节约资源和保护环境基本国策　努力走向社会主义生态文明新时代》，《人民日报》2013 年 5 月 25 日。
② 中共中央文献研究室编：《习近平关于全面深化改革论述摘编》，中央文献出版社 2014 年版，第 125 页。
③ 俞吾金、陈学明：《国外马克思主义哲学流派新编・西方马克思主义卷（下册）》，第 663 页。
④ 习近平：《决胜全面建成小康社会　夺取新时代中国特色社会主义伟大胜利》，《人民日报》2017 年 10 月 19 日。

是自然界的一部分。在开发和利用自然的过程中，人类的行为方式必须符合自然规律，绝不能凌驾于自然之上。

保护自然环境就是保护人类，建设生态文明就是造福人类。绿色发展，就其要义来讲，是解决好人与自然和谐共生问题。习近平总书记一再强调，生态环境没有替代品，用之不觉，失之难存，这种特殊属性决定了人类发展活动必须尊重自然规律，"坚持把节约优先、保护优先、自然恢复作为基本方针，把绿色发展、循环发展、低碳发展作为基本途径。……切实把工作抓紧抓好，使青山常在、清水长流、空气常新，让人民群众在良好生态环境中生产生活。"① 形成节约资源和保护环境的空间格局、产业结构、生产方式、生活方式，还自然以宁静、和谐、美丽。

二、以社会公平正义为目标协调好地区差异

佩珀的生态社会主义思想特别强调了社会公正，这种广义的社会公正既包括环境公正、经济公正，也包括分配公正、地区公正。在全球范围内，正是这种社会公正的缺失，导致了最为严重的生态问题。这种不公正突出的体现在政治经济领域，发达国家和发展中国家、富人和穷人在政治话语权、经济收入、资源分配等方面是极为不公平的，富者愈富、穷者愈穷，全球贫富差距不断加剧。在环境领域中，同样存在着极严重的不公正，发达国家的富人消耗着大量的自然资源，而第三世界的穷人还在为基本的食物和干净的水源忍受着饥渴。佩珀指出，即便是面临着同样的自然灾害，它对富人和穷人的意义也是不一样的。另外，佩珀还指出了一个问题，即便是在资本主义范围内同样存在着地区间的不公正。而这些不公正是根植于资本主义制度之内的，所以在制度之内不存在根本性的解决方法。必须要用社会主义代替资本主义，才能在社会范围内真正实现公平正义。

党的十八大曾明确指出："必须坚持维护社会公平正义。公平正义是中国特色社会主义的内在要求。要在全体人民共同奋斗、经济社会发展的基础上，加紧建设对保障社会公平正义具有重大作用的制度，逐步建立以权利公平、机会公平、规则公平为主要内容的社会公平保障体系，努力营造公平的

---

① 习近平：《绿水青山就是金山银山——关于大力推进生态文明建设》。

社会环境，保证人民平等参与、平等发展权利。"[1] 而我们在建设社会主义生态文明的进程中，同样要把社会公平正义推进到实践之中。在经历了40年的经济发展后，我国东部、中部、西部明显曾现出三个层级，东部地区经济发达、西部地区经济落后，中部地区介于两者之间。在生态环境方面，由于东部地区临海的地理优势，空气质量和环境相对较好；西部地区由于发展缓慢，生态环境相对来说还未遭到严重破坏；而中部地区可谓腹背受敌，经济相对于东部来说是落后的，环境相对于西部来说是破坏的。这之中最为严重的就是河北，不得不承认，河北为北京和天津的发展作出了巨大的贡献，但环境破坏却极为严重。2013年，在全国重点监测的74个城市中，污染最严重的10个城市仅河北一省就占了7个。河北人民在为中国的发展承受着更多的雾霾，这实质上就是一种生态的不公正和地区的不公正。习近平总书记在参加河北省委常委班子专题民主生活会时强调指出："要给你们去掉紧箍咒，生产总值即便滑到第七、第八位了，但在绿色发展方面搞上去了，在治理大气污染、解决雾霾方面作出贡献了，那就可以挂红花、当英雄。"[2]

为建设生态文明，我国制定了优化国土空间开发格局，加快实施主体功能区战略。根据不同地区的资源环境承载力、发展潜力和现有发展强度等因素分别制定了优先开发区域、重点开发区域、限制开发区域和禁止开发区域四种不同类型。限制开发区和禁止开发区肩负着保护生态环境的职责，因而这些地区必须坚持以保护环境为第一要务。那么在一定程度上这些地区的经济发展速度就会受到限制，人民生活水平也难以提高，地区间就会呈现经济发展、生活水平的不均衡和不公平。如何解决各区域之间因发展经济和保护生态环境造成的矛盾是关乎不同地区利益的重要问题，也是我国区域发展中长期存在的老问题。"通过创建生态补偿机制，我们就可以实现区域之间，在生态保护与经济发展层面上的功能互补，进而推动生态文明建设在全国范围内的深入开展。"[3] 各地应积极探索生态补偿的新方式，争取实现区域间协调发展。例如广东省就用横向财政转移支付的方式，向东江上游的江西省支付了115亿元水源保护费，用于东江源区的生态环境保护与建设。这既避

---

① 胡锦涛：《坚定不移沿着中国特色社会主义道路前进　为全面建成小康社会而奋斗》。

② 中共中央文献研究室编：《习近平关于全面深化改革论述摘编》，第127页。

③ 郇庆治等：《生态文明建设十讲》，商务印书馆2014年版，第198页。

免了广东、江西两省因使用东江水而造成的矛盾，又实现了流域内的均衡协调发展，还可以为其他地区提供借鉴经验。

公平正义是中国特色社会主义的内在要求，它同样也体现在生态文明建设之中。良好生态环境是最公平的公共产品，是最普惠的民生福祉。但由于历史发展和地理位置差异等原因，我国不同地区的人们所处的生态环境差异比较大，解决这一问题也是极为迫切的。发展形成的环境污染问题不能仅仅让某些地区或某些群体来承担，在生态文明建设过程中必须扭转和改善这种不公正。在我国社会主要矛盾已经转化为人民日益增长的美好生活需要和不平衡不充分的发展之间的矛盾之时，"统筹城乡发展、区域发展、经济社会发展、人与自然和谐发展、国内发展和对外开放，统筹各方面利益关系，"①努力形成全体人民和谐相处的局面是倍加重要的。建设社会主义生态文明要协调发展、科学发展、可持续发展，不能厚此薄彼、顾此失彼，力争在全社会范围内形成公平正义的和谐局面。

三、以中国视域为基点树立起正确的环境义利观

佩珀的生态社会主义思想特别强调了第三世界和边缘地区的环境权利。由于长期的历史原因，第三世界和边缘地区不仅承受着经济的不公正，在环境权利方面也承受着巨大的不公正。这不仅表现在发展中国家和边缘地区承受着更多诸如干旱、洪灾、沙漠化等自然灾害，更表现在发展中国家和边缘地区如同缺少经济话语权一样，在国际事务或地区事务中同样也缺少环境话语权。佩珀不仅指出："环境质量与物质贫困或富裕相关，西方资本主义就逐渐地通过掠夺第三世界的财富而维持和'改善了'它自身并成为世界的羡慕目标。"② 而且还站在发展中国家立场为欠发达国家的利益而呼吁呐喊，"当发达资本主义国家拒绝把它们自己的消费者生活方式放到议事日程上时，第三世界国家坦率而有理由地拒绝作出短期的经济牺牲来保护它们的热带雨林。"③ 佩珀还特别以爱尔兰来说明边缘地区的问题，作为欧洲边缘地区的爱尔兰在保护环境和发展经济上面临着更多的张力与矛盾，但是它的经

① 胡锦涛：《坚定不移沿着中国特色社会主义道路前进　为全面建成小康社会而奋斗》。
② ［英］戴维·佩珀：《生态社会主义：从深生态学到社会正义》，第 111 页。
③ ［英］戴维·佩珀：《生态社会主义：从深生态学到社会正义》，第 298 页。

济发展规划被要求必须在欧盟总体环境计划框架之内。这在一定程度上限制了爱尔兰的发展，爱尔兰为了谋求经济发展不得不建立更加依赖核心地区的外向型经济模式。虽然 2015 年爱尔兰的 GDP 增幅达到 26%，但佩珀早就指出这在实质上是一种不可持续的经济发展模式。如何在兼顾国际责任的同时从国家或地区角度谋求更多的发展权益是发展中国家和边缘地区的重要问题。

"整个生物圈的脆弱性和相互依存性，以大气层最为明显。人类进入工业化时代以来的各种活动，正在使大气层受到破坏。"① 在所有环境问题中，与每一个国家、每一个人都相关的莫过于温室气体问题。温室气体带来的全球气候变暖已经成为一种共识，为应对这一全球性难题，必须要世界各国人民的共同努力。从 1992 年《联合国气候变化框架公约》、1997 年《京都议定书》，到 2009 年的《哥本哈根协议》、2015 年的《巴黎协定》，不可否认联合国在促进温室气体减排上作出了巨大贡献。中国和美国作为最大的发展中国家和发达国家在减排问题上备受关注。中国作为社会主义大国，在这一问题上表现出了高度的自觉性。中国在为世界环境气候保护做着不懈的努力，温家宝总理在哥本哈根世界气候大会发言时就指出："中国是最早制定实施《应对气候变化国家方案》的发展中国家，是近年来节能减排力度最大的国家，是新能源和可再生能源增长速度最快的国家。"② 习近平总书记在巴黎气候大会上作出了庄严的承诺，"中国在'国家自主贡献'中提出将于二〇三〇年左右使二氧化碳排放达到峰值并争取尽早实现，二〇三〇年单位国内生产总值二氧化碳排放比二〇〇五年下降百分之六十至百分之六十五，非化石能源占一次能源消费比重达到百分之二十左右，森林蓄积量比二〇〇五年增加四十五亿立方米左右。"③ 但与我国应对全球气候问题的积极态度完全相反的是作为超级大国的美国，从 2000 年退出《京都议定书》到 2017 年故伎重演退出《巴黎协定》，在应对气候变化的国际合作中，美国一次又一次的反对态度让国际社会极其失望。

---

① [英] 芭芭拉·沃德：《只有一个地球》，国家公害丛书编委会译，吉林人民出版社 1997 年版，第 191 页。

② 温家宝：《凝聚共识 加强合作 推进应对气候变化历史进程》，《人民日报》2009 年 12 月 19 日。

③ 中共中央文献研究室编：《习近平关于全面建成小康社会论述摘编》，中央文献出版社 2016 年版，第 180 页。

　　中国正努力成为全球生态文明建设的重要"参与者、贡献者、引领者"。作为最大的发展中国家，中国在建设社会主义生态文明中承担了更多的国际环境义务，也要以中国视域为基点努力维护好国家的环境权利。我国政府一直坚持"共同但有区别的责任原则、公平原则、各自能力原则"，同国际社会一道积极应对全球气候变化。"共同但有区别的责任原则"是联合国可持续发展委员会的秉承理念，也是国际合作应对气候变化的核心和基石，应当始终坚持。毫无疑问，发达国家应对温室气体的排放承担主要责任。无视历史责任，无视人均排放和各国的发展水平，要求近几十年才开始工业化、还有大量人口处于绝对贫困状态的发展中国家承担超出其应尽义务和能力范围的减排目标，是毫无道理的。任何妄图以 GDP 总量来核定减排义务的做法我们都予以坚决反对。中国愿意继续承担同自身国情、发展阶段、实际能力相符的国际责任。

　　应对气候变化应是全世界的呼声与共识。这不仅是我们作为发展中大国承担的国际责任，也是中国转变发展方式的内在需求。中国将继续履行承诺，努力走绿色、低碳、可持续发展之路，与各国携手向实现 2030 年可持续发展议程的目标扎实迈进。"中国坚持正确义利观，积极参与气候变化国际合作。"[①] 在这方面，我国政府不但认真落实气候变化领域南南合作政策承诺，还敦促发达国家承担历史性责任，积极兑现减排义务，同时也帮助其他发展中国家减缓和应对气候变化。比如，在 2015 年 9 月我国就宣布设立 200 亿元的中国气候变化南南合作基金。我国还为非洲国家实施应对气候变化及生态保护项目，帮助非洲走绿色低碳可持续发展道路。

　　美国著名生态足迹学家马西斯·瓦科纳格尔（Mathis Wackernagel）指出："如果地球上的每一个人都享受与北美同样的生态标准，那么在目前技术水平下我们就需要三个地球来满足总的物质需求……为了可持续地适应未来 40 年人口和经济产出的预期增长，我们需要另外 6—12 个星球。"[②] 但事实上谁都知道我们只有一个地球。所以，应对气候变化必须在可持续发展的框架下发达国家与发展中国家共同努力、统筹安排。"发达国家要履行在资金和技术方面的义务，落实到二〇二〇年每年提供一千亿美元的承诺，并向

---

① 《习近平谈治国理政》（第二卷），外文出版社 2017 年版，第 530 页。
② ［美］德内拉·梅多斯等：《增长的极限》，李涛等译，机械工业出版社 2013 年版，第 116 页。

发展中国家转让气候友好型技术。"① 发展中国家也应根据本国国情,在发达国家的帮助下,尽可能减排温室气体,适应气候变化。

作为发展中国家的代表,超越西方生态文明的话语霸权,切实维护中国环境发展权,树立起正确的环境义利观,成为我国生态文明理论与实践建设的重中之重。正如王雨辰教授所指出的:"如何变革不同国家、不同人群在环境资源占有、分配和使用上的不公正关系,实现环境正义作为理论的内核和追求的目标,真正实现我国生态文明理论研究的使命和目的。"②

四、以绿色可持续发展为宗旨融入到五个文明的建设

佩珀指出可持续发展是生态社会主义的应有内涵和显著特征,可持续发展应包括经济、政治、社会、自然、文化等多个方面。联合国发展委员会在《我们共同的未来》提出可持续发展以后,不同国家、不同地区对它进行了不同的解读和实践。欧洲提出的生态现代化可谓是影响较大的一种可持续发展的理论与实践模式。佩珀对生态现代化的资本主义本性、非可持续性和乌托邦性进行了批判和揭示,并从经济、社会、自然、地理四个方面建构了可持续发展的"理想模式"。佩珀认为每一个国家或地区都有着不同的经济水平、政治模式、社会认同、文化底蕴,所以"理想的社会模式应具有可变性和针对性,不应该也不可能千篇一律,但跨域民族和国家的一般原则则具有普遍性和适应性。"③ 在佩珀看来,倡导共同体支持、权力自主、文化多样、自我依靠、环境友好、规模适中的可持续发展理想模式比生态现代化更具有合理性和可行性。生态现代化始终在维护资本主义制度的前提下进行改革,不可能从根本上改变资本追逐利润的本性,因而边缘与核心的差距无法根本消除。这就不可能实现真正的全球可持续发展。而以共同体为基础的理想模式首先在于满足共同体成员的需要而不是为了利润,这就从根本上消除了资本为追求利润剥削自然的可能性,为自然的可持续发展提供了前提条件。再者共同体所有既可以共享共同体的经济与政治权力,又可以消除环境

---

① 中共中央文献研究室编:《习近平关于社会主义生态文明建设论述摘编》,中央文献出版社 2017 年版,第 130 页。

② 王雨辰:《生态马克思主义研究的中国视域》,《马克思主义与现实》2011 年第 5 期。

③ 参见 David Pepper, " Ecological Modernization or the 'Ideal Model' of Sustainable Development? Questions Prompted at Europe's Periphery", p. 24。

成本外在化的可能性，这为社会公正和生态保护提供了切实可行的保证。更为重要的是共同体生产能够增强共同体的自我依靠能力，这在很大程度上就可以减少对核心地区的依赖，逐渐摆脱单一市场和经济全球化对地方的经济控制，从而建立起真正的经济自主，缩小并消除同核心地区的财富差距。这种以共同体为核心的理想模式有利于经济、社会、生态三个方面和谐共生，最终实现可持续的发展。

可持续发展本身就应是系统性的，单纯一个方面的可持续发展不可能具有真正意义上的可持续性。佩珀关于可持续发展的观点同样具有系统性和结构性的特点。这就要求我们在考虑可持续发展问题时，必须有一种整体意识和结构意识，将生态环境的治理与政治、经济、文化、社会联系起来，与人民的生产生活联系起来。习近平总书记指出："三十多年快速发展积累下来的环境问题进入了高强度频发阶段。这既是重大经济问题，也是重大社会和政治问题。"① 因而，以绿色可持续发展为宗旨将物质文明、精神文明、政治文明、社会文明和生态文明的建设有机衔接起来，共同增强可持续发展的能力。物质文明是绿色可持续发展的基础，不管是环境保护的宣传教育、生态环境的治理恢复还是生态环境的监督管理，基本的物质投入都是必不可少的。精神文明、政治文明、社会文明是绿色可持续发展的三大保证，分别从精神领域、政治领域和社会领域给予必要的文化保证、法律保证和道德保证。而生态文明则是绿色可持续发展的具体体现，五个文明密不可分。因此，"按照绿色发展的理念，树立大局观、长远观、整体观，根据我国实际情况，坚持保护优先，坚持节约资源和保护环境的基本国策，把生态文明建设融入经济建设、政治建设、文化建设、社会建设各方面和全过程，建设美丽中国，实现中华民族永续发展。"②

党的十八大以来，中国共产党从中国特色社会主义事业"五位一体"总体布局的战略高度，对生态文明建设提出了一系列新思想、新观点、新论断，把生态文明建设放在更加突出的位置。党的十九大又将生态文明建设置于"五位一体"总体布局和"四个全面"战略布局的重要内容之中，在我国社会主要矛盾发生变化的情况下要求各地区各部门要切实贯彻绿色可持续

---

① 中共中央文献研究室编：《习近平关于社会主义生态文明建设论述摘编》，第4页。
② 习近平：《绿水青山就是金山银山——关于大力推进生态文明建设》。

发展理念。在全面建成小康社会的伟大进程中，生态环境特别是大气、水和土壤污染问题已成为突出的短板。"这就要求我们尽力补上生态文明建设这块短板，切实把生态文明的理念、原则、目标融入经济社会发展各方面，贯彻落实到各级各类规划和各项工作中。"① 全面落实"五位一体"总体布局和"四个全面"战略布局，促进现代化建设各方面相协调，不断开拓"生产发展、生活富裕、生态良好"之路，努力走向社会主义生态文明新时代。

---

① 中共中央文献研究室编：《习近平关于社会主义生态文明建设论述摘编》，第 10 页。

结　论

从生态社会主义思想发展的逻辑进程来看，佩珀的生态社会主义思想是较为理性的。在生态中心主义主导环境运动的情况下，佩珀能更理性地从维护整个人类利益并兼顾非人利益的角度出发，积极捍卫"人类中心主义"，这无疑是人本主义的。在稳态经济或小规模生产深入人心的情况下，佩珀能更实际地从人口增长的角度出发，提出经济理性增长以解决贫穷、饥荒等问题，这无疑是现实主义的。

从对生态危机根源的分析及倡导解决它的方法来看，佩珀的生态社会主义思想是较为激进的。相对于把生态危机的根源归结到意识领域的唯心主义观点来说，佩珀运用马克思主义指出资本主义生产方式是生态危机真正根源的观点是唯物主义的。相对于用改良主义解决生态危机的方法，佩珀倡导的变革资本主义制度的革命性方法是积极的。

从佩珀生态社会主义思想的构成来看，他的思想是较为完善的。这体现在两点：一是佩珀从"人类中心主义"、环境友好、经济可持续发展及社会公正这四个角度建构了自己的生态社会主义思想，这涉及生态价值观、自然、经济与社会四大方面；二是佩珀既注重理论分析又注重实践应用。

站在马克思主义基本原理的立场上研究与审视佩珀的生态社会主义思想，一则在于佩珀能够运用马克思主义的基本原理和基本观点分析当今世界亟待解决的生态问题。他认为真正有意义的是用马克思主义的观点分析传统政治中的诸多问题从而产生有价值的见解。正如陈学明教授所说，当今比以往任何时候都更需要马克思主义的理论和实践。二则在于客观地对其进行评价。从理论归属来看，佩珀的生态社会主义思想属于国外马克思主义。对国外马克思主义的评价，更应该站在马克思主义的基本立场上，既要发现其理论闪光点，又要看到其理论局限性。

附录：佩珀著作年表

时间	成果
1980	"Thinking Again about Tutorials", *Journal of Geography in Higher Education*, Vol. 4 (2). "Environmentalism, the 'Lifeboat Ethic' and Anti-Airport Protest", *Area*, Vol. 12 (3).
1984	*The Roots of Modern Environmentalism*, London: Croom Helm Press. "Reversing the Nuclear Arms Race: Geopolitical Bases for Pessimism", *Professional Geographer*, Vol. 36 (4). "Conference Report", *Political Geography Quarterly*, Vol. 3 (2).
1985	*The Geography of Peace and War*, London: Blackwell Press. "Determinism, Idealism and the Politics of Environmentalism —A View point", *International Journal of Environmental Studies*, Vol. 26 (1 – 2).
1986	"Political Geography of Contemporary Events IX —Spatial Aspects of the West's 'Deep Strike' doctrines", *Political Geography Quarterly*, Vol. 5 (3).
1987	*Nuclear Power in Crisis : Politics and Planning for the Nuclear State.* London: Croom Helm Press. "'New Economics' and the Deficiencies of Green Political Thinking", *Political Quarterly*, Vol. 58 (3).

续表

时间	成果
1988	"No Special Place for Geographers-No 'Places' at All", *Annals of the Association of American Geographers*, Vol. 78 (4). "The Geography and Landscapes of an Anarchist Britain", *The Raven*, Vol. 3 (1).
1991	*Communes and the Green Version: Counterculture, Lifestyle and the New Age*, London: Green Print.
1993	*Eco-socialism: From Deep Ecology to Social Justice*, London and New York: Routledge Press. "Anthropocentrism, Humanism and Eco-Socialism: A Blueprint for the Survival of Ecological Politics", *Environmental Politics*, Vol. 2 (3). "Political Philosophy and Environmentalism in Britain", *Capitalism Nature Socialism*, Vol. 4 (3).
1995	"Misrepresenting Deep Ecology and the Left", *Capitalism Nature Socialism*, Vol. 6 (3).
1996	*Modern Environmentalism: An Introduction*, London and New York: Routledge Press.
1998	"Sustainable Development and Ecological Modernization: A Radical Homocentric Perspective", *Sustainable Development*, Vol. 6 (1).
1999	"Ecological Modernization or the 'Ideal Model' of Sustainable Development? Questions Prompted at Europe's periphery", *Environmental Politics*, Vol. 8 (4). "The Integration of Environmental Sustainability Considerations into EU Development Policy: A Case Study of the Leader Initiative in the West of Ireland", *Journal of Environmental Planning and Management*, Vol. 42 (2).
2000	"Assessing the Undergraduate Dissertation", *Assessment & Evaluation in Higher Education*, Vol. 25 (1).
2001	"Benchmarking in Geography: Some Implications for Assessing Dissertations in the Undergraduate Curriculum", *Journal of Geography in Higher Education*, Vol. 25 (1).
2003	*Environmentalism: Critical Concepts (volume I-V)*, London: Routledge Press.
2005	"Utopianism and Environmentalism", *Environmental Politics*, Vol. 14 (1). 《论当代生态社会主义》，《马克思主义与现实》第4期。（英文版收录在 Qingzhi Huan, *Eco-socialism as Politics: Rebuilding the Basis of Our Modern Civilization*. Dordrecht : Springer Netherlands. 2010. ）

续表

时间	成果
2006	《生态乌托邦主义：张力、悖论和矛盾》，《马克思主义与现实》第 2 期。（英文版发表在 2007 年的 *Environmental Values* 上）
2007	"Tensions and Dilemmas of Ecotopianism", *Environmental Values*, Vol. 16 (3).
2011	"Assessing Key Competences across the Curriculum— and Europe", *European Journal of Education*, Vol. 46 (3).

参考文献

一、中文著作

[1]《马克思恩格斯选集（第 1—4 卷）》，人民出版社 2012 年版。

[2]《马克思恩格斯全集》（第 1、3、16、26、30、31、32、33、34、47 卷），人民出版社 2002、1995、2007、2015、1995、1998、1998、2004、2008、2004、2004 年版。

[3]〔德〕马克思：《资本论》（第 1—3 卷），人民出版社 2004 年版。

[4]《列宁选集》（第 1—4 卷），人民出版社 2012 年版。

[5]《列宁全集》（第 16、27 卷），人民出版社 1988、1990 年版。

[6] 胡锦涛：《坚定不移沿着中国特色社会主义道路前进　为全面建成小康社会而奋斗》，人民出版社 2012 年版。

[7] 习近平：《决胜全面建成小康社会　夺取新时代中国特色社会主义伟大胜利》，人民出版社 2017 年版。

[8] 中共中央宣传部：《习近平总书记系列重要讲话读本》，学习出版社　人民出版社 2014 年版。

[9] 中共中央宣传部：《习近平总书记系列重要讲话读本（2016 年版）》，学习出版社　人民出版社 2016 年版。

[10] 中共中央文献研究室编：《习近平关于全面深化改革论述摘编》，中央文献出版社 2014 年版。

[11] 中共中央文献研究室编：《习近平关于社会主义生态文明建设论述摘编》，中央文献出版社 2017 年版。

[12]《习近平谈治国理政》，外文出版社 2014 年版。

[13]《习近平谈治国理政（第二卷）》，外文出版社 2017 年版。

[14]［英］戴维·佩珀：《生态社会主义：从深生态学到社会主义》，刘颖译，山东大学出版社 2012 年版。

[15]［英］戴维·佩珀：《现代环境主义导论》，宋玉波、朱丹琼译，格致出版社、上海人民出版社 2011 年版。

[16]［加］本·阿格尔：《西方马克思主义概论》，慎之等译，中国人民大学出版社 1991 年版。

[17]［加］威廉·莱易斯：《自然的控制》，岳长龄、李建华译，重庆出版社 2007 年版。

[18]［美］詹姆斯·奥康纳：《自然的理由——生态学马克思主义研究》，唐正东、臧佩洪译，南京大学出版社 2003 年版。

[19]［美］约翰·贝拉米·福斯特：《生态危机与资本主义》，耿建新译，译文出版社 2006 年版。

[20]［美］约翰·贝拉米·福斯特：《马克思的生态学——唯物主义和自然》，刘仁胜、肖峰译，高等教育出版社 2006 年版。

[21]［美］约·贝·福斯特：《生态革命——与地球和平相处》，刘仁胜、李晶、董慧译，人民出版社 2015 年版。

[22]［印］萨拉·萨卡：《生态社会主义还是生态资本主义》，张淑兰译，山东大学出版社 2012 年版。

[23]［英］克里斯托弗·卢茨：《西方环境运动：地方、国家和全球向度》，徐凯译，山东大学出版社 2012 年版。

[24]［英］安德鲁·多布森：《绿色政治思想》，郇庆治译，山东大学出版社 2012 年版。

[25]［德］斐迪南·穆勒—罗密尔：《欧洲执政绿党》，郇庆治译，山东大学出版社 2012 年版。

[26]［希］塔基斯·福托鲍洛斯：《当代多重危机与包容性民主》，李宏译，山东大学出版社 2012 年版。

[27]［澳］约翰·德赖泽克：《地球政治学：环境话语》，蔺雪春、郭晨星译，山东大学出版社 2012 年版。

[28]［美］默里·布克金：《自由生态学：等级制的出现与消解》，郇庆治译，山东大学出版社 2012 年版。

[29]［美］蕾切尔·卡森：《寂静的春天》，吕瑞兰、李长生译，上海译文

出版社 2014 年版。

[30]［美］德内拉·梅多斯、乔根·兰德斯、丹尼斯·梅多斯：《增长的极限》，李涛、王智勇译，机械工业出版社 2013 年版。

[31]［德］霍克海默、阿多尔诺：《启蒙辩证法》，渠敬东、曹卫东译，上海人民出版社 2003 年版。

[32]［美］H. 马尔库塞：《工业社会与新左派》，任立译，商务印书馆 1982 年版。

[33]［美］马尔库塞：《单向度的人——发达工业社会意识形态研究》，刘继译，上海译文出版社 2008 年版。

[34]［美］马尔库塞：《现代文明与人的困境》，李小兵等译，上海三联书店 1989 年版。

[35]［德］霍克海默：《批判理论》，李小兵译，重庆出版社 1989 年版。

[36]［匈］卢卡奇：《历史与阶级意识》，杜章智、任立、燕宏远译，商务印书馆，2016 年版。

[37]［日］岩佐茂：《环境的思想与伦理》，冯雷等译，中央编译出版社 2010 年版。

[38]［日］岩佐茂：《环境的思想》，韩立新等译，中央编译出版社 2006 年版。

[39]［德］A·施米特：《马克思的自然概念》，欧力同译，商务印书馆 1988 年版。

[40] 世界环境与发展委员会：《我们共同的未来》，王之佳等译，吉林人民出版社 1997 年版。

[41]［俄］克鲁泡特金：《互助论》，李平沤译，商务印书馆 1963 年版。

[42]［美］罗伯特·L·海尔布隆纳：《马克思主义：赞成和反对》，马林梅译，东方出版社 2014 年版。

[43]［美］巴里·康芒纳：《封闭的循环》，侯文蕙译，吉林人民出版社 1997 年版。

[44]［英］威廉·莫里斯：《乌有乡消息》，黄嘉德、包玉珂译，商务印书馆 1981 年版。

[45]［英］威廉·莫里斯：《有效工作与无效劳动》，沙丽金、黄珊译，中国对外翻译出版有限公司 2012 年版。

[46]［美］霍尔姆斯·罗尔斯顿：《哲学走向荒野》，刘耳等译，吉林人民

出版社 2000 年版。

　　[47][美] 霍尔姆斯·罗尔斯顿:《环境伦理学》, 杨通进译, 中国社会科学出版社 2000 年版。

　　[48][美] 奥尔多·利奥波德:《沙乡年鉴》, 侯文蕙译, 商务印书馆 2016 年版。

　　[49][美] 欧内斯特·卡伦巴赫:《生态乌托邦》, 杜澍译, 北京大学出版社 2010 年版。

　　[50][英] P·伊金斯:《生存经济学》, 赵景柱等译, 中国科学技术大学出版社 1991 年版。

　　[51][美] 弗·卡普拉、查·斯普雷纳克:《绿色政治——全球的希望》, 石音译, 东方出版社 1988 年版。

　　[52][英] 大卫·哈维:《后现代的状况》, 阎嘉译, 商务印书馆 2003 年版。

　　[53][英] 詹姆斯·拉伍洛克:《盖娅:地球生命的新视野》, 肖显静、范祥东译, 上海人民出版社 2007 年版。

　　[54][英] R. J. 约翰斯顿:《哲学和人文地理学》, 蔡运龙、江涛译, 商务印书馆 2000 年版。

　　[55][古希腊] 柏拉图:《理想国》, 郭斌和等译, 商务印书馆 1986 年版。

　　[56][古希腊] 亚里士多德:《尼各马可伦理学》, 廖申白译, 商务印书馆 2003 年版。

　　[57][法] 卢梭:《爱弥尔》上卷, 李平沤译, 商务印书馆 1978 年版。

　　[58][美] 约翰·罗尔斯:《正义论》, 何怀宏等译, 中国社会科学出版社 2009 年版。

　　[59][美] 阿尔弗雷德·W·克罗斯比:《生态扩张主义:欧洲生物扩张 900—1900》, 许友民译, 辽宁教育出版社 2001 年版。

　　[60][德] 斐迪南·滕尼斯:《共同体与社会—纯粹社会学的基本概念》, 林荣远译, 商务印书馆 1999 年版。

　　[61][意] 安东尼奥·葛兰西:《狱中札记》, 曹雷雨等译, 中国社会科学出版社 2000 年版。

　　[62][英] 芭芭拉·沃德:《只有一个地球》, 国家公害丛书编委会译, 吉林人民出版社 1997 年版。

　　[63][荷] 阿瑟·莫尔等编:《世界范围的生态现代化》, 张琨译, 商务印

书馆 2011 年版。

[64] 奚广庆、王谨：《西方新社会运动初探》，中国人民大学出版社 1993 年版。

[65] 俞吾金、陈学明：《国外马克思主义哲学流派新编·西方马克思主义卷（上、下）》，复旦大学出版社 2002 年版。

[66] 段忠桥：《当代国外社会思潮》，中国人民大学出版社 2010 年版。

[67] 段忠桥：《重释历史唯物主义》，江苏人民出版社 2009 年版。

[68] 周穗明：《20 世纪新马克思主义发展史（下）》，学习出版社 2004 年版。

[69] 陈学明：《生态社会主义》，扬智文化事业股份有限公司 2003 年版。

[70] 陈学明：《永远的马克思》，人民出版社 2006 年版。

[71] 陈学明：《生态文明论》，重庆出版社 2008 年版。

[72] 陈学明：《谁是罪魁祸首：追寻生态危机的根源》，人民出版社 2012 年版。

[73] 徐觉哉：《社会主义流派史》，上海人民出版社 2007 年版。

[74] 徐崇温：《西方马克思主义》，天津人民出版社 1982 年版。

[75] 黄楠森：《马克思主义哲学史（第八卷）》，北京出版社 1996 年版。

[76] 高放：《当代世界社会主义新论》，云南人民出版社 1998 年版。

[77] 张一兵：《马克思历史辩证法的主体向度》，武汉大学出版社 2010 年版。

[78] 张一兵：《当代国外马克思主义哲学思潮（上中下卷)》，江苏人民出版社 2012 年版。

[79] 张一兵：《回到马克思　经济学语境中的哲学话语》，江苏人民出版社 2014 年版。

[80] 郇庆治：《绿色乌托邦—生态主义的社会哲学》，泰山出版社 1998 年版。

[81] 郇庆治：《欧洲绿党研究》，山东人民出版社 2000 年版。

[82] 郇庆治：《重建现代文明的根基：生态社会主义研究》，北京大学出版社 2010 年版。

[83] 郇庆治等：《生态文明建设十讲》，商务印书馆 2014 年版。

[84] 王雨辰：《哲学与文化价值批判：解读当代西方马克思主义》，湖北人民出版社 2004 年版。

［85］王雨辰：《生态批判与绿色乌托邦——生态学马克思主义理论研究》，人民出版社 2009 年版。

［86］王雨辰：《中国语境中的西方马克思主义哲学研究》，湖北长江出版集团 2010 年版。

［87］刘思华：《生态马克思主义经济学原理（修订版）》，人民出版社 2014 年版。

［88］俞可平：《生态文明与马克思主义》，中央编译出版社 2008 年版。

［89］郭剑仁：《生态地批判—福斯特的生态学马克思主义思想研究》，人民出版社 2008 年版。

［90］刘仁胜：《生态马克思主义概论》，中央编译出版社 2007 年版。

［91］解保军：《马克思自然观的生态哲学意蕴——"红"与"绿"结合的理论先声》，黑龙江人民出版社 2003 年版。

［92］倪瑞华：《英国生态学马克思主义研究》，人民出版社 2011 年版。

［93］乔瑞金：《英国的新马克思主义》，人民出版社 2013 年版。

［94］万希平：《生态马克思主义理论研究》，天津人民出版社 2014 年版。

［95］李惠斌、叶汝贤：《当代西方社会主义研究》，社会科学文献出版社 2006 年版。

［96］李世书：《生态学马克思主义的自然观研究》，中央编译出版社 2010 年版。

［97］王建辉：《马克思主义生态思想研究》，湖北人民出版社 2007 年版。

［98］时青昊：《20 世纪 90 年代以后的生态社会主义》，上海人民出版社 2009 年版。

［99］杨通进、高予远：《现代文明的生态转向》，重庆出版集团 2007 年版。

［100］薛晓源、李惠斌：《生态文明研究前沿报告》，华东师范大学出版社 2007 年版。

［101］杨通进：《生态二十讲》，天津人民出版社 2008 年版。

［102］周鑫：《西方生态现代化理论与当代中国生态文明建设》，光明日报出版社 2012 年版。

［103］周凡：《后马克思主义导论》，中央编译出版社 2010 年版。

［104］谢永亮、姚莲瑞：《生存危机：新地缘资源》，四川人民出版社 2001 年版。

［105］王青：《泰德·本顿的生态学马克思主义思想研究》，人民出版社

2018 年版。

二、学术论文

［1］［英］戴维・佩珀：《论当代生态社会主义》，刘颖译，《马克思主义与现实》2005 年第 4 期。

［2］［英］戴维・佩珀：《生态乌托邦主义：张力、悖论和矛盾》，张淑兰译，《马克思主义与现实》2006 年第 2 期。

［3］崔永杰：《资本主义制度是生态启机前直正想源——佩珀生态社会主义理论探析》，《东岳论丛》2009 年第 1 期。

［4］崔永杰：《戴维・佩珀对马克思恩格斯生态思想的诠释与重构》，《理论学刊》2012 年第 11 期。

［5］崔永杰：《福斯特对马克思"新陈代谢断裂"理论的生态学重建》，《社会主义研究》2013 年第 2 期。

［6］王谨：《生态学马克思主义与生态社会主义——评介绿色运动引发的两种思潮》，《教学与研究》1986 年第 6 期。

［7］周穗明：《生态社会主义在英国》，《新视野》1997 年第 1 期。

［8］周穗明：《"红色绿党"与"绿色绿党"的区别与联系——生态社会主义的新发展》，《国外理论动态》1997 年第 2 期。

［9］周穗明：《"新社会运动"与未来社会——西方左翼理论家论"新社会运动"（二）》，《国外理论动态》1997 年第 18 期。

［10］周穗明：《"红绿联盟"生态社会主义的最新进展》，《当代世界》1998 年第 12 期。

［11］陈学明：《当今比以往任何时候都更需要马克思主义的理论和实践——评戴维・佩珀对马克思生态理论当代意义的揭示》，《社会科学辑刊》2011 年第 2 期。

［12］郇庆治：《生态社会主义述评》，《马克思主义研究》2000 年第 4 期。

［13］郇庆治：《80 年代末以来的西欧环境运动：一种定量分析》，《欧洲》2002 年第 6 期。

［14］郇庆治：《西方生态社会主义研究述评》，《马克思主义与现实》2005 年第 4 期。

［15］郇庆治：《绿色变革视角下的生态文化理论及其研究》，《鄱阳湖学刊》2014 年第 1 期。

［16］郁庆治：《"碳政治"的生态帝国主义逻辑批判及其超越》，《中国社会科学》2016 年第 3 期。

［17］王雨辰、郭剑仁：《北美生态学马克思主义对历史唯物主义的重构》，《学术月刊》2006 年第 4 期。

［18］王雨辰：《论戴维·佩珀的生态学马克思主义理论》，《江汉论坛》2008 年第 12 期。

［19］王雨辰：《论生态学马克思主义的生态自然观和生态价值观》，《鄱阳湖学刊》2009 年第 2 期。

［20］王雨辰：《以历史唯物主义为基础的生态文明理论何以可能？——从生态学马克思主义的视角看》，《哲学研究》2010 年第 12 期。

［21］王雨辰：《生态马克思主义研究的中国视域》，《马克思主义与现实》2011 年第 5 期。

［22］王雨辰：《论生态学马克思主义对历史唯物主义理论的辩护》，《哲学研究》2015 年第 8 期。

［23］陈食霖：《将社会正义推进到生态学的马克思主义——佩珀的生态学马克思主义思想评析》，《国外社会科学》2010 年第 1 期。

［24］陈永森、蔡华杰：《资本主义世界生态问题的马克思主义视角——佩珀生态学的马克思主义论析》，《马克思主义与现实》2008 年第 5 期。

［25］陈永森：《略论生态社会主义的共性和个性》，《福建师范大学学报（哲学社会科学版）》2014 年第 4 期。

［26］李宏图：《英国工业革命时期的环境污染和治理》，《探索与争鸣》2009 年第 2 期。

［27］任玲：《现代西方环境运动的历史嬗变》，《理论月刊》2013 年第 8 期。

［28］腾海键：《20 世纪八九十年代美国的环境正义运动》，《河南师范大学学报（哲学社会科学版）》2007 年第 6 期。

［29］马文保：《现状与问题：马克思生产方式思想研究》，《西安交通大学学报（哲学社会科学版）》2015 年第 4 期。

［30］刘洪刚：《理解马克思的阶级分析》，《当代世界与社会主义》2012 年第 4 期。

［31］付明：《考茨基帝国主义与殖民主义概念辨析》，《学术交流》2014 年第 4 期。

［32］刘军：《北美视角下的工会运动与新社会运动》，《浙江学刊》2014 年第 6 期。

［33］［加］杰夫·沙茨：《绿色工联主义：另一种社会生态学?》，郭志俊译，《马克思主义与现实》2011 年第 3 期。

［34］乔瑞金、李小红：《不可颠覆的主体——对佩珀理性主义生态哲学思想的思考》，《山西大学学报（哲学社会科学版)》2012 年第 3 期。

［35］乔瑞金、李小红：《佩珀批判生态无政府主义思想的几点启示》，《哲学动态》2012 年第 5 期。

［36］张季平：《戴维·佩珀的人类中心主义探究》，《内蒙古大学学报（哲学社会科学版)》2011 年第 3 期。

［37］张季平、李笑春：《戴维·佩珀的生态社会主义思想解读》，《内蒙古大学学报（哲学社会科学版)》2010 年第 6 期。

［38］李世书：《戴维·佩珀的生态自然观探析》，《西南农业大学学报（社会科学版)》2011 年第 11 期。

［39］张才国、张昊：《戴维·佩珀论生态危机的资本主义根源及其消解》，《长江论坛》2014 年第 1 期。

［40］刘颖：《红色的绿色理论：佩珀的生态社会主义观》，《中共济南市委党校学报》2013 年第 4 期。

［41］王云霞：《环境正义与环境主义：绿色运动中的冲突与融合》，《南开学报（哲学社会科学版)》2015 年第 2 期。

［42］李旦：《绿色政治的红色渗透——试论戴维·佩珀关于生态社会主义的政治建构》，《东南大学学报（哲学社会科学版)》2014 年第 3 期。

［43］王云霞：《佩珀的生态学思想及对环境伦理学的启示》，《北京理工大学学报（社会科学版)》2010 年第 4 期。

［44］张季平：《佩珀的无政府主义思想探究》，《前沿》2012 年第 7 期。

［45］张丽君：《佩珀建构生态社会主义理论的方法论探析》，《河南师范大学学报（哲学社会科学版)》2009 年第 2 期。

［46］关雁春：《佩珀生态社会主义思想的历史唯物主义意蕴》，《学术交流》2011 年第 4 期。

［47］关雁春：《佩珀生态社会主义思想的中国启示》，《学习与探索》2011 年第 4 期。

［48］彭学农：《人类中心主义与绿色意识形态的融合——对佩珀和多布森

观点的比较和评析》,《晋阳学刊》2009 年第 4 期。

［49］石晨:《生态正义:资本逻辑的批判与超越——佩珀生态社会主义思想的启示》,《理论月刊》2014 年第 12 期。

［50］郑湘萍:《生态学马克思主义生态批判理论的多维视角》,《云南社会科学》2007 年第 4 期。

［51］夏鑫:《试论佩珀的生态社会主义理论》,《社会主义研究》2008 年第 4 期。

［52］李富君:《重返人类中心主义与生态社会主义的建构——佩珀的生态学马克思主义思想评析》,《河南大学学报(社会科学版)》2008 年第 3 期。

［53］王真:《"弱"人类中心主义范式建构生态社会主义——佩珀人类中心主义思想探析》,《理论视野》2014 年第 9 期。

［54］余谋昌:《走出人类中心主义》,《自然辩证法研究》1994 年第 7 期。

［55］夏承伯、包庆德:《深生态学:探寻摆脱环境危机的生存智慧——纪念阿恩·奈斯诞辰 100 周年》,《鄱阳湖学刊》2012 年第 6 期。

［56］倪瑞华:《为马克思的人类中心主义辩护》,《国外社会科学》2010 年第 11 期。

［57］郭剑仁:《探寻生态危机的社会根源:美国生态学马克思主义及其内部争论析评》,《马克思主义研究》2007 年第 10 期。

［58］［美］约翰·贝拉米·福斯特:《失败的制度:资本主义全球化的世界危机及其对中国的影响》,《马克思主义与现实》2009 年第 3 期。

［59］刘仁胜:《生态马克思主义发展概况》,《当代世界与社会主义》2006 年第 3 期。

［60］曾文婷:《"生态学马克思主义"与马克思主义的关系探析》,《中州学刊》2006 年第 1 期。

［61］关雁春:《生态主义的"红色"批判》,博士学位论文,黑龙江大学,2011 年。

［62］李小红:《佩珀的生态学马克思主义思想研究》,博士学位论文,山西大学,2012 年。

［63］王世明:《戴维·佩珀的生态社会主义思想研究》,博士学位论文,武汉大学,2014 年。

［64］李世书:《生态学马克思主义自然观研究》,博士学位论文,华中科技大学,2008 年。

［65］张季平：《20 世纪 90 年代以来的生态社会主义研究》，博士学位论文，内蒙古大学，2011 年。

［66］田坤：《乌托邦与生态社会主义》，博士学位论文，苏州大学，2012 年。

［67］蔡华杰：《当代生态社会主义发展观研究》，博士学位论文，福建师范大学，2013 年。

［68］牛文浩：《生态社会主义研究—基于社会主义生态文明视角》，博士学位论文，南开大学，2013 年。

［69］唐超：《当代西方生态社会主义思想研究》，博士学位论文，复旦大学，2013 年。

［70］蔡华杰：《佩珀的生态社会主义研究》，硕士学位论文，福建师范大学，2008 年。

［71］宋志强：《佩珀生态社会主义思想及其现实意义》，硕士学位论文，山西大学，2011 年。

［72］王立锋：《佩珀生态社会主义思想评析》，硕士学位论文，中共中央党校，2013 年。

［73］王纯静：《戴维·佩珀生态社会主义理论研究》，硕士学位论文，兰州大学，2014 年。

［74］张颖颖：《戴维·佩珀人类中心主义思想研究》，硕士学位论文，广西师范学院，2015 年。

［75］余跃：《戴维·佩珀生态社会主义理论研究》，硕士学位论文，扬州大学，2018 年。

三、英文著作及论文

［1］David Pepper, *The Roots of Modern Environmentalism*, London：Croom Helm Press, 1984.

［2］David Pepper and Alan Jenkins, *The Geography of Peace and War*, London：Blackwell Press, 1985.

［3］Andrew Blowers and David Pepper, *Nuclear Power in Crisis*, London：Croom Helm Press, 1987.

［4］David Pepper, *Communes and the Green Version：Counterculture, Lifestyle and the New Age*, London：Basingstoke Greenprint, 1991.

［5］David Pepper, *Eco-socialism：From Deep Ecology to Social Justice*, London and New York: Routledge, 1993.

[6] David Pepper, *Modern Environmentalism: An Introduction*, London and New York: Routledge, 1996.

[7] David Pepper Frank Webster and George Revill, *Environmentalism: Critical Concepts (volume I-V)*, London and New York: Routledge, 2003.

[8] Howard L. Parsons, *Marx and Engels on Ecology*, London: Greenwood, 1977.

[9] Reiner Grundmann, *Marxsim and Ecology*, Oxford: Clarendon Press, 1991.

[10] Huan qingzhi, *Eco-socialism as Politics*, London and New York: Springer, 2010.

[11] Paul Burkett, *Marx and Nature: A Red and Green Perspective*, Chicago: Haymarket Books, 2014.

[12] Andre Gorz, *Ecology as Politics*, Boston: South End Press, 1980.

[13] Andre Gorz, *Capitalism, Socialism Ecology*, London: Verso, 1994.

[14] John Bellamy Foster, *Marx's Ecology*, New York: Monthly Review Press, 2000.

[15] Jonathan Hughes, *Ecology and Historical Materialism*, Cambridge: Cambridge University Press, 2000.

[16] David Pepper, "Thinking Again about Tutorials", *Journal of Geography in Higher Education*, Vol. 4, No. 2, 1980.

[17] David Pepper, "Environmentalism, the 'Lifeboat Ethic' and Anti-Airport Protest", *Area*, Vol. 12, No. 3, 1980.

[18] David Pepper, "Reversing The Nuclear Arms Race: Geopolitical Bases For Pessimism", *Professional Geographer*, Vol. 36, No. 4, 1984.

[19] David Pepper, "Determinism, Idealism and the Politics of Environmentalism-A View point", *International Journal of Environmental Studies*, Vol. 26, No. 1-2, 1985.

[20] David Pepper, "'New Economics' and the Deficiencies of Green Political Thinking", *Political Quarterly*, Vol. 58, No. 3, 1987.

[21] David Pepper, "No Special Place for Geographers-No 'Places' at All", *Annals of the Association of American Geographers*, Vol. 78, No. 4, 1988.

［22］David Pepper, "The Geography and Landscapes of an Anarchist Britain", *The Raven*, Vol. 3, No. 1, 1988.

［23］David Pepper, "Anthropocentrism, Humanism and Eco-Socialism: A Blueprint for the Survival of Ecological Politics", *Environmental Politics*, Vol. 2, No. 3, 1993.

［24］David Pepper, "Political Philosophy and Environmentalism in Britain", *Capitalism Nature Socialism*, Vol. 4, No. 3, 1993.

［25］David Pepper, "Misrepresenting Deep Ecology and the Left, Capitalism Nature Socialism", Vol. 6, No. 3, 1995.

［26］David Pepper, "Sustainable Development and Ecological Modernization: A Radical Homocentric Perspective", *Sustainable Development*, Vol. 6, No. 1, 1998.

［27］David Pepper, "Ecological Modernization or the 'Ideal Model' of Sustainable Development? Questions Prompted at Europe's periphery", *Environmental Politics*, Vol. 8, No. 4, 1999.

［28］David Pepper, "The Integration of Environmental Sustainability Considerations into EU Development Policy: A Case Study of the LEADER Initiative in the West of Ireland", *Journal of Environmental Planning and Management*, Vol. 42, No. 2, 1999.

［29］David Pepper, "Assessing the Undergraduate Dissertation", *Assessment & Evaluation in Higher Education*, Vol. 25, No. 1, 2000.

［30］David Pepper, "Benchmarking in Geography: Some Implications for Assessing Dissertations in the Undergraduate Curriculum", *Journal of Geography in Higher Education*, Vol. 25, No. 1, 2001.

［31］David Pepper, "Utopianism and Environmentalism", *Environmental Politics*, Vol. 14, No. 1, 2005.

［32］David Pepper, "Tensions and Dilemmas of Ecotopianism", *Environmental Values*, Vol. 16, No. 3, 2007.

［33］David Pepper, "Assessing Key Competences across the Curriculum-and Europe", *European Journal of Education*, Vol. 46, No. 3, 2011.

［34］David Pepper, "Political Geography of Contemporary Events IX-Spatial Aspects of the West's 'Deep Strike' Doctrines", *Political Geography Quarterly*, Vol. 5, No. 3, 1986.

[35] Timothy O'Riordan, "Environmental Ideologies", *Environment and Planning*, *Vol. 9*, No. 1, 1977.

[36] Lawrence Freedman, "Review: The Geography of Peace and War", *International Affairs*, Vol. 62, No. 4, 1986.

[37] Paul T. Durbin, "Review: The Roots of Modern Environmentalism", *Annal of Science*, No. 2, 1986.

[38] Susan Owens, "Review: Nuclear Power in Crisis", *Geography*, Vol. 73, No. 1, 1988.

[39] J. R. Visalli, "Review: The Roots of Modern Environmentalism", *Environment*, Vol. 31, No. 5, 1989.

[40] Dick Rrichardson, "Reviews: Communes and the Green Vision", *Environmental Politics*, Vol. 2, No. 2, 1993.

[41] Elaine L. Kleiner, "Review: Communes and the Green Version: Counterculture, Lifestyle and the New Age", *Utopian Studies*, Vol. 4, No. 1, 1993.

[42] James Meadowcroft, "Review: Eco-socialism: From Deep Ecology to Social Justice", *Environmental Values*, Vol. 4, No. 1, 1995.

[43] Timothy Beatley, "Review: Modern Environmentalism: An Introduction", *Journal of Architectual Engineering*, Vol. 37, No. 3, 1997.

[44] Paul Burkett, "Analytical Marxism and Ecology: A Rejoinder", *Historical Materialism*, Vol. 10, No. 1, 2000.

[45] John Bellamy Foster, "Toward a Global Dialogue on Ecology and Marxism A Brief Response to Chinese Scholars", *Monthly Review*, No. 3, 2013.

[46] Arne Naess, "The Shallow and the Deep, Long-range Ecology Movement", *Inquiry*, Vol. 16, No. 1-4, 1973.

[47] John Bellamy Foster, "Imperialism and 'Empire'", *Monthly Review*, Vol. 53, No. 7, 2001.

[48] Maurie J. Cohen, "Risk Society and Ecological Modernisation: Alternative Visions for Post-Industrial Nations", *Futures*, Vol. 29, No. 2, 1997.

[49] Arthur P. J. Mol, "Ecological Modernisation and Institutional Reflexivity: Environmental Reform in the Late Modern Age", *Environmental Politics*, Vol. 5, No. 2, 1996.

后 记

    本书是在我博士论文的基础上修改而成的，回想起四年多的求学生活不禁令我感慨万千。记得完成了论文的最后一次修改时，我的心情久久不能平静。从考博时的惴惴不安、读博时的两地奔波，到论文写作时无数个难眠的日日夜夜，往事一幕一幕突然全都浮现在我的眼前。四年半的博士求学生活，给我的人生留下了难以用语言描述的收获和感受。毫无疑问读博是非常辛苦的，对我来说尤其如此。一边工作一边学习，需要在三个城市之间穿梭。此外还要照顾年幼的女儿，常常感觉自己不能平衡好学习、工作和家庭的关系，常常在各种压力中感觉到自己的无能为力。每一个读博的人，都会经历迷茫、彷徨、痛苦，我亦不例外。但是无论怎样心中都有一个坚定的目标指引我不断前行、激励我不停努力。成长是痛苦的，但停止成长更痛苦。四年多的痛苦生活促使我成长、蜕变，可这一切都离不开老师、同学、同事及家人的指导和帮助。

    我最需要感恩的就是我的导师崔永杰教授。对导师我心中一直充满了无限的感激，当年承蒙恩师不弃将我收入门下，但自知基础较差达不到老师的要求，日后唯有加倍努力。四年多来从论文题目的选取，到论文大纲的反复修改，再到论文初稿的确定、修改、定稿，导师都给了我很大的帮助。每次向老师请教问题，都被老师渊博的知识、严谨的治学态度、敏锐的分析能力所折服，但囿于在外地工作的原因不能常常当面聆听老师的教诲真是十分遗憾。五年前，初识导师时觉得他异常的严肃与冷峻，现在知道老师是那么慈祥、那么平易近人。这四年多导师给予我的很多很多，从学业上的帮助到生活上的关心，从科研上的引领到工作上的指导，都让我对导师感激不尽。更让我敬佩的是老师刻苦执着的钻研精神，虽已年过花甲，可老师仍日复一日孜孜以求、笔耕不辍，这种精神也是我最需要学习和效仿的。师母一直十分和蔼可亲，每次见师母她总是嘘寒问暖，关心我的生活、叮咛我注意身体，让我倍感温暖顿消旅途的劳顿。四年多来虽丝毫不曾懈怠，但由于资质愚钝还是难以达到老师的要求，唯有在以后的工作、科研中不断进取以报答老师的恩情。

同样需要感恩的还有给我上课的李爱华教授和高继文教授，两位教授深邃的专业知识、严谨的知识体系让我进步很大。每次聆听两位教授讲课，对我来说都是知识的饕餮之宴。在论文的开题和预答辩过程中，两位教授也给我提出许多宝贵意见，使我受益匪浅。此外，还要感谢导师组的商志晓教授、万光侠教授、马永庆教授、张福记教授、董振平教授、徐稳教授，他们在繁忙的工作之余抽出宝贵的时间，在论文开题、预答辩时都给我提了宝贵的意见，令我获益良多。

感谢 14 级的同窗冯峰、周琳、孙婷艳、孙茂全和孙静静，他们给了我很大的帮助，同学们之间结下了深厚的情谊。特别是冯峰总像兄长一样为我解疑答惑，让我收获良多；同宿舍的周琳在生活和学习上给了我很多帮助。感谢王青师姐、天蕾师姐、钟晓雅师姐、于艳艳师姐、孙爽师妹和李文盛师弟给我的帮助。在我骨折的那段时间里，由于行动不便，天蕾师姐和文盛师弟帮我跑前跑后提交材料替我分忧解难。

工作单位的领导在我读博期间给予我的支持，同事们在我读博期间给予我的帮助都让我感动，在此一并谢过。没有他们的支持和帮助我也无法很好地兼顾工作和学习。

感激家人为我的默默付出，这四年多总感觉最愧对他们。父母年迈但还是在我不能兼顾学习和工作之时帮我照顾年幼的女儿；爱人工作繁忙但还是承担了大部分家务劳动，对他们我岂是一声谢谢可以回报的。读博一时，父母全心全意帮我照顾年幼的女儿，只为能替我消除后顾之忧让我好好学习。每周末回来父母总是为我做好美味丰盛的饭菜，只为能消除我旅途的劳顿。在这几年对我的帮助最大的就是我的爱人，博一时我在三个城市间奔波，老公只要有空总是去车站接送我；写论文时我整天泡在图书馆，老公总是尽其所能为我做一顿饭菜；预答辩和答辩时，老公为我忙前忙后让我可以全力以赴。在这几年感觉最愧疚的就是女儿，刚读博一时女儿还在上幼儿园，现在她已上小学四年级了。每次女儿问我是否能和她玩一会时，我心里都十分难受。虽然她还不能明白为什么我宁愿写论文也不愿意陪她玩，但还是在懵懂之中尽量不打扰我的学习，这又岂是一句对不起可以应付的。尽快毕业不让他们再为我付出，可以有更多的时间去陪伴、关心他们是我不断拼搏的动力。还要感谢姐姐们对我的帮助，虽然她们都在为各自的工作、家庭奔波忙碌，但还是替我照顾父母让我有更多的时间去学习。家人暖暖的亲情激励我鼓足勇气不断前行。

感谢山东师范大学的刘颖教授和英国牛津布鲁克斯大学的沃尔汀顿博士，在同佩珀教授取得联系的过程中，他们给予我很大的帮助。更要真诚感谢戴维·佩珀教授，感谢他同意我使用、介绍和翻译他的论文，感谢他为我的论文提供的帮助。

本书参阅了国内外学术界大量的论文、著作及书评，在此向学界作者们表示诚挚的谢意，他们的成果提供给我偌大的帮助。

最后要诚挚地感谢答辩主席北京大学的郇庆治教授、答辩委员山东大学的徐艳玲教授、山东师范大学的高继文教授、马永庆教授、徐稳教授，感谢他们指出论文的不足之处并为我提供了宝贵意见。特别要感谢郇庆治教授对我论文的高度评价并给予我宝贵的意见。在郇教授专注于国家社科基金重大项目"习近平新时代中国特色社会主义生态文明研究"之时，仍然抽出时间为我作序，感激之情难以言表。

在四年半的博士生活里我曾经无数次想象过毕业的那一刻，现在求学结束心中却充满了很多不舍。回首这四年半，当为一个问题百思不得其解的时候让我觉得度日如年。无数个挑灯夜读的深夜写作论文时又觉得时间飞逝。蓦然间感慨时间不都凝结在论文的字里行间吗，甚或论文里也凝结着我的欢笑与泪水一点都不为过。尤其是去年暑假里不慎锁骨骨折，在痛苦的两个多月的时间里，我终于明白了孟子为什么说，"必先苦其心志，劳其筋骨，饿其体肤，空乏其身，行拂乱其所为"，然后才能"动心忍性，曾益其所不能"。这四年多的动心忍性让我收获的不仅是专业知识和科研意识，更有一颗感恩之心、一份克服困难的毅力和一种挑战自我的勇气。"唯进步，不止步"是我人生的格言，也是我人生成长的动力。生活中也许会有这样那样的艰难险阻，但却不能阻止我前进。顺境中灿烂绽放，逆境中顽强拼搏，其实人生需要的只是一种态度。博士虽然是学历教育的一个终点，但却是我人生自觉的一个起点，"雄关漫道真如铁，而今迈步从头越"！

　　限于本人水平有限，书中不免存在错误或不完善的地方，恳请专家同行们批评指正，在以后的学术研究中我将不断充实和完善。

梅　丽

2019 年 6 月

责任编辑：张双子

封面设计：源　源

图书在版编目（CIP）数据

批判·建构与实践:戴维·佩珀生态社会主义思想研究/梅丽著.—北京:人民
　　出版社,2019.8(2022.1重印)
ISBN 978-7-01-020927-2

Ⅰ.①批…　Ⅱ.①梅…　Ⅲ.①戴维·佩珀—生态社会主义—思想评论
　　Ⅳ.①D091.6

中国版本图书馆 CIP 数据核字(2019)第 114118 号

批判·建构与实践

PIPAN JIANGOU YU SHIJIAN

——戴维·佩珀生态社会主义思想研究

梅　丽　著

人 民 出 版 社 出版发行

(100706 北京市东城区隆福寺街 99 号)

北京兴星伟业印刷有限公司印刷　新华书店经销

2019 年 8 月第 1 版　2022 年 1 月第 2 次印刷
开本:710 毫米×1000 毫米 1/16　印张:16.5　字数:277 千字

ISBN 978-7-01-020927-2　定价:45.00 元

邮购地址:100706　北京市东城区隆福寺街 99 号
人民东方图书销售中心　电话(010)65250042　65289539

版权所有·侵权必究
凡购买本社图书,如有印制质量问题,我社负责调换。
服务电话:(010)65250042